ZULEHNER

RELIGION NACH WAHL

PAUL MICHAEL ZULEHNER

RELIGION NACH WAHL

GRUNDLEGUNG EINER AUSWAHLCHRISTENPASTORAL

„Ein schwerer Fehler der Seelsorge ist es,
wenn immer nur diejenigen bekehrt werden,
die schon bekehrt sind."
(H. Swoboda, 1909)

HERDER
WIEN · FREIBURG · BASEL

1974

Mit Druckerlaubnis des Erzbischöflichen Ordinariates Wien
vom 6. Februar 1974, Zahl: 222/74

Gedruckt mit Unterstützung des Missionswissenschaftlichen
Instituts Missio e. V., Aachen

PRINTED IN AUSTRIA
UMSCHLAGGESTALTUNG: REINHARD KLEIN
DRUCK: PLÖCHL, FREISTADT 1974
BESTELLNUMMER: ISBN 3-210-24.459-6

INHALT

Der katholisch-theologischen Fakultät
in Würzburg in Dankbarkeit gewidmet.

1. ALS VORWORT: DAS PASTORALE PROBLEM

Jedem einigermaßen mit kirchlichen Fragen Vertrauten ist hinlänglich bekannt, daß weitaus mehr Personen Mitglieder der Kirche sind, als am Glauben und Leben ihrer Gemeinden teilnehmen. Freundliche oder kritische Distanz zur Kirche[1] ist der Normalfall nicht nur unter Jugendlichen[2], sondern auch bei der Mehrzahl der erwachsenen Katholiken. Man spricht vom Christentum außerhalb der Kirche[3], von der Religion ohne Kirche[4], vom Abschied von den Kirchen[5]. Der Satz „Religion ist Privatsache" hatte seinen festen Platz nicht nur in allen Programmen liberaler und sozialdemokratischer Parteien[6] und war nicht nur ein bevorzugtes Thema in den aufklärenden Vorträgen der Freidenkerbewegung, sondern ist heute ein verbreitetes Phänomen unter den Kirchenmitgliedern selbst geworden. Dabei hat es den Anschein, daß diese allmählich voranschreitende „geheime" und „geistige" Entkirchlichung der Religiosität in den letzten Jahren auch gesellschaftlich zunehmend manifest wird: Die Zahl der Kirchenaustritte steigt seit der Mitte der Sechzigerjahre unübersehbar und hat in gleicher Weise das Interesse der kirchlichen Öffentlichkeit wie der Massenmedien aller Schattierungen gefunden.

Durch diese jüngsten Entwicklungen haben schon längere Zeit gehegte pastorale Überlegungen neue Dringlichkeit erhalten, ohne jedoch zu einem einhelligen Ergebnis weder in der Theorie noch in der Praxis zu führen. Manche engagierte Christen haben die Flucht „nach vorne" angetreten, in eine Kirche der Hundertprozentigen, der „Reinen" in der Form „integrierter" Gemeinden oder sektoider Familiengruppen; zugleich wurde theoretisch diese Sozialform des Christseins als einzig legitime, weil biblisch gedeckte, ausgegeben. Andere wiederum versuchten mit dem Theologumenon des „anonymen Christen" ein weites und sehr buntes Spektrum möglicher Kirchlichkeit zu rechtfertigen. Soziologische Analysen schließlich zeigten nüchtern, daß sich die graue Wirk-

---

[1] A. *Holl*, G. H. *Fischer*, Kirche auf Distanz, Salzburg 1968.

[2] P. M. *Zulehner*, R. *Erhard*, R. *Kruspel*, H. *Schmidtmayr*, Jugendklubs. Ein Weg in die Zukunft? Wien 1972.

[3] T. *Rendtorff*, Christentum außerhalb der Kirche, Hamburg 1969.

[4] P. M. *Zulehner*, Religion ohne Kirche? Das religiöse Verhalten von Industriearbeitern, Wien 1969.

[5] R. *Altmann*, Abschied von den Kirchen, in: Der Spiegel 28 (1970), 120 ff.

[6] P. M. *Zulehner*, Kirche und Austromarxismus. Eine Studie zum Verhältnis Kirche — Staat — Gesellschaft, Wien 1967.

lichkeit der Kirche vom einen Ende bis zum anderen möglicher Kirchlichkeit spannt.

Inzwischen wird das pastorale Klima von müder Resignation überschattet. Dem Verfall einer einst vermeintlich blühenden Volkskirche in traditionell christlichen Ländern stehen viele Seelsorger mehr oder minder ratlos gegenüber. Die Vision einer Volkskirche ohne Volk wird unter Anwendung des biblischen Bildes von der unerschrockenen kleinen Herde als schwacher Trost unablässig beschworen, während die Kirchlichkeit allem Anschein nach weiter verdunstet und verfällt.

Nicht selten begegnet man dabei jener Tendenz, die der bekannte Wiener Pastoraltheologe H. Swoboda schon im Jahre 1909 das Grundübel großstädtischer Seelsorge genannt hat, nämlich „bloß diejenigen zu bekehren, die schon bekehrt sind"[7].

In einer solchen Situation ist eine nüchterne Analyse der religiös-kirchlichen Situation und ihrer komplexen Ursachen dringend vonnöten. Diese bedarf in einem zweiten Schritt einer gediegenen theologischen Deutung, wobei die angesetzten theologischen Maßstäbe offen deklariert und diskutiert werden müssen. Von da aus muß es schließlich möglich sein, sachgerechte Folgerungen für das Handeln wie für die Struktur einer Kirche zu ziehen, die sich einer neuen und immerzu sich verändernden gesellschaftlichen Situation gegenüber weiß.

Die Durchführung dieses Programms verlangt eine enge Zusammenarbeit zwischen Religionssoziologie und Theologie. Die Religions- und Kirchensoziologie[8] kann einen wertvollen und unersetzlichen Beitrag zur Analyse der religiös-kirchlichen Gegenwartssituation und ihrer gesellschaftlichen Ursachen leisten. Die Theologie wiederum, voran eine biblisch und geschichtlich begründete, dogmatisch-fundamentaltheologische Kirchenlehre, vermag den theologischen Maßstab zur Verfügung zu stellen, indem sie angibt, wie die Kirche sein soll und welches bei aller geschichtlichen Veränderbarkeit der kirchlichen Institution ihre unaufgebbaren Konstitutiva sind.

Weder die Religionssoziologie noch die Ekklesiologie können aber diese Aufgabe im Alleingang bewältigen, weil beide (unbeschadet des heute zurecht viel diskutierten wissenschaftstheoretischen Problems des Verhältnisses von Theorie und Praxis) doch hauptsächlich theoretische Disziplinen sind. Eine „höhere Strategie kirchlichen Handelns" in einer konkreten geschichtlichen und gesellschaftlichen Situation ist durch sie allein nur ansatzweise formulierbar. Daher ist eine Synthese zwischen „essentialer" Ekklesiologie und religionssoziologischem Bemühen in der Form einer pastoraltheologischen Analyse der Gegenwartssituation un-

---

[7] H. *Swoboda,* Großstadtseelsorge, Regensburg ²1911, 351.

[8] Zur Unterscheidung dieser beiden Kategorien: J. *Matthes,* Religion und Gesellschaft. Einführung in die Religionssoziologie I., Hamburg ²1969. — *Ders.,* Kirche und Gesellschaft. Einführung in die Religionssoziologie II., Hamburg 1969, 243.

entbehrlich, soll kirchliches Handeln dem „Wesen" und vorgegebenen Auftrag Christi ebenso wie dem Kairos der jeweiligen geschichtlichen Situation entsprechen. K. Rahner hat diese theologische Gegenwartsanalyse als eine der Grundaufgaben einer Pastoraltheologie nach dem Zweiten Vatikanischen Konzil hingestellt[9].

Pastoraltheologische Arbeit dieser Art soll in der vorliegenden Studie geleistet werden. Den Ausgangspunkt bilden umfangreiche soziologische Analysen über die Situation von Religion und Kirche in der heutigen Gesellschaft sowie geschichtliche Studien, die zur Erhellung der Gegenwart beigetragen haben[10]. Die Ergebnisse dieser religionssoziologischen Arbeit sind bereits in meinem Buch „Säkularisierung von Gesellschaft, Person und Religion. Religion und Kirche in Österreich", Wien 1973, vom Verlag Herder herausgegeben worden. Dabei hatte Österreich als Modell gedient, Daten aus anderen Ländern wurden jedoch zur Absicherung und Verallgemeinerung der Erkenntnisse herangezogen. Die dort grundgelegten allgemeingültigen Ergebnisse über Religion und Kirche in der modernen Gesellschaft werden hier in einer gerafften Form schon deshalb neuerlich präsentiert, weil die Säkularisierungsstudie bereits nahezu ausverkauft ist. Seit der Publikation der religionssoziologischen Analyse war es mir möglich, in Zusammenarbeit insbesondere mit K. Rahner theologische Kriterien zu bedenken, mit denen die empirischen Ergebnisse zu deuten sind. Hatte die soziologische Analyse gezeigt, daß die „Religion nach Wahl" der Auswahlchristen die in der modernen Gesellschaft dominante Sozialform der Religion ist, so war hier von der Kirchenzugehörigkeit dieser Auswahlchristen zu handeln. Schließlich konnte ein dritter Teil verfaßt werden, in dem Konsequenzen aus dieser zweiten (theologischen) Reflexion auf die Situation von Religion und Kirche in der gegenwärtigen Gesellschaft für das jetzt und morgen fällige Handeln der Kirche gezogen wurden. Ziel war die Grundlegung einer Auswahlchristenpastoral. Wenn sich dabei auch nicht immer eindeutige und fertige Imperative und detaillierte Handlungsanweisungen ergaben, so konnte doch das Feld einer möglichen und sinnvollen „pastoralpolitischen" Entscheidung eröffnet und umgrenzt werden[11].

---

[9] K. *Rahner,* Das Verhältnis der Kirche zur Gegenwartssituation im allgemeinen, in: Handbuch der Pastoraltheologie II/2, Freiburg 1966, 19 ff. — *Ders.,* Neue Ansprüche der Pastoraltheologie an die Theologie als ganze, in: Schriften zur Theologie IX, Einsiedeln 1970, 130 ff. — Auch: K. *Rahner,* N. *Greinacher,* Die Gegenwart der Kirche. Theologische Analyse der Gegenwart als Situation des Selbstvollzugs der Kirche, in: Handbuch der Pastoraltheologie II/1, Freiburg 1966, 178—266.

[10] Die Titel wichtiger religionssoziologischer Studien finden sich in meinem Buch: P. M. *Zulehner,* Säkularisierung von Gesellschaft, Person und Religion. Religion und Kirche in Österreich, Wien 1973, und zwar an folgenden Stellen: 1. Österreich: 63—66 sowie 113—148; 2. Bundesrepublik Deutschland: 151—162; 3. Italien: 151 (Anmerkung 462); 4. Ostblockländer: 150 (Anmerkung 459).

[11] K. *Rahner,* Neue Ansprüche, a. a. O. 130 (Anmerkung 11).

An dieser Stelle darf ich meinen Dank der hochgeschätzten theologischen Fakultät an der Universität in Würzburg aussprechen. Eigens sollen die Professoren Dr. R. Zerfaß und DDr. W. Dreier hervorgehoben sein, welche die Last der Begutachtung dieser Habilitationsschrift für Pastoraltheologie und Pastoralsoziologie auf sich genommen haben. Zu danken habe ich auch Univ. Prof. DDr. K. Rahner, der mich bei der theologischen Reflexion über die Kirchenzugehörigkeit der Auswahlchristen beraten hat. Der Studienaufenthalt bei ihm in München wurde von der Alexander-von-Humboldt-Stiftung finanziert, der ich auch zu großem Dank verpflichtet bin.

Paul M. Zulehner

2. RELIGION NACH WAHL ALS DOMINANTE SOZIALFORM

T. Luckmann hat die religionssoziologische These von der Privatisierung der Religion in der modernen Gesellschaft aufgestellt[12]. Mit dieser Auffassung hat er sich vorab gegen die verbreitete Säkularisierungsthese gewendet, die er zwar als gesellschaftspolitisch äußerst wirksamen Mythos[13] gelten läßt, aber als für soziologische Analysen unbrauchbare Kategorie ablehnt. Zwar schreibt auch er den traditionellen Großkirchen einen empfindlichen Bedeutungsschwund zu, den er mit M. Weber aus der zunehmenden Rationalität und Beherrschbarkeit der gesellschaftlichen Bereiche ableitet, woraus sich der Funktionsverlust der Kirchen und kirchlicher Religiosität in der Gesellschaft und hinsichtlich des Verhaltens der Menschen in ihr erkläre. Vom Untergang des Heiligen[14], der Religion insgesamt, könne aber nicht die Rede sein. Was sich verändere, sei einzig die Sozialform der Religion (und damit zum Teil auch der Inhalt der Religion im Sinn eines Transzendenzverlustes). Die institutionelle Religiosität werde durch private Religiosität abgelöst. Privatisierte Religion sei in der modernen Gesellschaft die dominante Sozialform[15].

Luckmann hat nun, wie der Vergleich mit rezenten Forschungsergebnissen zeigt, mit seiner These einen zwar möglichen idealtypischen Endpunkt der gegenwärtigen Entwicklung angegeben, gleichsam eine untere Grenze möglicher Entinstitutionalisierung und Entkirchlichung von Religion (Religiosität). Doch ist eine derartige institutionsfreie Religiosität heute zumindest (noch) nicht dominant. Vielmehr herrscht auswahlchristliche Religiosität vor, die Elemente beider Randtypen enthält: also Elemente kirchlicher wie privatisierter Religiosität. Offen bleibt dabei immer noch die Frage, ob diese „Religion nach Wahl" nicht bloß eine Übergangsform von institutionell geprägter zu privater Religiosität darstellt.

---

[12] T. *Luckmann*, The Invisible Religion, New York 1967. — *Ders.*, Religion in der modernen Gesellschaft, in: Religion im Umbruch, hrg. v. J. *Wössner*, Stuttgart 1972, 3—15.

[13] T. *Luckmann*, Secolarizazzione: un mito contemporaneo, in: Cultura e politica, 14 (1969).

[14] S. *Acquaviva*, Der Untergang des Heiligen in der industriellen Gesellschaft, Essen 1964.

[15] T. *Luckmann*, Verfall, Fortbestand oder Verwandlung des Religiösen in der modernen Gesellschaft, in: Hat die Religion Zukunft? hrg. von O. *Schatz*, Graz - Wien - Köln 1970.

An dieser Stelle kann bereits einsichtig gemacht werden, inwieweit ein begrifflicher Unterschied zwischen den nur allzu oft sehr diffus verwendeten Begriffen Religiosität und Kirchlichkeit besteht. Unter Religiosität ist jegliche Art der „Religion der Person" zu verstehen, die imstande ist, als interpretative Sinnmatrix dem Menschen eine Welt-, Fremd-, Selbst-, Alltags- und Krisendeutung zu ermöglichen[16]. Kirchlichkeit hingegen ist gleichfalls eine Art subjektiver Religiosität, die „durch sozial vorgeformte, institutionalisierte Sprach-, Symbol-, Einstellungs- und Handlungssysteme bedingt, begrenzt und gestaltet"[17] ist. Religiosität und Kirchlichkeit schließen somit einander keineswegs aus. Vielmehr ist Kirchlichkeit eine spezielle Form neben anderen, nicht durch Institutionen (Kirchen) geprägte Arten der Religiosität[18].

Auf dem breiten Hintergrund vielfältiger religionssoziologischer Untersuchungsergebnisse soll also im ersten Teil dieses Buches eine Typologie religiös-kirchlichen Verhaltens heutiger Menschen vorgelegt werden. Drei Typen kommen zur Sprache: die Nichtchristen, verschiedene Arten von vollkirchlichen Christen, kurz auch „Kirchenchristen" genannt, und schließlich der zahlenmäßig am stärksten vertretene Typ der Auswahlchristen. Auswahlchristliche Religiosität — von da an Hauptthema der vorliegenden Studie — wird dann im Kontrast zur vollkirchlichen und nichtkirchlichen Religiosität näher charakterisiert: Zu erklären und auf ihren gesellschaftlichen Hintergrund zurückzuführen sind die an Auswahlchristen beobachtbare Individualisierung und Privatisierung der Religiosität. Schließlich ist zu zeigen, warum auswahlchristliche Religiosität die dominante Sozialform der Religion in der modernen Gesellschaft genannt werden kann. Es gibt Anhaltspunkte dafür, daß auswahlchristliche Religiosität von jenem Verhältnis von Kirche — Staat — Gesellschaft entscheidend mitbestimmt ist, das für die moderne Gesellschaft charakteristisch ist. Einige prognostische Überlegungen zur Zukunft der Kirchen (damit der Kirchlichkeit) und der Religion (und Religiosität) werden die religionssoziologischen Ausführungen abrunden.

---

[16] Vgl. T. *Luckmann,* The Invisible Religion. — *Ders.,* Belief, Unbelief and Religion, in: The Culture of Unbelief, hrg. v. R. *Caporale* und A. *Grumelli,* Berkeley - Los Angelos - London 1971, 28 ff.

[17] T. *Luckmann,* Vier protestantische Kirchengemeinden, in: Soziologie der Kirchengemeinde, hrg. v. D. *Goldschmidt,* F. *Greiner* und H. *Schelsky,* Stuttgart 1960, 133.

[18] Es ist daher nicht glücklich, (psychologisch) die Kirchlichkeit als Produkt personexterner Konditionierungsprozesse zu beschreiben und damit von der Religiosität als dem Produkt personinterner Integrationsprozesse abzuheben. Denn auch die institutionell geformte Religiosität (die Kirchlichkeit) ist wesentlicher Bestandteil dieser personinternen Integrationsprozesse. Vgl. F. X. *Kaufmann,* Zur Bestimmung und Messung von Kirchlichkeit in der Bundesrepublik Deutschland, zit. nach J. *Matthes,* Kirche und Gesellschaft, 214.

2.1. TYPOLOGIE RELIGIÖS-KIRCHLICHEN VERHALTENS

Typologien sind das Ergebnis eines vereinfachenden Abstraktionsverfahrens. Die vorfindbare Realität wird unter bestimmten Rücksichten geordnet und damit einem differenzierten Verständnis zugänglich gemacht. Nicht jede Typologie ist gleich brauchbar. Das gilt vor allem von jenen Typologien, die wichtige Aspekte der Wirklichkeit unberücksichtigt lassen.

Die hier vorgeschlagene Typologie religiös-kirchlichen Verhaltens versucht eine Reihe von Kriterien zu berücksichtigen. In diesem Sinn haben wir es mit einer mehrdimensionalen Typologie zu tun. So wird (1.) die Teilnahme der Menschen an institutionalisierter Religion bedacht. Je nach Intensitätsgrad kann man volle Teilnahme, partielle Teilnahme wie Nichtteilnahme unterscheiden. Die Teilnahme muß dann aber (2.) über das quantitative Ausmaß hinaus differenziert werden. Aktive sind von Konsumenten zu trennen, und das prinzipiell auf allen Ebenen der Teilnahme. Ihre Bedeutung hat diese Distinktion insbesondere im kirchlichen Intensivsegment: neben aktiven vollkirchlichen Christen gibt es den Typ des passiven Christen. Zu berücksichtigen ist (3.), an welchem institutionellen Modell sich einer orientiert. Innerhalb der katholischen Kirche stehen dafür heute neben traditionellen Modellen der nachtridentinischen Zeit noch ältere Modelle einer „Urchristenromantik", das Modell des II. Vatikanischen Konzils, dazu aber noch vielfältige Versuche von postkonziliarer Kirchlichkeit zur Verfügung. Eine Typologie, die diese Bandbreite „offizieller" oder zum Teil nur „offiziöser" Modelle nicht berücksichtigt, eignet sich zwar vielleicht recht gut für geschichtliche Studien, wird aber der gegenwärtigen Situation nicht gerecht. Schließlich ist (4.) neben Person und Institution auch die gesellschaftliche Wirklichkeit in die Überlegungen miteinzubeziehen. Damit werden nämlich die Modelle institutioneller Religiosität neuerlich differenziert, seien sie nun traditionell, vor- oder nachkonziliar. Grundsätzlich sind zwei Haltungen denkbar. Die eine kann mit Glock u. a.[19] als „comfort-oriented" beschrieben werden: Christentum dieser „Spielart" bringt vor allem Trost, Anpassung, Bewältigung von Krisen, Rechtfertigung von Positionen, Stabilität und Geborgenheit. Das christliche Modell kann aber durchaus auch „challenge-oriented" sein: In dieser Form bringt es Konfrontation, Auseinandersetzung, gesellschaftskritische und gesellschaftsverändernde Impulse, aber auch lebensgestaltende und -verändernde Dynamik.

---

[19] Ch. Y. *Glock*, B. B. *Ringer*, E. R. *Babbie*, To Comfort and to Challenge. A Dilemma of Contemporary Church, Berkeley 1967.

Mit Hilfe dieser vier angeführten Kriterien (1. Intensität und 2. Art der Teilnahme, 3. Spielart des offiziellen Modells, 4. Verhältnis zur gesellschaftlichen Wirklichkeit) kann nun ein Raster erstellt werden, der theoretisch 24 Felder, damit 24 Typen religiös-kirchlichen Verhaltens erbringt. Ordnet man an Hand von Untersuchungsergebnissen die Menschen den einzelnen Feldern zu, dann zeigte sich, daß von den möglichen Typen keineswegs alle gleich wichtig sind. Manche Felder, damit manche Typen, die aus der Kombination der diversen Kriterien entstehen, erweisen sich als gehäuft besetzt. So kann man von dominierenden Haupttypen reden, die die vorhandene religiös-kirchliche Situation einigermaßen gültig widerspiegeln. Derartige Haupttypen werden hier herausgegriffen und charakterisiert. Verwenden wir als Basiskriterium die Intensität der Teilnahme, die von der vollen über die partielle Teilnahme zur Nichtteilnahme reicht, so kann als ein erster selbst wieder sehr komplexer Typ der *Nichtchrist* beschrieben werden. Dann gilt es zweitens, den konträren Typ des vollkirchlichen Christen *(Kirchenchrist)* zu differenzieren: aktive (Priester wie Laien) sind von passiven Gemeindemitgliedern zu unterscheiden. Hier ist auch die Frage wichtig, welcher Art das offizielle Bezugsmodell ist, auf das sich die intensive Teilnahme richtet. Die Möglichkeit von traditionellen und erneuerten, comfort- und challenge-orientierten Modellen kommt in Betracht. Auch hier sind nicht alle denkbaren Subtypen von gleicher Wichtigkeit. Die passiven vollkirchlichen Christen folgen nämlich hauptsächlich einem traditionellen Modell des Christentums, das weithin Trost und Annahme der gegebenen Lebenssituationen vor allem in ihrer Außeralltäglichkeit in Aussicht stellt. Wir nennen diesen Typ fortan die Passivchristen. Sie entsprechen weithin den kirchlichen Erwartungen, ohne diese kritisch in Frage zu stellen. Von ihnen unterscheiden sich die aktiven vollkirchlichen Christen, die wir hier unter der Bezeichnung Aktivchristen zusammenfassen wollen. Schließlich sollen unter den Christen mit partieller Teilnahme besonders jene diskutiert werden, die sich mehr an einem traditionellen, comfort-orientierten Modell des Christentums ausrichten, und eher religiöse Konsumenten sind. Insofern sich diese dem kirchlichen Angebot gegenüber selektiv verhalten, nennen wir sie *Auswahlchristen.*

2.1.1.
Nichtchristen

Selten vertreten ist auch in den modernen Gesellschaften des Westens jener Typ, der nichtchristlich erzogen wurde, oder seine in Familie und Religionsunterricht anerzogene christliche Art der Lebensdeutung und Lebensbewältigung aufgibt und sich an einer neuen „Matrix" der

Welt-, Fremd-, Selbst-, Alltags- und Krisendeutung orientiert. Bei dieser neuen Matrix kann es sich um eine neue Religion handeln, aber auch um eine der vielen „nichtreligiösen" innerweltlichen Interpretationen des Lebens und der Welt, die heute in einem sekundären Sozialisationsvorgang relativ leicht zugänglich sind. Als Beispiele solcher „profaner" Deutungsmodelle (Weltanschauungen) seien mit T. Luckmann Zen, LSD-Kulturen, politische und quasipolitische Ideologien mit religiösen Funktionen, Tagungs- und Kulturmarxismus, noch transzendenzärmere subjektivistische Philosophien oder psychoanalytische Lebensweisheiten genannt[20].

Die Zahl solcher Nichtchristen liegt in einst „christentümlichen" Gesellschaften schätzungsweise zwischen 5 und 10%, was annähernd dem Anteil der Personen „ohne religiöses Bekenntnis" entspricht. Nicht einmal diese Konfessionslosen, die sich zum Teil aus den Kirchenausgetretenen rekrutieren, lassen sich pauschal den Nichtchristen zuordnen, weil auch bei diesen — im „kirchenfreien Raum" — viele kirchlich geprägte Einstellungen und Verhaltensweisen vorhanden sind[21].

Man ist versucht, diesen Typ als „säkularisierten" oder auch „glaubenslosen" Menschen zu beschreiben. Ob ein solcher Begriff zur Charakterisierung dieses Typs geeignet ist, hängt sowohl vom Religionsbegriff wie auch von forschungsmethodischen Überlegungen ab. An einem substantivischen Religionsbegriff bemessen, nach dem Religion durch „heilige Wirklichkeiten" wie Gott, Seele, Jenseits, usw. definiert wird[22], könnte man solchen Nichtchristen „Säkularität" bescheinigen. Wer den funktionalistischen Begriff etwa im Sinn von E. Durkheim oder T. Luckmann bevorzugt, indem er vom Religionsbegriff eine Auskunft darüber erwartet, was Religion zur Lebensdeutung und -bewältigung beiträgt[23], wird auch die neuen, nicht mehr an einem umfassenden heiligen Kosmos der Kirchen orientierten Weltdeutungen zwar als transzendenzärmere, aber immer noch als „religiöse" Systeme bezeichnen[24]; Nichtchristen wären demnach durchaus „religiös".

---

[20] *Luckmann,* Religion, 12.

[21] Im Rahmen einer Untersuchung über die Außerkirchlichkeit in Holland zog H. *van Wieringen* einige zusammenfassende Folgerungen aus einer Analyse von 100 Lebensgeschichten formal Außerkirchlicher. Selbst bei dieser Gruppe wurden Elemente gefunden, die auf eine Randposition und ein weiteres Sich-Ausrichten auf die Kirche hindeuten, mit der sie formal gebrochen hatten. Bei allen Respondenten wurde z. B. eine positive Bewertung der Christusfigur beobachtet: H. und W. *Goddijn,* Sichtbare Kirche, Ökumene und Pastoral. Einführung in die Religionssoziologie, Wien 1967, 179.

[22] Zu den Vertretern eines substantivischen Religionsbegriffes gehören insbesondere P. L. Berger, R. Robertson, S. Acquaviva, R. Otto und M. Eliade. Mehr dazu in: *Zulehner,* Säkularisierung, 54.

[23] Ein funktionalistisches Verständnis von Religion haben in Anschluß an E. Durkheim J. M. Yinger, T. Parsons, W. Herberg, C. Geertz, A. Greeley, R. Bellah und insbesondere T. Luckmann. Vgl. *Zulehner,* Säkularisierung, 54.

[24] P. L. *Berger,* Zur Dialektik von Religion und Gesellschaft. Elemente einer soziologischen Theorie, Frankfurt 1973, 165—168.

In beiden Fällen ist aber Zurückhaltung geboten. Sowohl die Geschichte wie die „Kultur des Unglaubens"[25] sind weithin noch ungeklärt, wie ein Symposion namhafter Religionsexperten, u. a. auch der Soziologie, in Rom im Jahre 1969, veranstaltet vom Vatikanischen Sekretariat der Nichtgläubigen unter der Leitung von Kardinal F. König, zeigte. Dort wurden einige bemerkenswerte hypothetische Elemente formuliert. Der Unglaube wurde etwa von T. Luckmann als ein späteres Phänomen als die Religion hingestellt, das erst als Folge der „Spezialisierung" der Religion zu einem „offiziellen" Glaubensmodell entstanden sei und mit dessen (heute beobachtbaren) Bedeutungsverlust wieder verschwinden werde. Wie in den archaischen, so werde es auch in den künftigen Gesellschaften weder Glaube noch Unglaube, sondern nur mehr die „invisible religion" geben[26]. R. Bellah wiederum sprach von einem „over-belief" der Massen inmitten einer westlich-griechisch intellektualistischen Religionsform. Dieser habe als Widerspruch zeitweiligen Unglauben gezeugt. Die Entwicklung (vor allem zur Individuation der Autorität, damit verbunden zur Aufwertung der Autonomie der einzelnen Person) habe einen Niedergang dieser Spielart herbeigeführt. Die Religion selbst sei davon nicht bedroht. Vielmehr würde sie, stark umgewandelt, in einer „reunification of consciousness" neu erblühen können[27]. T. Parsons kommt zu einem ähnlichen Ergebnis. Er prognostiziert eine, der Sache nach durchaus christliche, nichtrationale „Religion der Liebe", deren Hauptsymbole Gemeinschaftlichkeit, Brüderlichkeit und Freiheit sind[28].

Alle diese Vermutungen operieren mit sehr verschiedenen Begriffen des Unglaubens und dahinter des Glaubens und der Religion. Es ist daher nicht verwunderlich, daß heute noch kaum ein Soziologe imstande ist, zu sagen, wie dieser „Unglaube" inhaltlich tatsächlich aussieht, wenn man von ihm nicht nur die Ablehnung der offiziellen Religionsmodelle aussagt. Zudem kann auch noch nicht gesagt werden, wo es das, was Unglaube sein könnte, faktisch auch gibt. Zwar wurden von Ch. Y. Glock[29] und P. L. Berger[30] internationale empirische Studien postuliert, der Weg bis dahin jedoch wegen der vielfältigen terminologischen und forschungstechnischen Probleme als weit eingeschätzt[31]. Alle diese Bedenken treffen nun auch auf die Charakterisierung unseres „nichtchristlichen" Haupttyps zu. Was bisher in empirischen Studien

---

[25] The Culture of Unbelief, hrg. v. R. *Caporale* und A. *Grumelli,* Berkeley - Los Angeles - London 1971.
[26] T. *Luckmann,* Belief, Unbelief and Religion, a. a. O. 21—38; 135 ff.
[27] R. *Bellah,* The Historical Background of Unbelief, a. a. O. 39—52.
[28] T. *Parsons,* Belief, Unbelief and Disbelief, a. a. O. 207—246.
[29] Ch. Y. *Glock,* The Study of Unbelief: Perspectives of Research, a. a. O. 53—67.
[30] P. L. *Berger,* The Culture of Unbelief, Vorwort, VII—XVI.
[31] Vgl. B. *Wilson,* a. a. O. 122.

einzig untersucht wurde, sind Entsprechungen und Abweichungen von einem „offiziellen christlichen Modell". Der Typ des „Nichtchristen" ist daher zunächst nicht mehr und nicht weniger als ein Mensch, der sich von einem solchen offiziellen religiösen Modell einer Kirche abwendet, und sich ein neues Modell, eine eigene Welt- und Lebensdeutung zurechtgelegt hat, oder der auf Grund der ihm eigenen Sozialisationssituation mit einem solchen offiziellen Modell gar nicht (mehr) in Berührung gekommen ist. Diese subjektiven „Ersatz"-Modelle sind aber inhaltlich unerforscht und unbekannt. Dazu wäre es nötig, die Relevanzstrukturen des Menschen, wie sie A. Schütz im Anschluß an E. Husserls Phänomenologie versteht[32], zu kennen. Gemeint sind damit jene Werthierarchien, die das Handeln eines Menschen nachhaltig bestimmen. T. Luckmann ist mit seinen Mitarbeitern in Konstanz gegenwärtig dabei, nach Forschungsmethoden zu suchen (Biographie- und Inhaltsanalysen z. B.), um diese biographisch bedeutsamen, vielleicht vor allem in Krisensituationen „aufleuchtenden" Relevanzstrukturen des Menschen „aufdecken" zu können[33]. Solange diese Probleme weder theoretisch noch forschungstechnisch gelöst sind, ist es voreilig, selbst unter Anwendung eines engen substantivischen Religionsbegriffes von „säkularisierten Personen" zu reden[34].

2.1.2.

Kirchenchristen

Gemessen an den komplexen Erwartungen der kirchlichen Institution ist der Kontrasttyp zum Nichtchristen der Kirchenchrist. Das soll nicht

[32] A. *Schütz,* Collected Papers, Band 1—3, Haag 1961—68. — *Ders.,* Das Problem der Relevanz, Frankfurt 1971. — E. *Husserl,* Zur Phänomenologie des inneren Zeitbewußtseins, Haag 1966. — A. *Schütz,* T. *Luckmann,* The Structures of the Life-World, Evanston 1973.

[33] T. *Luckmann,* Unbelief: Can it be scientifically studied, in: The Culture of Unbelief, 199 ff. — Auch: J. *Lauwers,* Secularization: A Sociological Theory or an Ideology, Manus., Varna 1970, 15—26: *Lauwers* versucht eine Lösung des Säkularisierungsproblems mit Hilfe einer Analyse der menschlichen Handlungsmodelle. — M. *Yinger,* The Scientific Study of Religion, London 1970, 32 ff.

[34] *Luckmann,* Verfall, a. a. O. 81 f. — *Ders.,* Belief, a. a. O., 32: Luckmann unterscheidet hier drei Kategorien, und zwar jeweils auf der strukturell-objektiven wie der individuell-subjektiven Ebene:

strukturelle Ebene	individuelle Ebene
world-view	system of relevance
sacred cosmos	subjective notion and values of ‚ultimate significance'
official model	subjective system of religious belief

besagen, daß die (subjektive) Religiosität des Kirchenchristen keinerlei Abweichung vom offiziellen Modell kirchlicher Religiosität (und in diesem Sinn „Unkirchlichkeit") kennt. Perfekte Sozialisation dieser Art ist in keinem Lebensbereich anzutreffen, sodaß eine gewisse Diskrepanz zwischen dem Individuum und der kirchlichen Gemeinschaft auch bei Kirchenchristen von vornherein anzunehmen ist. Doch betreffen diese Unterschiede nicht zentrale Punkte des Glaubens und Lebens christlicher Gemeinden. Vor allem aber ist bei den Kirchenchristen der Wille zu einer prinzipiellen Identifikation mit der Kirche vorhanden.

a) Passivchristen

Unter diesen Kirchenchristen mit grundsätzlicher Identifikation mit ihrer Kirche sind passive und aktive zu unterscheiden. Bei den Passivchristen haben wir es mit jenen Personen zu tun, die christlich aufgewachsen sind, und nun, mehr oder weniger konsequent, ihre religiös motivierte christliche Tradition pflegen. Das schließt nicht aus, daß sie in manchen Situationen ihres Lebens ihre christliche Welt- und Lebensdeutung als disfunktional erfahren. Auch die Lebenslage dieser Menschen hat sich im Vergleich zu jener verändert, in der das überkommene christliche Modell in seinen konkreten Sätzen und Imperativen formuliert worden war. Trotz erfahrener partieller Disfunktionalität versuchen diese Kirchenmitglieder dennoch, ihre traditionelle christliche Lebens- und Weltdeutung (im übrigen aus sehr vielschichtigen Motiven, darunter auch religiösen) beizubehalten und danach zu leben. Die Konflikte, die dabei entstehen, bewältigen sie nicht allein, sondern innerhalb religiöser Gruppen (Gemeinden), die zur Stabilisierung ihrer christlichen Weltorientierung erheblich beitragen[35].

Personen dieses passiv-vollkirchlichen Typs sind heute selbst in einst „christentümlichen" Ländern nicht mehr sehr zahlreich: 10—15% der Katholiken lassen sich hier zuzählen. Am ehesten trifft man sie im kirchlichen „Intensivsegment"[36], unter den regelmäßigen Sonntagskirchgängern, in religiösen Kleingruppen wie z. B. Familienrunden[37], laienapostolischen Gruppierungen herkömmlicher Art, traditionellen kirchlichen oder quasikirchlichen Vereinen, Dritten Orden, religiösen Volksbewegungen, auch in traditionellen Kinder- und Jugendgruppen[38]. Die starke Bindung an diese religiöse Gruppe soll offenbar den Abbau „kog-

---

[35] G. *Schmidtchen,* Zwischen Kirche und Gesellschaft. Forschungsbericht über die Umfragen zur Gemeinsamen Synode der Bistümer in der Bundesrepublik Deutschland, Freiburg 1972, 88.

[36] *Holl, Fischer,* Kirche auf Distanz, 87.

[37] Familiengruppen, IKS-92, Wien 1970, 66.

[38] *Zulehner* u. a., Jugendklubs, 32—38.

nitiver Dissonanz"[39] erbringen und damit Konfliktsminderung schaffen, wobei sich häufig die Ausbildung einer Subkultur sowie einer „In-group-Situation" beobachten läßt, die mit sozialer, altersmäßiger wie religiöser Homogenität der Gruppe einhergeht[40].

b) Aktivchristen

Unter den Christen mit voller kirchlicher Anteilnahme gibt es aber nicht nur religiöse Konsumenten, so sehr diese unter den Kirchenchristen zahlenmäßig zu überwiegen scheinen. Unter ihnen haben auch die aktiven Kräfte der religiösen Institution ihren Platz: Mit 5—10% wird man ihren Anteil an der Gesamtbevölkerung einigermaßen treffen. Würden wir eine kirchengeschichtliche Studie schreiben, so wäre hier besonders vom Klerus zu reden. Die Trennungslinie zwischen Aktiven und Konsumenten kann aber auf Grund einer tiefgreifenden Redefinition der Begriffe Kirche, Priester und Laie[41] heute weniger denn je zwischen Klerus und Laien gezogen werden. Studien über die Priester sind daher zur Charakterisierung der Aktivchristen wichtig, sind aber durch entsprechende Daten über aktive Laien zu ergänzen. Im Folgenden sehen wir von dieser Unterscheidung gänzlich ab, weil es uns hier darum geht, bloß den Haupttyp des aktiven, in der Institution engagierten Christen, sei er nun Priester oder Laie, zu beschreiben und mit Hilfe seiner Subtypen näher zu charakterisieren.

Zu solchen Subtypen aktiver Kirchenchristen kommt es deshalb, weil auch die religiöse Institution wie jede andere menschliche Einrichtung kein starres Gebilde ist, sondern auf dem Hintergrund der Veränderungen in der gesamtgesellschaftlichen Wirklichkeit selbst einem heute zunehmend raschen Wandel unterworfen ist. Das hat zur Folge, daß in der konkreten Institution Kirche heute vielfältige „offizielle" oder zumindest „offiziöse" Modelle nebeneinander bestehen, unter denen es traditionelle und reformiert-erneuerte, weltoffene und weltflüchtige gibt.

Schon aus der Kombination dieser beiden Paare (traditionell-erneuert, comfort- und challenge-orientiert) lassen sich bemerkenswerte Subtypen ableiten. Da es hier um eine typologische Charakterisierung geht, werden sicherlich manche Züge der einzelnen Gruppen überzeichnet. Die

---

[39] L. *Festinger*, The Theory of Cognitive Dissonance, Evanston 1967. — *Ders.*, Die Lehre von der ‚kognitiven Dissonanz', in: Grundlagen der Kommunikationsforschung, hrg. v. W. *Schramm*, München 1964.

[40] Familiengruppen, 29—41, 65.

[41] F. *Houtart*, Explosion der Kirche? Die Krise der Institution, Salzburg 1969. — P. M. *Zulehner*, S. R. *Graupe*, Wie Priester heute leben . . . Ergebnisse der Wiener Priesterbefragung, Wien 1970, 131. — T. *Steeman*, The Priest as a Socioreligious Leader, in: Clergy in Church and Society, Rom 1967, 151—186. — O. *Schreuder*, Gestaltwandel der Kirche, Olten 1967, 80.

konkrete Wirklichkeit besteht nie aus reinen Typen, da diese ja das Ergebnis einer starken Abstraktion sind, sondern ist häufig eine Mischung nicht selten konträrer Elemente einzelner Typen. Zu nennen sind hier zunächst (1.) die Traditionalisten, welche die alten Lebenslagen (gesellschaftlichen Verhältnisse) akzeptieren und bewahren, und mit Hilfe der traditionellen Definition der Religion legitimieren und bewältigen wollen. Zu dieser Gruppe gehören z. B. jene Sozialromantiker, welche im gesellschaftlichen Bereich jene Lebenslagen aufrecht erhalten wollen, die dem traditionellen Modell entsprechen und für seine Verwirklichung günstige Voraussetzungen bieten. Andere Anhänger des traditionellen Modells nehmen (2.) die gesellschaftlichen Veränderungen zwar zur Kenntnis, versuchen aber im Stil eines „Integralismus" mit Hilfe der alten Formulierungen und Leitbilder die neue Wirklichkeit umzugestalten. Tendenzen dieser Art sind auch heute vorhanden. Man findet sie in kirchenamtlichen wie nicht offiziellen Stellungnahmen zur Fragen der Wirtschaft, Politik, Rechtsreform u. a. Typisch ist, daß der weltanschauliche Pluralismus abgelehnt, daher der Versuch einer Restauration der einstigen „christentümlichen" Gesellschaft unternommen wird. Demgegenüber versuchen (3.) andere, die wir hier vereinfacht „Säkularisten" nennen wollen, inmitten der neuen Lebenslagen das überkommene Modell des Christentums neu zu definieren. Hier sind vorwiegend jene aktiven Christen einzuordnen, die zur traditionellen Kirche in irgendeiner kritischen Distanz stehen. Doch hindert uns diese am traditionellen Modell gemessene partielle Identifikation nicht, diese Christen dennoch dem vollkirchlichen Typ zuzuzählen, weil es ihnen (etwa im Vergleich zu den später diskutierten Auswahlchristen) nicht um bloße Negation traditioneller Modellteile geht, sondern um deren Reform. Deshalb soll hier auch an Stelle von „partieller" der Ausdruck „kritische Identifikation" verwendet werden. Das Ergebnis dieser Reformversuche fällt recht unterschiedlich aus. Vermutlich ist diese Gruppe von allen hier genannten die inhomogenste. Politische Theologie, Theologie der Revolution, Gott-ist-tot-Theologie, in der biblischen Schöpfungslehre verankerte Theologie der Säkularisierung, Theologie der Zukunft, aber auch andere Formen eines „modernen" gesellschaftsdynamischen Christentums haben hier ihren Platz. In dieser Gruppe dominiert das Bestreben, ein Stück der Disfunktionalität traditioneller Christlichkeit durch eine tiefgreifende Reform („Aufklärung") dieses überkommenen Modells ohne Preisgabe der Identität abzubauen. Bezeichnend für diese „säkularisierenden Modelle" des Christentums ist es im übrigen, daß sie sich ebenso rasch verändern und damit neuerlichen Säkularisierungsprozessen unterliegen, wie sich auch die gesellschaftliche Wirklichkeit immer rascher weiterentwickelt. Schließlich gibt es (4.) in der heutigen „Kirche des Übergangs" auch

„Neuerer", die mit großem Eifer, jenseits der gesellschaftlichen Wirklichkeit, an Veränderungen des christlichen Modells arbeiten, die also ein neues kirchliches Modell inmitten durchaus traditioneller Lebenslagen (gettohaft) konzipieren. Hier ist an jene „Institutionalisten" zu denken, die sich an einer „Imagekosmetik" der Kirche freuen, mit großem Fleiß liturgische Formen verbessern, kirchliche Strukturen reformieren, aber eine theologische Auseinanndersetzung mit der sich inzwischen verändernden Welt und ihrer Kultur vermeiden[42].

2.1.3.

Auswahlchristen

Am stärksten vertreten ist in den ehedem „christentümlichen", heute freiheitlichen Ländern des Westens der Typ des Auswahlchristen. Zahlenmäßig läßt er sich in einem negativen Verfahren eingrenzen. Nach unten hebt er sich von den Nichtchristen (ca. 5%) ab, da Auswahlchristen Elemente kirchengeprägter Religiosität aufweisen. Nach „oben" unterscheidet er sich von den Kirchenchristen der verschiedensten Prägung: also sowohl von den Passivchristen, die sich vorwiegend an das traditionelle Modell der Kirche halten, wie auch von den Aktivchristen, und unter ihnen wiederum besonders von jenen, die sich mit der Kirche „kritisch" auseinandersetzen. Diese „kritischen" Katholiken sind zwar, am traditionellen Modell gemessen, auch Personen mit „partieller Identifikation", doch ist diese Art der partiellen Identifikation, wie schon oben angedeutet wurde, qualitativ anders. Sich kritisch-partiell Identifizierende suchen nämlich nach einer Neuformulierung der traditionell christlichen Inhalte und Formen, während jene Personen mit „partieller Identifikation", die wir hier Auswahlchristen nennen, manche Teile des traditionellen Modells negieren und nicht mehr durch Elemente erneuerter christlicher Sinnsysteme, sondern meist außerchristlicher, „areligiöser" Sinnsysteme ersetzen.

Auswahlchristen sind selbst wiederum eine sehr komplexe Gruppe, wenn man die Intensität der Kirchlichkeit als Maß nimmt. Da gibt es solche mit voller Praxis, aber bloß partieller Zustimmung zu Lehren und Normen (Ambivalente, Unentschiedene). Dann gibt es vor allem jene mit partieller Praxis, wie bloß teilweiser Glaubenszustimmung. Daß es im Vorgang dieses Auswählens bevorzugte „Waren" gibt, steht empirisch fest. Auf dem Gebiet der Praxis trifft die Auswahl vor allem

[42] Bei der vorliegenden Charakterisierung des aktiven Segments der heutigen Kirche gilt es zu beachten, daß sie keinerlei Bewertung vornehmen will. Wenn jemand doch eine solche anzutreffen meint, möge er dies weniger der Absicht des Verfassers, sondern mehr der Ungunst der sprachlichen Formulierung anlasten.

liturgisches Tun um die Lebenswendepunkte. Im Bereich der Lehren sind die allgemeinen religiösen Wahrheiten mehr bejaht als spezifisch christliche: also die Existenz Gottes im Sinn eines höheren Wesens mehr als die Gottessohnschaft Christi oder die Wunder der Bibel. Von den sittlichen Normen sind die allgemeinen Prinzipien mehr geschätzt als konkrete Richtlinien, besonders wenn sich diese auf Politik, Wirtschaft oder Sexualität beziehen[43].

Als eine erste Illustration auswahlchristlicher Religiosität eignet sich ein Untersuchungsergebnis aus einer von L. A. Vaskovics bearbeiteten und publizierten Studie des Instituts für kirchliche Sozialforschung an katholischen Eltern in Salzburg aus dem Jahre 1966. In der statistischen Analyse wurden drei Kategorien der Kirchlichkeit gebildet, die in etwa den in dieser Arbeit vorgeschlagenen Typen religiös-kirchlichen Verhaltens entsprechen: „kirchliche" (Kirchenchristen), „kirchenfreundliche" (Auswahlchristen) und „kirchenfremde" Personen (Nichtchristen). In diesen drei Gruppen von katholischen Eltern haben nun kirchliche Lehren und Normen folgende durchschnittliche Verbreitung[44]:

	Gliederung der katholischen Eltern		
religiös-kirchliche Inhalte	„kirchlich"	„kirchen-freundlich"	„kirchen-fremd"
glaubt explizit an ein Weiterleben nach dem Tod	93%	45%	6%
bejaht Gottessohnschaft Christi	98%	74%	35%
grundsätzlich gegen vorehelichen Geschlechtsverkehr	78%	37%	17%
legt unbedingt Wert auf kirchliche Trauung	96%	87%	35%
Ehepartner des Kindes soll gläubig und religiös sein	89%	35%	6%
regelmäßiger Kirchgang	96%	32%	1%
betet mit den Kindern	78%	79%	22%
besitzt die Bibel	71%	34%	11%
Zahl der Personen	45	88	125

Trotz der Heterogenität dieser Personen geschieht ihre Zusammenfassung in dem einen auswahlchristlichen Typ zu Recht. Bezeichnend für sie ist, daß sie eben auswählen. Die Unterschiede ergeben sich erst im Objekt der Wahl und in der Quantität der „eingekauften kirchlichen Ware". Ohne auf mögliche Subtypen einzugehen, können noch weitere Überlegungen zur bloßen Zahl der Auswahlchristen angestellt werden. Man geht dabei am besten vom Kirchgang aus. Laut kirchen-

[43] Zu den Feststellungen dieses Absatzes vgl. *Zulehner*, Säkularisierung 113—148.
[44] L. A. *Vaskovics*, Familie und religiöse Sozialisation, Wien 1970, 156.

amtlicher Statistik haben in der Bundesrepublik Deutschland (mit Westberlin) im Jahre 1967 47,6% der zum Gottesdienst verpflichteten Personen am Zählsonntag die Kirche besucht[45]. Diese Zahl ist in der Zwischenzeit gesunken. In Österreich wurden an den Zählsonntagen des Jahres 1971 30% als Kirchgänger registriert[46]. Berücksichtigt man, daß selbst unter den Dominikanten noch Auswahlchristen sind, so wird man nicht fehlgehen, daß zwei Drittel bis drei Viertel der Katholiken in ehedem christlichen Ländern als Auswahlchristen zu bezeichnen sind[47]. Es ist klar, daß rein optisch dieser verbreitete Typ die religiös-kirchliche Landschaft moderner freiheitlicher Gesellschaften des Westens prägt.

2.2. AUSWAHLCHRISTLICHE RELIGIOSITÄT

Im Folgenden ist nun auswahlchristliche Religiosität näher zu charakterisieren. Typisch für sie ist eine relativ starke Distanz zur Kirche, eine „partielle Identifikation" mit der Kirche, damit eine weitgehende „Entkirchlichung der (subjektiven) Religiosität". Eigentümlich für sie sind positiv ausgedrückt „Individualisierung" und „Privatisierung".

2.2.1.

Individualisierung

(a) Fakten

In einer empirisch fundierten Studie über die Religion in der säkularen Gesellschaft hat der englische Religionssoziologe B. Wilson darauf hingewiesen, daß heute an Religiosität eher das anzutreffen sei, was die Gläubigen wünschen, viel seltener hingegen finde man vor, was die Kirchen verlangen[48]. Auch in dieser Interpretation der Situation

---

[45] Kirchliches Handbuch, hrg. v. F. *Groner*, Köln 1969, 588.

[46] Kirchliche Statistik von Österreich für das Jahr 1971, erstellt von der Arbeitsgemeinschaft der Österreichischen Seelsorgeämter, Wien 1972.

[47] Von Arbeitern der Vereinigten Österreichischen Eisen- und Stahlindustrie (VÖEST) in Linz sowie in Vorarlberger Textilfabriken wurden 76% der Kategorie der partiell Praktizierenden und 70% den doktrinal Ambivalenten zugeordnet: *Zulehner*, Religion ohne Kirche, 29, 38. — Bodzenta hat 65% den Saison- und Taufscheinkatholiken zugeteilt: E. *Bodzenta*, Die Katholiken in Österreich, Ein religionssoziologischer Überblick, Wien 1962, 81. — Bei Vaskovics sind 80% etwa „kirchenfreundlich" oder „kirchenfremd": *Vaskovics*, Familie und religiöse Sozialisation, 115.

[48] B. *Wilson*, Religion in Secular Society, London 1966, 1. Kap.

von Religion und Kirche in der modernen Gesellschaft wird auf das Faktum hingewiesen, daß Kirchenmitglieder ihren eigenen Kirchen gegenüber mit einer erstaunlich großen Auswahlfreiheit gegenübertreten. Schon diese Tatsache, daß die Menschen aus dem Angebot ihrer Kirchen auswählen, ist ein deutlicher Ausdruck der Individualisierung der Religiosität.

Derselbe Sachverhalt kommt in der Einstellung der Kirchenmitglieder sowohl zur Autorität der Bibel wie der kirchlichen Lehrautorität zum Tragen. Prinzipiell werden diese Autoritätsinstanzen zwar nicht in Frage gestellt, doch bestehen sehr viele darauf, daß die Kirche „nicht Herrscher, sondern Ratgeber" sei und deshalb der einzelne das Recht habe, manches von der Kirche Verlangte nicht annehmen zu müssen, bzw. auch nicht annehmen zu können[49]. Im Rahmen der Umfrage zur Gemeinsamen Synode der Bistümer in der Bundesrepublik Deutschland war an die Katholiken die Frage gestellt worden, wo sie anders als die Kirche denken, in welchen Punkten sie mit den Auffassungen der Kirche nicht übereinstimmen. 38% der Befragten erfahren sich im Widerspruch zum Autoritätsanspruch des Papstes. In der Frage der Empfängnisverhütung erreicht die Dissonanz zwischen den Befragten und der kirchlichen Auffassung einen Wert von 61%[50]. Indirekt kommt in einer solchen Stellungnahme natürlich auch die Einstellung der Befragten zu kirchlichen Autoritätsansprüchen insgesamt zum Tragen. Das würde bedeuten, daß nahezu zwei Drittel der Katholiken im Falle eines Konflikts zwischen dem kirchlichen Anspruch und einer individuellen Lebenslage ihrem eigenen Standpunkt den Vorrang einräumen. Auch an solchen Indizien zeichnet sich ganz deutlich die Individualisierung auswahlchristlicher Religiosität ab.

Auf derselben Linie liegen die verbreiteten Auffassungen von einer „Religion ohne Kirche" oder „daß man auch ohne Messe ein guter Christ sein könne". So sei es gleich, welcher Kirche man angehöre, solange man sich bemühe, nach seinem Glauben zu leben[51], selbst wenn man zur Rechtfertigung seiner eigenen Position hinzufügt, man sei sicher, jener Religionsgemeinschaft anzugehören, die der Wahrheit am nächsten kommt[52]. Man könne eben auch ohne Kirche Gott finden[53], ja, wer Gott wirklich nahesteht, brauche keine Kirche[54]. Was die Kirche daher tun könne, ist, daß sie etwas nahelegt. Befehlen hingegen könne sie nichts[55].

---

[49] *Holl, Fischer,* Kirche auf Distanz, 100—109.
[50] *Schmidtchen,* Zwischen Kirche und Gesellschaft, 12—19.
[51] *Holl, Fischer,* Kirche auf Distanz, 103.
[52] A. a. O. 105.
[53] A. a. O. 107.
[54] A. a. O. 107.
[55] 83%: A. a. O. 101.

(b) Sozialgeschichtliche Einbettung

Solche Tatsachen können auf dem Hintergrund kultureller Entwicklungen und gesellschaftlicher Veränderungen einem vertieften Verständnis zugeführt werden. Die für heutige Menschen typische Einstellung gegenüber religiöser Autorität ist der Ausdruck einer Veränderung in der Gewichtigkeit und Rangfolge grundlegender Autoritätsinstanzen. Als solche gelten 1. die Gottheit und ihre irdischen Vertreter, 2. die Alten bzw. die Ahnen, 3. die erblichen Besitzer von wirtschaftlichen und politischen Machtstellungen, 4. charismatische Führer, denen man kraft ihrer Persönlichkeit und ihrer vermeintlichen einmaligen, auf Intuition gegründeten Fähigkeiten ohne zu fragen folgt und 5. die Autorität rational-bürokratischer Institutionen als Vertreter sachlichen und spezialisierten Wissens. R. F. Behrendt hat nun behauptet, daß von diesen fünf grundlegenden Autoritätsinstanzen die ersten drei in ihrer gesellschaftlichen Wirksamkeit heute entscheidend geschwächt sind[56]. Ich habe diese These Behrendts auf einigen Kursen von Verantwortlichen für die Jugendarbeit vorgelegt, um sie auf ihren Realitätsgehalt hin zu überprüfen. Dabei hatte ich die Kenner der Situation junger moderner Menschen gebeten, auf Grund ihrer Erfahrungen mit diesem Personenkreis die fünf vorgelegten Autoritätsinstanzen so zu reihen, wie sie ihrer Meinung nach von jungen Menschen der Wichtigkeit nach gereiht würden. Als schwächste Autoritätsinstanz erwies sich dabei (gemessen an den gemittelten Rängen) die Tradition, das Alte, die Ahnen, gefolgt bereits von der religiösen Autorität. Etwas höherer Wertschätzung erfreut sich unter jungen Menschen der Besitz, während schließlich die Autorität charismatischer Personen und spezialisierter Experten am höchsten veranschlagt wurde:

Rang:

— 1 —	(sehr wirksam)
— 2 —	2.1 spezialisierte Experten
	2.2 charismatische Führer
— 3 —	2.9 Besitz
	3.3 religiöse Autoritäten
— 4 —	3.9 Tradition, Alte
— 5 —	(unwirksam)

Diese Verschiebung des Stellenwerts religiöser Autoritäten steht ihrerseits wiederum in enger Verbindung mit der Veränderung des gesellschaftlichen Standorts der Kirche, damit der Relation von Kirche,

[56] R. F. *Behrendt*, Der Mensch im Lichte der Soziologie, Stuttgart ^{4}1969, 75.

Staat und Gesellschaft[57]. Dieses Verhältnis hat sich im letzten Jahrhundert tiefgreifend verändert und ist heute immer noch in Veränderung begriffen. In der nachreformatorischen Zeit waren Staat und Kirche aus gegenseitigem Existenzinteresse aufs engste miteinander verbunden. Auf Grund der Religionsfriedensschlüsse von 1555 und 1648 (cuius regio, eius et religio) konnte ein Herrscherhaus nur dann an der Macht bleiben, wenn auch die Untertanen seine Religion angenommen hatten. Ausdruck dieser Verflechtung waren die konfessionellen Staaten und entsprechende „christentümliche" Gesellschaften. So war in allen „europäischen Staaten, welche das Christentum als Grundlage der Staatsverfassung angenommen haben, die Taufe die Bedingung zum vollen Genusse der bürgerlichen Rechte und zur vollen bürgerlichen Rechtsfähigkeit"[58]. Diese Verflechtung blieb strukturell auch dann erhalten, als es in den absolutistischen Polizeistaaten zur einseitigen Bevormundung der Kirchen durch die Staaten kam. Gewandelt hat sich diese Situation — geistesgeschichtlich schon vorbereitet durch die französische Revolution des Jahres 1789 und ihre Wurzeln, die bis in den Nominalismus der Spätscholastik hinabreichen — in der Mitte des vergangenen Jahrhunderts: Nichtkirchliche und ausdrücklich unchristliche Kräfte des politischen Liberalismus erhalten nach Erringung der konstitutionellen Verfassung für die Monarchien Anteil an der staatlichen Macht. Die Kirchen sind fortab mit den Staaten nicht mehr identisch, sondern stützen sich neben den Herrscherhäusern auf die konfessionellen Parteien. Aus konfessionellen Gesamtstaaten waren so in Parteien gesammelte konfessionelle Reststaaten geworden. Die Polarisierung zwischen einem „christlichen Lager" und dem aus dem Liberalismus kulturpolitisch hervorgegangenen sozialdemokratischen Lager wird zum typischen Merkmal des Verhältnisses von politischen und religiösen Institutionen in der Zwischenkriegszeit. Nach dem II. Weltkrieg entschließen sich die Amtskirchen zum Rückzug aus der Parteipolitik, was sowohl zur Entkirchlichung der Parteien und weitgehenden Entpolitisierung der Kirchen führt. Bezeichnend dafür ist z. B. die Formulierung des sogenannten Mariazeller Manifests des Österreichischen Katholikentags 1952 von der „freien Kirche im freien Staat". Der Prozeß der Neubestimmung der Kirchen zu den politischen Parteien und der Politik ist derzeit voll im Gang und erhält durch die virulente Diskussion einiger kulturpolitischer Gesetzesmaterien (etwa die Ab-

---

[57] Vgl. zum Folgenden: *Zulehner,* Säkularisierung, 77—92. — *Ders.,* Kirche und Austromarxismus, 15—19. — J. *Schasching,* Kirche und industrielle Gesellschaft, Wien 1960.

[58] J. *Helfert,* Darstellung der Rechte, welche in Ansehung der heiligen Handlungen, dann der heiligen und religiösen Sachen sowohl nach kirchlichen, als nach Österreichisch-bürgerlichen Gesetzen stattfinden, Prag 1843, 18.

treibungsfrage) nach langen Jahren eines „ideologischen Burgfriedens" neue Nahrung.

Religionssoziologisch läßt sich diese Entwicklung mit Hilfe des „weltanschaulichen Marktmodells"[59] rekapitulieren und weiter ausdeuten. Aus der einstigen weltanschaulichen Monopolsituation der Kirchen wurde nach allmählicher Lockerung und einer Zeit weltanschaulicher Polarisierung zwischen den Kirchen und „Gegenkirchen" des Internationalen Freidenkerbundes (IPF) der heute zunehmend aktuelle weltanschauliche Pluralismus, wie wir ihn etwa in den Präambeln der meisten Großparteien des Westens finden. Sowohl die Monopolsituation wie die Situation des weltanschaulichen Pluralismus hatten Auswirkungen auf die Kirchlichkeit subjektiver Religiosität der Menschen der jeweiligen Zeit.

In einer Monopolsituation hatte der Bürger einzig die „Wahl", das ganze „weltanschauliche Paket" der Monopolkirche anzunehmen oder er wurde — um es etwas pointiert zu formulieren — ins Jenseits oder zumindest ins Ausland verwiesen. So hat Ferdinand I. im Jahre 1524 für Österreich bestimmt: „Welcher freventlich, und beharrlich hält, und glaubt wider die zwölf Articul Unsers H. Christlichen Glaubens, auch wider die sieben Sacrament der Gemeinschaft der Christlichen Kirchen, dadurch er für einen Ketzer ordentlich erkennet wird, daß derselbige nach Gelegenheit, und Größe seiner Frevelung, Verstockung, Gottslästerung und Ketzerey am Leib, und Leben möge gestraft werden. Item, welcher in obgeschriebener Meynung, für einen Ketzer, wie obgemeldet, erkenntet, in die Acht fällt. Item, daß er alle Freyheit, so den Christen gegeben seynd, verliehre. Item: daß er Ehrloß und demnach zu keinen ehrlichen Amt tauglich seye, noch gebraucht werden mag . . .": Dieses Gesetz steht im Corpus Iuris Bohemici et Austriaci von P. J. Riegger, das im Jahr 1770 immer noch in Kraft war[60].

Die Situation des verbürgten weltanschaulichen Pluralismus ist davon fundamental verschieden: Es besteht soziale religiöse Freiheit, sowohl zwischen Konfessionen zu wählen oder auch ohne religiöses Bekenntnis zu sein, wobei es allerdings in Richtung auf formelle Kirchenzugehörigkeit heute (immer noch) einen positiven sozialen Konformitätsdruck gibt; es besteht vor allem aber die sozial gesicherte Freiheit, aus dem Angebot selbst der eigenen Kirche auszuwählen und mit „Waren" anderer, religiöser wie nichtreligiöser Weltanschauungen zu vermengen.

Daß die Menschen von dieser sozialen Freiheit auch Gebrauch machen, zeigen die vorhandenen religionssoziologischen Untersuchungen.

---

[59] P. L. *Berger,* T. *Luckmann,* Secularization and Pluralism, in: Int. Jahrbuch f. Religionssoziologie, 2 (1966), 73—84. — Auch: P. L. *Berger,* The Sacred Canopy, New York 1967.

[60] P. J. *Riegger,* Corpus Iuris Ecclesiastici Bohemici et Austriaci, Wien 1770, 230.

Offenbar stellen sich die Menschen heute selbst ihr „weltanschauliches" Paket zusammen. Sie betreiben eine „rege Auswahl", sowohl aus den Lehren der Kirchen, im Bereich der religiösen Praxis, ganz augenfällig aber im Raum der Lebensführung, der sittlichen Normen. Das Ergebnis ist eine bunte Mischung von Meinungen, von denen ein Teil durchaus den institutionellen Mustern entspricht, daneben aber auch Fragmente meist diesseitsbezogener Sinnsysteme anzutreffen sind, welche die leer gewordenen Stellen bisheriger kirchlicher Deutungen und Verhaltensmuster auffüllen. Systematik, wie sie auch heute noch bei vielen Theologen anzutreffen ist, stellt kein Merkmal dieser subjektiv geschaffenen interpretativen Matrix dar. Auch handelt es sich meist um ein sehr labiles Gefüge. Die Tatsache, daß vieles an ihr subjektiver Selektion entsprungen ist, hat ihr das Siegel prinzipieller Veränderlichkeit aufgedrückt. In neuen Konfliktsituationen ist deshalb eine neuerliche Veränderung (im übrigen auch in Richtung auf neuformulierte kirchliche Muster) nicht ausgeschlossen. Die Unsicherheit wird aber auch zur Eigenschaft der (noch) vorhandenen Elemente aus dem ursprünglichen offiziellen Modell der Kirche. Der Abstand von der religiösen Gruppe, der erwiesenermaßen im selben Ausmaß wächst wie der religiöse Subjektivismus, nimmt diesen Fragmenten die Stabilisierung durch die Institution. Bezeichnend für diesen Typ ist, daß er zwar grundsätzlich damit einverstanden ist, daß die Kirche Gebote und Normen formuliert, daß er das von der Kirche sogar verlangt. Zugleich spricht er der Kirche aber das Recht ab, die Befolgung solcher Verhaltensmuster zu erzwingen. Autorität hat die Kirche nur insofern, als sie ihr vom religiös weithin autonomen Subjekt und den es tragenden Gruppen zugebilligt wird[61].

2.2.2.

Privatisierung

Das andere Charakteristikum auswahlchristlicher Religiosität ist deren Privatisierung. Damit ist die inhaltliche Umformung der subjektiv vorhandenen Religiosität aus einem umfassenden System der Welt- und Lebensdeutung zu einer interpretativen Matrix „bloß" individueller und familiärer Lebensvorgänge gemeint. Den Auswahlchristen dient Religion vornehmlich zur Deutung der eigenen Biographie vor allem in den außeralltäglichen Phasen wie Geburt, Erwachsenwerden, Heirat,

---

[61] Bellah definiert Säkularisierung als „decline of the external control systems of religion and the decline of traditional religious belief": R. *Bellah,* The Historical Background of Unbelief, in: The Culture of Unbelief, 50.

also die sogenannten „rites de passage"[62]. Religion auch in kirchlich geprägter Form wird herangezogen zur Deutung des Todes vor allem nahestehender, signifikanter Personen wie zur Bewältigung individueller Lebenskrisen wie Ehekrisen, persönliche Verzweiflung, Not, etc. Erhofft wird dabei der Gewinn von Trost, Hoffnung, Selbstbewußtsein, Freiheit und Opferfähigkeit[63] und damit Stabilität der Weltdeutung und Lebensführung[64]. Die traditionellen kirchlichen Riten und Sinngebungssysteme (Sakramente) dienen im Sinn von M. Weber und E. Durkheim somit zur Bewältigung und Sinnintegration außeralltäglicher Ereignisse der privaten und familiären Existenz; der „heilige Schild" der Religion wird zur Abwehr der bedrohlichen Anomie, des Chaos und des Ungewissen in Anspruch genommen[65].

Die starke Verankerung dieser auswahlchristlichen Religiosität im persönlichen Lebensbereich[66] läßt es denn auch verstehen, daß sich sehr viele Menschen trotz eines relativ hohen Ausmaßes an „Unkirchlichkeit" selbst für religiös halten[67]. Daran scheint auch nichts zu ändern, daß weite Bereiche der Lebensführung keineswegs mehr mit dem religiösen Kosmos, auch nicht mit dem offiziellen Modell der Kirche in Beziehung gesetzt werden. Öffentliche Bereiche wie Politik, Beruf, zwischenmenschliche Beziehungen wie Sexualität, Ehe, Familie haben dann zwar rhetorisch viel Religiös-Kirchliches an sich, es mag auch — wenn auch nur mit geringer Wahrscheinlichkeit — sein, daß bei kataklysmischen, persönlichen und gesellschaftlichen Krisen selbst in diesen Bereichen die „eingefrorenen" religiös-kirchlichen Normen reaktiviert werden[68]. Im übrigen ist aber Religion in einem relativ speziellen, nicht sehr alltäglichen Bereich menschlichen Lebens angesiedelt. Die weithin objektivierte und entzauberte Welt, soweit sie von den einzelnen Personen auch als solche erfahrbar existiert, läßt kaum Raum für religiöse Sinngebung. Die Religion hat sich, wie auch die Person[69], von ihr zurückgezogen.

---

[62] Über die Bedeutung von Religion und Kirche für die Ereignisse in der Familie und fürs Kind bei Industriearbeitern: *Zulehner*, Religion, 110. — Vgl. Y. *Spiegel*, Gesellschaftliche Bedürfnisse und theologische Normen. Versuch einer Theorie der Amtshandlungen, in: Theologia practica 6 (1971), 212—231.

[63] Die Religion im Leben der Oberösterreicher, IKS-90/91, Wien 1970, 70, 77. Ähnlich auch in den Parallelstudien: Glaube und Kirche in Kärnten, IKS-94/95, Wien 1970; Zur religiösen Situation der Diözese Innsbruck, IKS-96/97, Wien 1970. — Religion und Kirche in Österreich, Band I-III, IKS-113, 114, 122, Wien 1973.

[64] A. *Gehlen*, Die Seele im technischen Zeitalter. Sozialpsychologische Probleme in der industriellen Gesellschaft, Tübingen 1949. — *Ders.*, Religion und Umweltstabilisierung, in: Hat die Religion Zukunft, 83—100.

[65] Vgl. dazu *Berger*, The Sacred Canopy.

[66] *Luckmann*, Religion, 9—11.

[67] In Oberösterreich 52% (Die Religion im Leben der Oberösterreicher, 139), in Tirol 46% (Zur religiösen Situation der Diözese Innsbruck, 136) und in Kärnten 49% (Glaube und Kirche in Kärnten, 143).

[68] *Luckmann*, Religion, 11.

[69] A. a. O.

(a) Fakten

Diese Privatisierung auswahlchristlicher Religiosität läßt sich an rezenten österreichischen und deutschen Untersuchungsergebnissen trefflich illustrieren. So sagten mehr als vier Fünftel der befragten Katholiken in Oberösterreich, Kärnten und Tirol, es ist wichtig, daß die Kirche tauft (88.2%), Trauungen durchführt (87.4%) und Begräbnisse abhält (88.4%)[70]. Dementsprechend hoch ist auch die Nachfrage nach priesterlichem Rat, damit indirekt nach kirchlicher Aktivität. Auf die Frage, „In welchen Situationen würden Sie einen Priester um Rat fragen?", antworteten die befragten Katholiken in Österreich[71]:

	Oberösterreich	Tirol	Kärnten
1. religiöse Probleme	81%	81%	80%
2. Gewissensnot	65%	68%	63%
3. persönliche Verzweiflung	63%	60%	58%
4. Kindererziehung	42%	37%	38%
5. Eheprobleme	42%	38%	38%
6. Sorgen im Beruf	12%	12%	11%
7. finanzielle Probleme	7%	5%	6%
8. politische Fragen	7%	5%	6%
Zahl der Befragten	1048	918	795

Diese derart weit verbreiteten kirchlichen Handlungen um die Lebenshöhe- und Krisenpunkte werden im übrigen oft zu Unrecht und entgegen vorhandener Untersuchungsergebnisse als „bloße volkskirchliche Konvention", „äußere Tradition" und damit als „nicht-religiös" gedeutet. Dazu ist zu bemerken, daß auch für die Aufrechterhaltung bloßer Traditionen durchaus religiöse Gründe maßgeblich sein können. Im vorliegenden Fall scheint dies allein schon deshalb zuzutreffen, weil die kirchlichen Riten mit der Bewältigung und Abwendung von Lebensnot in Zusammenhang stehen, in diesem Sinn als „Lebensnot-wendig" empfunden werden. Typisch für sie ist somit weniger ihre Verankerung in der gesellschaftlichen Tradition, so sehr diese auch erwiesenermaßen im Spiel ist, sondern ihre Verbindung mit exponierten Punkten der Biographie. Damit erklären sich auch jene faktorenanalytischen Resultate, nach denen Taufe, Kirchenzugehörigkeit und auch Kirchgang aus beiden (definitionsgemäß unabhängigen) Dimensionen der „Tradition" und der „Religiosität" entspringen[72].

[70] Vgl. die in der Anmerkung 63 zitierten IKS-Berichte 90, 94 und 96.

[71] *Zulehner,* Säkularisierung, 148.

[72] *Zulehner* u. a., Jugendklubs, 95 f. — Auch: J. *Freytag,* Die Kirchengemeinde in soziologischer Sicht. Ziel und Weg empirischer Forschungen, Freiburg 1959, 76. —

Die Religiosität des Auswahlchristen läßt sich auch an Hand verschiedener faktorenanalytischer Ergebnisse in ihrem Profil zeichnen[73]. Mit diesem statistischen Beschreibungsverfahren, das eine Vielzahl von Einzelergebnissen auf wenige Grunddimensionen reduziert, konnte in einer Studie an eher „unkirchlichen" Jugendlichen (aus kirchlichen Jugendklubs in Wien) ein Faktor „Religiosität" herausgeschält werden, der jener der Auswahlchristen entspricht. „Religiös" in diesem Sinn ist ein Jugendlicher, der meint, Christus sei auch heute für die Menschen da (Ladung 80), Gott kümmere sich um ihn (79), was voraussetzte, daß es einen Gott gibt (77). Ein solcher Jugendlicher ist auch der Auffassung, daß es nach dem Tod eine Rechenschaft gebe (77). Es ist einer, der deshalb Christ ist, weil ihm Christus etwas bedeutet (74) und für den die Kommunion Begegnung mit Christus ermöglicht (72). Auch betet er für sich allein (59) und meint, es wäre schade, wenn es die Kirche nicht gäbe (57). Schon weniger wichtig (was sich an der zunehmend niedrigen Ladung ausdrückt, welche angibt, wie bedeutsam der jeweilige Satz für die inhaltliche Bestimmung des Faktors ist) für die auswahlchristliche Religiosität ist der Besuch der Sonntagsmesse (50), die Kommunionhäufigkeit sowie der Respekt vor Geboten der Kirche (je 45). Es fällt bei der Durchsicht dieser Items auf, daß diese Religiosität einen stark persönlichen Zug aufweist und daß in ihr kirchliche Wirklichkeiten zweitrangig sind. Damit handelt es sich um privatisierte Religiosität: Individuelle, auf das persönliche Leben, seine Bewältigung und Interpretation bezogene, im privaten Raum verankerte Inhalte des Christentums finden breite Gefolgschaft. Zu spezifischen institutionellen Normen, seien sie auf innerkirchliche (wie die Gebote über die Frequenz religiöser Handlungen) oder auf profane Bereiche (z. B. sexuelle Ordnung) bezogen, hingegen stehen diese Jugendlichen in relativ großer Distanz. Die beobachtete auswahlchristliche-privatisierte Religiosität ist unter den befragten Jugendlichen weit verbreitet.

Zum selben Ergebnis kommt die Faktorenanalyse des reichen Materials bei Holl-Fischer in einer Untersuchung an österreichischen Soldaten. „Religiosität" wird hier definiert als „jene innere Bedingung, die einen Menschen veranlaßt, Gotteshäuser zu besuchen, um seelischen Frieden zu finden, auf Gottes Segen zu hoffen, in verzweifelten Lagen zu beten und sich auf Gottes Hilfe zu verlassen; wobei dann das Bewußtsein der innigen Beziehung zu Gott das Leben reicher und schö-

---

Dreitzel spricht von einer „Ritualisierung der Positionsübergänge": H. P. *Dreitzel*, Die gesellschaftlichen Leiden und das Leiden an der Gesellschaft, Stuttgart 1968, 271. — E. *Jacques*, Social Systems as Defence against Persecutory and Depressive Anxiety, in: New Directions in Psychoanalysis, hrg. v. M. *Klein* u. a., London 1955, 485 ff.

[73] *Zulehner*, Religion ohne Kirche, 55.

ner macht"[74]. Gottesdienstbesuch ist an der Interpretation dieser Religiosität teilweise beteiligt, was wiederum den Schluß zuläßt, daß es sich durchaus um kirchlich vermittelte Religiosität handelt. Mit 2.17 (gewogenes Gesamtmittel) der Antworten auf die den Faktor „Religiosität" definierenden 26 Items auf einer fünfteiligen Skala ist die vorhandene Religiosität bezogen auf die Kirchenbindung (gewogenes Gesamtmittel 3.72) als verhältnismäßig hoch zu bezeichnen.

Auch die Projektstudie „Religion in der Industriegesellschaft", die sich der Analyse religiöser Einstellungen und Verhaltensformen der Menschen in den Städten des Ruhrgebietes widmet, hat sich faktorenanalytischer Beschreibungsmodelle bedient. Hier wird der Faktor „allgemeine Religiosität" inhaltlich bestimmt durch Sätze wie „Glaube als Hilfe gegenüber Verzweiflung" (Faktorladung 82), „Geborgenheit durch den Glauben" (79), „Religion als Sicherheit in den letzten Lebensstunden" (77), „Gott bestimmt Vergangenheit und Zukunft" (77), „Erfahrung der Nähe Gottes" (76), „Glaube an Gott als Schöpfer des Alls" (74), „Gottes Segen für die Ehe" (74), „Sinnlosigkeit des Lebens ohne Glauben" (73), „Religion als einziger Sinn des Lebens" (70), „kirchliche Beerdigung" (69). Es folgen dann u. a. christliche Kindererziehung (74), die kirchliche Trauung (71), das Beten in der Kirche (59). Der Gottesdienstbesuch (43) sowie der Kommunionempfang (41) stehen in dieser Liste schon relativ weit unten[75]. Was in dieser Untersuchung im Ruhrgebiet als allgemeine Religiosität aufscheint, entspricht durchaus unserer auswahlchristlichen Religiosität. Religion dient auch hier zur Deutung und Bewältigung außeralltäglicher Ereignisse der individuellen und familiären Existenz.

(b) Sozialgeschichtliche Einbettung

Wie die Individualisierung auswahlchristlicher Religiosität ist auch ihre Privatisierung von einer Veränderung des gesellschaftlichen Standorts von Religion und Kirche in der modernen Gesellschaft mitbeeinflußt. Die vorfindbare Entkirchlichung weiter Teile subjektiver Religiosität, die sich auf gesellschaftsöffentliche Bereiche erstreckt, erweist sich als Abbild der Entkirchlichung weiter gesellschaftsöffentlicher Bereiche[76].

In der Öffentlichkeit kaum registriert, hat im letzten Jahrhundert eine „Entkirchlichung der Wirtschaft" stattgefunden. Diese Entwicklung verlief deshalb relativ unbemerkt, weil die Welt der Wirtschaft in den ehedem „christentümlichen" Gesellschaften hauptsächlich durch das libe-

---

[74] *Holl, Fischer,* Kirche auf Distanz, 23. — Das gewogene Gesamtmittel der ersten zehn Items des Faktors Religiosität liegt in der Jugendklubuntersuchung auf 2.26.

[75] U. *Boos-Nünning,* Dimensionen der Religiosität, München - Mainz 1972, 134 ff.

[76] Vgl. dazu *Zulehner,* Säkularisierung, 99—104.

rale Bürgertum und späterhin durch die Sozialdemokratien geprägt war und heute noch ist. Daran ändern die respektablen Beiträge der kirchlichen Theorie und Praxis zur Lösung der Sozialen Frage des 19. Jahrhunderts nichts[77]. Indizien für die Veränderung des Verhältnisses von Kirche und Wirtschaft sind sowohl die heutige Krise und Neubesinnung in der katholischen Soziallehre und dementsprechend die Auseinandersetzungen um die Christlichkeit ehedem mit der Kirche eng verbündeter politischer Parteien. Wie sehr sich in den letzten Jahren das Verhältnis zwischen Kirche und Wirtschaft verändert hat, sei an der Präambel zum Linzer Programm illustriert, das 1923 von Lugmayr und Kunschak für die Christlichsoziale Partei in Österreich entworfen worden war: „II. Es ist ein Gott; ihm ist jeder Mensch verantwortlich; er ist der Schöpfer aller Gesetzmäßigkeit. Der Gottesglaube ist das erste Gut jedes Volkes. Christus hat uns den Glauben an Gott den Vater wiedergebracht und uns die Sittengesetze gelehrt, die unser Verhalten zu Gott und untereinander ordnen. Die Kirche hütet die Lehre Christi. Für ihre Aufgabe kommt ihr eigene Hoheit zu." Von diesen Grundsätzen und Heilskräften des Christentums wird eine neue Ordnung der Gesellschaft erwartet[78].

An die Stelle kirchlich geprägter Zünfte ist heute der moderne Industriebetrieb getreten, dessen Angehörige die Auffassung vertreten, Kirche und Gewerkschaften hätten sich zueinander neutral zu verhalten[79]. In ähnlicher Weise läßt sich in den ehedem „christentümlichen" Gesellschaften ein Abbau des kirchlichen (Volks-)Schulmonopols sowie des Ehemonopols beobachten. Die Diskussion um kirchliche Normen für gesellschaftsrelevantes Verhalten (Abtreibung, Empfängnisverhütung, Euthanasie[80]) sind gleichfalls Indizien für eine fortschreitende Entflechtung der religiösen von den entsprechenden gesellschaftlichen Institutionen. Es ist hierorts nicht der Platz dafür, diesen Entflechtungsprozeß detailliert darzustellen. Dazu bedarf es noch umfangreicher sozialgeschichtlicher Studien[81]. Hier ging es uns lediglich darum, zu zeigen, daß eine Entkirchlichung gesellschaftsrelevanter subjektiver Religiosität weithin die Begleiterscheinung einer Entkirchlichung der entsprechenden gesellschaftsöffentlichen Bereiche selbst darstellt.

In diesem Sinn ist die Privatisierung auswahlchristlicher Religiosität Spiegelung eines umfassenden gesamtgesellschaftlichen Prozesses. Es kommt hier das Phänomen zum Vorschein, das T. Luckmann mit dem Rückzug der Person von der Gesellschaft und ihren tragenden Institu-

---

[77] J. *Schasching,* Die soziale Botschaft der Kirche, Innsbruck 1963, Einleitung.
[78] K. *Berchtold,* Österreichische Parteiprogramme 1868—1966, München 1967, 372.
[79] *Zulehner,* Religion ohne Kirche, 158.
[80] Daten dazu in: *Zulehner,* Säkularisierung, 118—128.
[81] A. a. O., 105—112, 221 ff.

tionen beschrieben hat[82]. Zugleich mit der Person ziehe sich aber auch die Religion von der Gesellschaft zurück, was zur Folge hat, daß die Religion nicht mehr so sehr im Bereich der zunehmend rationalisierten und entzauberten (M. Weber) Gesellschaft und ihren Institutionen, sondern im Privatraum der Personen zu Hause ist: „So wie die Sozialstruktur entsakralisiert wurde, wurde sie auch entpersönlicht. Religion und Person entfernen sich beide von der Gesellschaft (ohne natürlich ganz freizukommen)"[83]. Das hat konkret zur Folge, daß die „von den spezialisierten religiösen Institutionen monopolistisch verwalteten Lebensdeutungen ihre Relevanz für den (gesellschaftlichen) Alltag der Bevölkerung industrieller Gesellschaften verlieren. Sie werden nicht nur aus der Sozialstruktur entfernt, sondern verlieren dementsprechend jeden unmittelbaren Einfluß auf die alltäglichen Verhaltensschemata der Person"[84]. Man kann es mit P. L. Berger auch so formulieren, daß der einst alle Lebensbereiche umfassende heilige Kosmos schrumpft und religiöse Legitimationen an Bedeutung verlieren[85]. So wird einsichtig, daß religiös-kirchliche Normen (traditioneller Art) im Bereich der Politik, der Wirtschaft, im Betrieb und in den Gewerkschaften sowie bei der Gestaltung der Sexualität von nur geringer Relevanz sind.

2.3. RELIGION NACH WAHL UNTER SOZIALDRUCK

Schon im Rahmen der Typologie religiös-kirchlichen Verhaltens ist darauf hingewiesen worden, daß auswahlchristliche Religiosität in den modernen Industriegesellschaften des Westens zahlenmäßig vorherrscht. In diesem Kapitel soll nun gezeigt werden, daß dieser Typ nicht nur quantitativ dominiert, sondern von den modernen Gesellschaften begünstigt wird. „Religion nach Wahl", also auswahlchristliche Religiosität, erscheint als dominante Sozialform der Religion in der modernen Gesellschaft und steht somit unter einem sozialen Konformitätsdruck. Das bedeutet gleichzeitig, daß vollkirchliche Religiosität wie auch völlig unkirchliche in diesen modernen Gesellschaften eine soziale Abweichung darstellen.

---

[82] *Luckmann,* Das Problem der Religion in der modernen Gesellschaft, 53 ff.
[83] *Luckmann,* Religion, 11.
[84] A. a. O.
[85] *Berger,* The Sacred Canopy.

2.3.1.

Soziale Verbreitung

Daß auswahlchristliche Religiosität heute begünstigt wird, ist allein schon an ihrer sozialen Verbreitung ersichtlich: Sie findet sich insbesondere in jenen Bevölkerungskreisen, die von der Industriegesellschaft geprägt sind. Auswahlchristen gibt es somit vor allem unter den 20 bis 50jährigen berufstätigen Personen mit mittlerer Bildung (Berufs- und Hauptschule), unter Menschen in den Großstädten, Arbeitern, Unternehmern, freiberuflich Tätigen, Angehörigen der unteren Mittelschicht sowie der Unterschicht, Personen, die zur Sozialdemokratie sowie zu liberalen oder kommunistischen Parteien stärkere Beziehungen unterhalten. Kirchenchristen hingegen finden sich gemäß den Untersuchungsergebnissen vor allem unter den Kindern, alten Menschen, in der Kategorie der Nichtberufstätigen, unter den Berufstätigen wiederum besonders bei Bauern und Beamten, bei Personen auf dem Land und in den kleinen Ortschaften, unter Angehörigen der Mittelschicht, unter Personen mit niedriger (Volksschul-) Bildung, aber auch bei Akademikern sowie Personen, die ehedem christlichen Parteien nahestehen[86]. Nimmt man den Kirchenbesuch als Kriterium der vollen Kirchlichkeit, dann war nach der Umfrage zur Gemeinsamen Synode der Bistümer der Bundesrepublik in Westdeutschland (1970) folgende Situation gegeben: „Mit größter Wahrscheinlichkeit werden wir einen regen Kirchenbesuch antreffen bei einer Frau, die älter als 60 Jahre ist, die Schule mit der Volksschule verlassen hat, dem Berufskreis der Landwirte angehört und in einem Dorf mit weniger als 1000 Einwohnern lebt. Die schlechtesten Bedingungen bringt mit ein Mann mit mittlerer Reife, im Alter zwischen 21 und 29 Jahren, der einen freien Beruf ausübt und in der Großstadt wohnt“[87].

Dieser Sachverhalt, daß auswahlchristliche Religiosität insbesondere in jenen Bevölkerungsgruppen auftritt, die typisch sind für die Industriegesellschaft, geht auch aus der sozialen Verteilung des in einem Index erfaßten „religiösen Individualismus“ hervor, der inhaltlich durch folgende zwei Sätze definiert ist: „Man kann auch ohne Sonntag ein guter Christ sein“ und „Meiner Meinung nach kann man ohne Kirche (nicht) religiös sein.“ Hoher religiöser Individualismus findet sich demnach bei den 19—24jährigen, bei Arbeitern und Angestellten, Personen

[86] *Zulehner,* Säkularisierung, 185.

[87] *Synode.* Amtliche Mitteilungen der Gemeinsamen Synode der Bistümer in der Bundesrepublik Deutschland, 5 (1971), 23.

mit Berufsschulbildung und solchen, die in größeren Orten wohnen[88]:

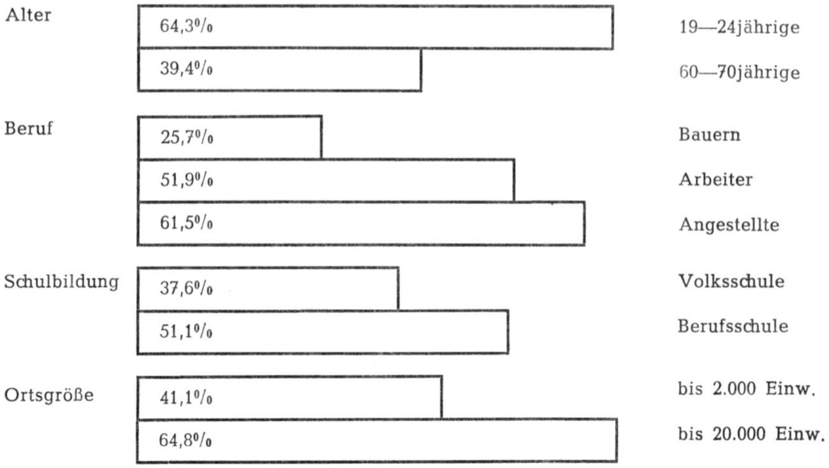

2.3.2.

Konformitätsdruck

Ein eindrucksvoller statistischer Beweis für einen heute vorhandenen sozialen Druck in Richtung auf auswahlchristliche Religiosität ist der Projektstudie „Religion in der Industriegesellschaft" gelungen. Es zeigt sich nämlich, daß sich die befragten Personen im großstädtischen Raum Bochums auf einer Skala der „allgemeinen Religiosität" J-Kurven-förmig verteilen:

Allgemeine Religiosität

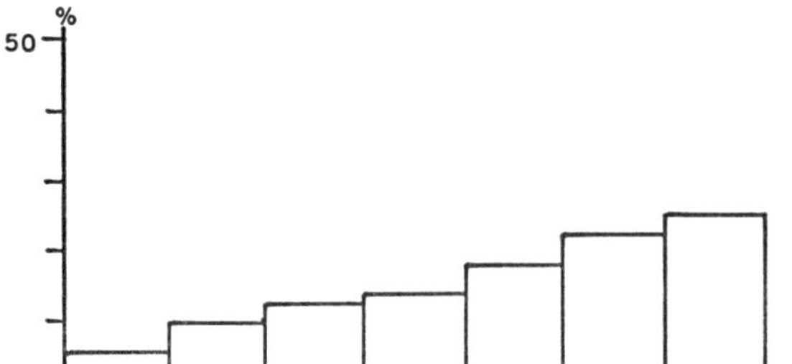

[88] Dieser Index sowie die nachfolgenden Zahlen dazu entstammen den IKS-Untersuchungen in den Diözesen Oberösterreich, Kärnten und Tirol: Pastoral und Kirche

U. Boos-Nünning vermerkt dazu: „Bei Einstellungs- und Verhaltensweisen, die direkt meßbar sind oder für die man Meßinstrumente entwickelt hat, wird erwartet, daß in Fällen großer individueller Freizügigkeit eine große Anzahl von Faktoren das Verhalten und die Einstellung des Individuums bestimmt. Weiter wird erwartet, daß sich die individuellen Werte um den Mittelwert gruppieren und die Häufigkeit der Werte im Verhältnis ihrer Entfernung zum Mittelwert abnimmt, das bedeutet, daß sie sich einer Normalverteilung annähern. Können sich aber die am Zustandekommen der Einstellung beteiligten Determinanten aus irgendwelchen Gründen nicht in freier, zufallsmäßiger Weise kombinieren, unterliegen also die Untersuchten einem „Zwang" in einer Richtung, dann zeigt sich statt der Normalverteilung eine J-Kurven-Verteilung. Die Gesamtverteilung fällt dann von ihrem Höhepunkt nur in einer Richtung ab. Die J-Kurven-Verteilung der Einstellung „allgemeine Religiosität" weist darauf hin, daß es sich bei der vorgegebenen Sozialform der Religiosität um Verhaltens- und Einstellungsweisen handelt, die einem Konformitätsdruck unterliegen. Die Katholiken der untersuchten Stadt verteilen sich nicht zufällig auf dem Kontinuum der Religiosität, sondern sind stärker religiös als nichtreligiös. Diese Tendenz zur Gleichförmigkeit in den religiösen Einstellungen wird durch die als sozial verbindlich angesehen religiösen Normen bewirkt. Religiosität in der Form, wie sie sich in diesem Faktor zeigt, ist für die Katholiken keineswegs bedeutungslos geworden, sondern gehört zu den gesellschaftlich akzeptierten und erwünschten Einstellungen"[89].

Umgekehrt steht es mit der Verteilung der Personen auf einer Skala der „öffentlichen religiösen Praxis", welche durch Sätze definiert ist, die vollkirchliche Religiosität betreffen: also Kommunionempfang (Faktorladung 55), Beichte (54), Gottesdienstbesuch (53). Auch hier haben wir es mit einer J-Kurven-Verteilung zu tun, allerdings in dem Sinn, daß öffentliche religiöse Praxis (damit offensichtlich auch vollkirchliche Religiosität der Kirchenchristen) unter negativem Konformitätsdruck in der modernen Gesellschaft steht[90]:

---

in der Stadt. Analyse und Imperative, Ref. v. P. M. *Zulehner* mit Datenzusammenstellung von M. *Bauer*, Manus., Linz - Wien 1973, 12 ff.

[89] *Boos-Nünning*, Dimensionen, 139 ff.

[90] A. a. O. 138, 143.

Öffentliche religiöse Praxis

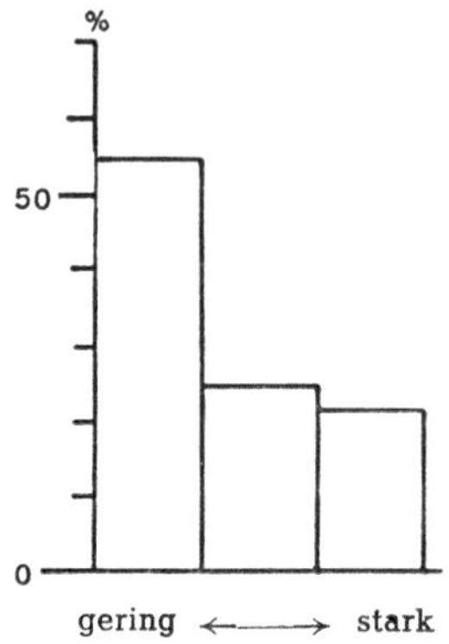

Daraus läßt sich bereits schlußfolgern, daß auswahlchristliche Religiosität sozial begünstigt ist, während vollkirchliche Religiosität heute als soziale Abweichung dasteht. Da auch die Kirchenzugehörigkeit zu den soziokulturellen Selbstverständlichkeiten in unseren westlichen Gesellschaften (zumindest bislang) gehört, ist das Merkmal der sozialen Devianz auch auf den Typ des Nichtchristen auszudehnen[91].

2.3.3.

Analogie zum gesellschaftlichen Wertsystem

Dieser vorfindbare Sozialdruck in Richtung auf auswahlchristliche Religiosität wird auf dem Hintergrund des gesellschaftlichen Wertsystems moderner Menschen begreiflich. Der Analyse dieses Wertsystems wurde in der Umfrage zur Gemeinsamen Synode der Bistümer in der Bundesrepublik 1970 breiter Raum geschenkt. Die Ergebnisse zeigen, daß auswahlchristliche Religiosität eine auffallende Analogie zum herrschenden gesellschaftlichen Wertsystem hat. An der Spitze (faktorenanalytisch herausgehobener) Wertgruppen steht das Ordobedürfnis. Hocheingeschätzt sind auch Selbstverwirklichung und Festigkeit durch den Glauben. Fortschritt, Lebensgenuß und Durchsetzungstendenz hingegen haben viel weniger Bedeutung[92]:

---

[91] *Zulehner,* Säkularisierung, 137—142.
[92] Zusammengestellt nach *Schmidtchen,* Zwischen Kirche und Gesellschaft, 48:

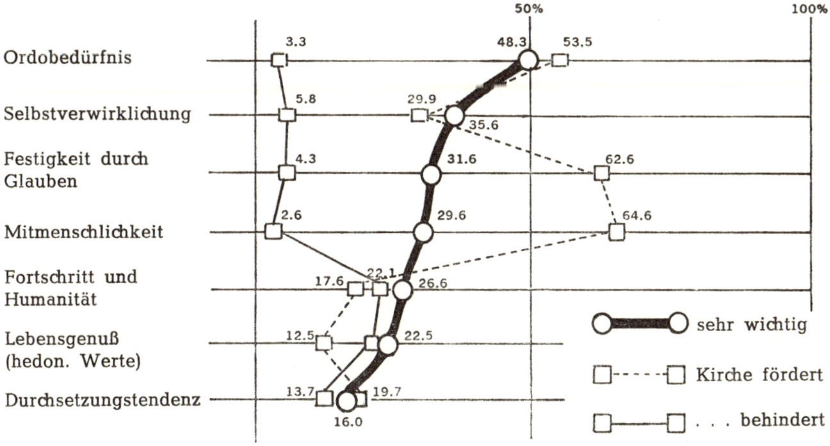

In einer zusätzlichen Frage wurde nun zu eruieren versucht, inwieweit nach Meinung der deutschen Katholiken die Kirche diese Werte behin-

---

Faktor und Items	Diesen Wert halten für sehr wichtig	Die Kirche behindert,	. . . fördert diesen Wert
Faktor 4: Ordobedürfnis			
4.1. in geordneten Verhältnissen leben	52	3	40
4.2. daß der Friede erhalten bleibt	79	5	63
4.3. für Sitte und Ordnung eintreten	33	3	71
4.4. ganz für die Familie dasein, das Familienleben über den Beruf stellen	41	3	44
4.5. ein guter Mensch sein	47	2	65
4.6. das Leben tapfer anpacken	38	4	38
Mittelwerte	48.3%	3.3%	53.5%
Faktor 5: Selbstverwirklichung			
5.1. immer eine Aufgabe haben, die mich ausfüllt	42	4	28
5.2. immer an mir selbst arbeiten, nicht selbstzufrieden werden	28	5	32
5.3. genug Selbstvertrauen haben	45	9	27
5.4. immer ausgeglichen sein	28	5	29
Mittelwerte	35.6%	5.8%	29.0%
Faktor 7: Festigkeit durch Glauben			
7.1. daß ich Trost finde, wenn ich traurig und verzweifelt bin	28	3	73
7.2. daß man etwas glauben kann, einen Halt hat	37	4	80
7.3. nicht nur für heute leben, sondern auch an die Ewigkeit denken	29	3	82

dere oder fördere, bzw. diesen gegenüber neutral sei. Auf diese Weise kam eine partielle Disfunktionalität der Kirche gegenüber gesellschaft-

7.4. auch bei Schicksalsschlägen den Mut nicht sinken lassen, nicht verzweifeln	49	3	65
7.5. meine Ruhe, meinen Frieden haben	31	8	31
7.6. sich immer wieder fragen, ob man sein Leben richtig führt	26	4	59
7.7. keine allzu hohen Anforderungen an das Leben stellen, auch mit wenig zufrieden sein	21	5	48
Mittelwerte	31.6%	4.3%	62.6%
Faktor 1: Mitmenschlichkeit			
1.1. für die Gemeinschaft tätig sein	17	3	68
1.2. für andere Menschen da sein	26	2	73
1.3. einen Beruf haben, in dem man auch für andere Menschen etwas leistet	22	3	38
1.4. Menschen helfen, die in Not geraten	43	2	79
1.5. Verständnis für andere haben	40	3	65
Mittelwerte	29.6%	2.6%	64.6%
Faktor 2: Fortschritt und Humanität			
2.1. überflüssige Autoritäten abbauen	22	31	7
2.2. in einer fortschrittlichen Gesellschaft leben	20	25	13
2.3. soziale Gerechtigkeit, Verringerung der Einkommensunterschiede	39	16	20
2.4. möglichst großer wissenschaftlicher Fortschritt	22	20	8
2.5. für eine neue menschlichere Gesellschaft arbeiten	19	17	31
2.6. daß man sich als freier Mensch fühlen kann, möglichst frei und unabhängig sein	42	26	17
2.7. daß man die heutige Welt verstehen kann	22	20	27
Mittelwerte	26.6%	22.1%	17.6%
Faktor 3: Lebensgenuß (hedonische Werte)			
3.1. sympathisch sein, anderen gefallen	14	6	10
3.2. etwas vom Leben haben	23	25	10
3.3. vorwärts kommen, es im Leben zu etwas bringen	36	10	12
3.4. möglichst frei und unabhängig in den Beziehungen zum anderen Geschlecht sein	17	44	8
Mittelwerte	22.5%	21.3%	12.5%

lichen Werten zum Vorschein. Mehr als 20% der Befragten[93] ließen erkennen, daß ihrer Meinung nach die Kirche den Fortschritt und die Humanität (22.1%) und den Lebensgenuß (21.3%) behindere. 13.7% sehen die Kirche im Gegensatz zur Durchsetzungstendenz. Es ist allerdings hier zu beachten, daß diese drei Wertdimensionen, nämlich Fortschritt und Humanität, Lebensgenuß und Durchsetzungstendenz in der

Faktor 6: Durchsetzungstendenz			
6.1. in einer Gesellschaft leben, in der sich nicht alles so schnell ändert	12	12	24
6.2. andere von etwas überzeugen, was man für richtig hält	14	10	26
6.3. mich durchsetzen, auch wenn man dabei hart sein muß	22	19	9
Mittelwerte	16.0%	13.7%	19.7%

[93] Zusammengefaßt und weiter aufgeschlüsselt sieht dieses Ergebnis folgendermaßen aus (vgl. Anm. 92):

Wertgruppe	sehr wichtig A	Kirche fördert B	Kirche hindert C	Diff. von B—C	Diff. von A—(B—C)
Ordobedürfnis	48.3%	53.5%	3.3%	50.2%	2.1%
Selbstverwirklichung	35.6%	29.9%	5.8%	24.1%	—11.5%
Festigkeit durch Glauben	31.6%	62.6%	4.3%	58.3%	26.7%
Mitmenschlichkeit	29.6%	64.4%	2.6%	61.8%	32.2%
Fortschritt und Humanität	26.6%	17.6%	22.1%	—4.5%	—31.1%
Lebensgenuß	22.5%	12.5%	21.3%	—8.8%	—31.3%
Durchsetzungstendenz	16.0%	19.7%	13.7%	6.0%	—10.0%

Legende: Die Spalte A gibt an, wieviele von den Befragten diese Wertgruppe für sehr wichtig halten. B zeigt, ob die Menschen die Kirche gegenüber dieser Wertgruppe als förderlich, oder (in C) als hinderlich ansehen. In der Spalte D ist die Differenz von B und C ausgewiesen: damit wird erkennbar, ob die Kirche insgesamt einer Wertgruppe gegenüber förderlich oder behinderlich eingeschätzt wird. Am stärksten trägt die Kirche nach Meinung der Befragten die Mitmenschlichkeit, die Festigkeit durch den Glauben oder auch das Ordobedürfnis. Fortschritt und Lebensgenuß hingegen wird eher als gegensätzlich zur Kirche gesehen. Die Spalte D schließlich setzt die Einschätzung der Werthaltung der Kirche mit der Einschätzung der Wertgruppe selbst in Beziehung. Daraus geht hervor, ob es so etwas gibt wie einen „Förderungsüberschuß" bzw. ein „Förderungsdefizit": So zeigt sich, daß hinsichtlich der Mitmenschlichkeit und der Festigkeit durch den Glauben die Kirche mehr tut als erwartet: Die Kirche hat damit offenkundig eine „challenge-Funktion" in Richtung auf diese Wertgruppen. Der Bedarf nach Ordobedürfnis deckt sich einigermaßen mit dem, was die Kirche dazu beiträgt. Hingegen erfahren die deutschen Katholiken ein Leistungsdefizit der Kirche gegenüber der Durchsetzungstendenz sowie der Selbstverwirklichung, ganz auffällig aber gegenüber Fortschritt und Humanität sowie Lebensgenuß. Die Einschätzung durch die Menschen bedarf selbstverständlich einer theologischen Bewertung.

Werthierarchie der deutschen Katholiken relativ weit unten rangieren. Die hocheingeschätzten Wertgruppen werden hingegen nach Auffassung der befragten deutschen Katholiken von der Kirche entschieden mehr gefördert als behindert. Der Anteil jener, die die Kirche im Gegensatz zum Ordobedürfnis (3.3%), zur Festigkeit durch den Glauben (4.3%), zur Selbstverwirklichung (5.8%) sowie zur Mitmenschlichkeit (2.6%) sehen, ist nahezu unbedeutend. Die Kirche wird daher insofern akzeptiert, als sie einen Beitrag zur „Nomisierung" des zwischenmenschlichen, gesellschaftlichen Lebens leistet. Genau dies ist aber auch das Kernstück auswahlchristlicher Religiosität, die erwiesenermaßen zur Bewältigung und Deutung „anomischer" Krisen der individuellen und familiären Existenz und damit als „heiliger Schild" gegen jegliche Art bedrohlicher Anomie dient.

2.4. VERDICHTUNG UND VERFALL VON KIRCHLICHKEIT

2.4.1.

Zur Zukunft der Kirchlichkeit

Die bisher gewonnenen Erkenntnisse erlauben in Verbindung mit zusätzlichen religionssoziologischen Forschungsergebnissen prognostische Vermutungen über die weitere Entwicklung von Religiosität, insbesondere ihrer Kirchlichkeit[94]. Auszugehen ist bei solchen Überlegungen von den Bedingungen, unter denen heute vollkirchliche Religiosität zustande kommt. An erster Stelle ist die „Funktionalität" („Lebensnot-Wendigkeit") religiös-kirchlicher Inhalte zu nennen. Die deutsche Synodenuntersuchung hat aber darauf hingewiesen, daß selbst bei erfahrener Inkongruenz zwischen kirchlichem und gesellschaftlichem Wertsystem (damit also vorhandener „Disfunktionalität") volle Kirchlichkeit dann erhalten bleibt, wenn folgende stabilisierende Faktoren zum Einsatz kommen: 1. religiöse Erziehung und religiöse Praxis in der Kindheit; 2. Bindung an eine religiöse Gruppe (Gemeinde, Kirche); 3. das Vorhandensein einer primär-religiösen Motivation und Problematik (z. B. der Frage nach dem Sinn des Lebens oder der Todesproblematik). Diese Bedingungen sind erwiesenermaßen heute unter den Kirchenchristen vorhanden, die etwa 20% der Bevölkerung in modernen westlichen Gesellschaften ausmachen. Daraus läßt sich die Vermutung ableiten, daß auch hinkünftig das Kirchlichkeitsniveau dieser Kirchenchristen und ihrer „vollchristlichen Religiosität" erhalten bleibt.

---

[94] *Schmidtchen,* Zwischen Kirche und Gesellschaft, 56—93.

Demgegenüber hat auswahlchristliche Religiosität eine innere Dynamik zu weiterer Individualisierung, damit Entkirchlichung. Was in den Herkunftsfamilien bereits heute mehrheitlich sozialisiert wird, ist auswahlchristliche Religiosität. Zwar gelingt es, wie Untersuchungen zeigen[95], daß Kirchlichkeitsniveau der Kinder aus auswahlchristlichen Familien während der Schulzeit spürbar anzuheben; beim Verlassen der Schule ist aber in den meisten Fällen das ursprüngliche familiäre Kirchlichkeitsniveau wieder hergestellt. Zugleich mit dieser auswahlchristlichen Religiosität wird aber Distanz zur Kirche (zum Glauben und Leben christlicher Gemeinden und ihrer religiösen Gruppen) mitsozialisiert. Im selben Ausmaß, in dem die Distanz zur religiösen Gruppe wächst, steigt auch der religiöse Individualismus. Kommt es in einer solchen Situation zu einem ernsthaften Konflikt zwischen kirchlichem und gesellschaftlichem Wertsystem, so neigen Auswahlchristen, in Ermangelung der Stabilisierung durch die religiöse Gruppe, in ihrer Suche nach der „affektiv-kognitiven Balance"[96], zur Schwächung des kirchlichen Subsystems. Für die subjektive Religiosität bedeutet dies jedoch weitere Entkirchlichung. Diese Entkirchlichung führt aber in einer großen Zahl von Fällen auch zur Entchristlichung dieser Religiosität. Religionssoziologische Studien enthalten nämlich den verläßlichen Hinweis darauf, daß mit der Distanz von den religiösen Gruppen und der damit verbundenen Abnahme der religiösen Praxis auch die „Orthodoxie" sich vermindert[97].

Weithin bekannte Fakten lassen sich von hier aus besser verstehen. Die vermutete Eigendynamik auswahlchristlicher Religiosität zu weiterer Entkirchlichung zeichnet sich am beobachtbaren Verfall von Kirchlichkeit ab: Rückläufig sind sowohl die Zahlen der Kirchgänger wie derer, die ihre Osterpflicht erfüllen; es sinkt auch die Zahl jener, die als ihr Lebensprojekt einen kirchlichen Beruf (zumindest in der traditionellen priesterlichen Rolle) wählen; im Abnehmen ist auch die Zahl der Mitglieder zumindest in traditionellen kirchlichen Organisationen. Im Spielraum unserer Vermutung liegt auch die steigende Zahl von Kirchenaustritten. Erwartungsgemäß ist die Wahrscheinlichkeit eines Kirchenaustritts umso größer, je weiter er vom Intensivsegment der Kirche entfernt ist und je mehr infolgedessen seine (subjektive) Religiosität entkirchlicht ist. So haben Katholiken Deutschlands, die jeden Sonntag (1%) oder fast jeden Sonntag (2%), bzw. ab und zu zur Kirche

---

[95] K. *Dopler,* Die religiöse Praxis von Wiener Pflichtschulkindern, Wien 1970, päd. Hausarbeit, 29. — Vgl. dazu *Zulehner,* Säkularisierung, 190—205.

[96] *Schmidtchen,* Zwischen Kirche und Gesellslchaft, 56—93.

[97] H. *Bogensberger,* Einstellung zu religiösen Wahrheiten und religiös-kirchlichen Normen, in: Kirche in der Stadt I, Grundlegung und Analysen, hrg. v. Österreichischen Seelsorgeinstitut, Wien 1967, 228—232.

Abbildung: Kirchgang, Osterpflicht und Kirchenaustritte in der Bundesrepublik Deutschland (samt Westberlin) von 1915—1970
(ergänzt nach: Kirchliches Handbuch, hrg. v. F. Groner, Köln 1969, 686—693)

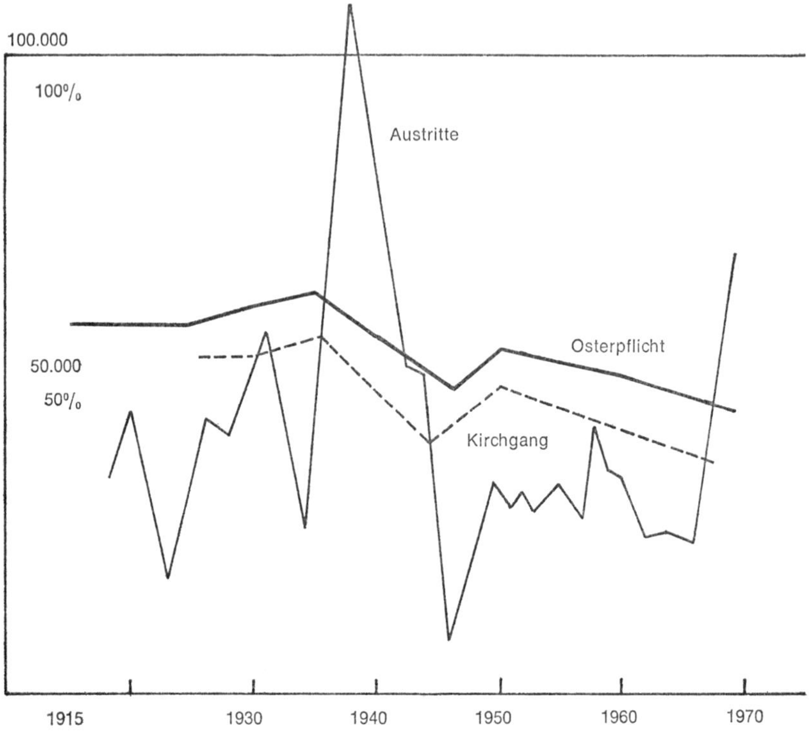

Tabelle: Die Priesterweihen in der Bundesrepublik von 1966 bis 1972
(aus A. Arens, Priesternachwuchs in der Krise. Erscheinungsbild und Ursachen der Krise und neue Möglichkeiten, in: Trierer Forum, hrg. vom Diözesanrat und Priesterrat im Bistum Trier, Jänner/Februar 1973, 3):

	1966	1967	1968	1969	1970	1971	1972
Priesterweihen	395	391	383	327	270	242	204
Differenz in %		—1%	—2%	—15%	—17%	—10%	—16%
Stärke des Jahrgangs beim Eintritt	679	734	777	685	690	571	850
Davon wurden geweiht („Weiheziffer")	58%	53%	49%	48%	39%	42%	24%

gehen (6%) nur selten in den letzten Jahren einmal ernsthaft daran gedacht, ob sie aus der Kirche austreten sollen. Unter den seltenen Kirchgängern haben hingegen bereits 23% derartige Überlegungen angestellt. Mit 51% ist aber diese Zahl am höchsten unter jenen, die nie zur Kirche gehen[98].

Dieser Verfall der Kirchlichkeit unter den Auswahlchristen führt somit auch zu einer allmählichen Zunahme der Nichtchristen. Schwachkirchliche Auswahlchristen können unter dieser Rücksicht auch als potentielle Nichtchristen gelten. Daß sie bislang auf Grund ihrer Kirchenzugehörigkeit noch keine Nichtchristen geworden sind, erklärt sich zu einem Gutteil daraus, daß Kirchenmitgliedschaft heute eben noch eine soziokulturelle Selbstverständlichkeit ist. Sobald jedoch der damit gegebene Konformitätsdruck nachläßt, bzw. für die Kirchenzugehörigkeit politisch ungünstige Verhältnisse entstehen sollten (wie dies heute in den „säkularisierten" Staaten des Ostens der Fall ist), wäre zu erwarten, daß in noch viel rascherer Weise aus den potentiellen Nichtchristen unter den Auswahlchristen faktische Nichtchristen würden.

Wir kommen damit zu dem Ergebnis, daß die Kirchlichkeit des Intensivsegments (der Kirchenchristen) mit hoher Wahrscheinlichkeit auf dem derzeitigen Niveau bleiben wird. Die Kirchlichkeit der Auswahlchristen hingegen wird weiter verdunsten und verfallen, wenn nicht mächtige gesellschaftliche oder kirchliche (pastorale) Gegenkräfte wirksam werden. Das hätte wiederum zur Folge, daß sich die Kirchenchristen auf Grund ihrer hohen Kirchlichkeit immer deutlicher von den übrigen Typen religiös-kirchlichen Verhaltens absetzten. Der Verfall von (auswahlchristlicher) Kirchlichkeit wäre dann von einem Prozeß der Konzentration, Kristallisation und Verdichtung der (vollchristlichen) Kirchlichkeit begleitet.

2.4.2.

Typologie von Gruppen und Gesellschaften

Solche Erkenntnisse verleiten auch dazu, eine Typologie von Gesellschaften je nach Dominanz bestimmter Typen religiös-kirchlichen Verhaltens aufzustellen. In den nunmehr vergangenen vorindustriellen Gesellschaften hat auf Grund der damals gegebenen engen Verflechtung von Kirche und Staat zweifellos der Typ des Kirchenchristen dominiert. Auswahlchristen wie Nichtchristen waren eine gesellschaftlich verfolgte Minderheit. In den freiheitlichen Industriegesellschaften des Westens dominiert fraglos der Typ der Auswahlchristen. Kirchenchristen wie Nichtchristen stellen in ihr eine soziale Abweichung dar. In „säkularen" Gesellschaften schließlich, wie wir sie heute ansatzhaft in den östlichen Industriegesellschaften finden, überwiegt der Typ des Nichtchristen,

[98] *Schmidtchen*, Zwischen Kirche und Gesellschaft, 124.

während sowohl Kirchenchristen wie Auswahlchristen die Ausnahme darstellen. Was hier über eine Typologie von Gesellschaften gesagt ist, gilt analog auch innerhalb einer bestimmten Gesellschaft von dort vorfindbaren unterschiedlichen Gruppen. So hat eine Untersuchung an Jugendgruppen gezeigt, daß die einzelnen Gruppen hinsichtlich ihres religiös-kirchlichen Profils erheblich verschieden sind. Drei Gruppen seien deshalb hier angeführt, weil an ihnen die eben vorgeschlagene Typologie der Gesellschaften illustriert werden kann. Dies geschieht mit Hilfe der Stellungnahme der Befragten zum Item „Ich besuche die Sonntagsmesse". Die Jugendlichen konnten sich auf einer fünfteiligen Skala zwischen den Möglichkeiten der vollen Zustimmung (Skalenwert 1) und der gänzlichen Ablehnung (Skalenwert 5) sowie den entsprechenden dazwischen liegenden Skalenwerten entscheiden. Das Ergebnis sieht folgendermaßen aus:

Skalenwert	Typ religiös-kirchlichen Verhaltens	Gruppe A		Gruppe B		Gruppe C	
1	Kirchenchristen		70%		28%		2%
2		15		19		26	
3	Auswahlchristen	9	24%	28	61%	12	50%
4		—		14		12	
5	Nichtchristen		6%		11%		48%
Zahl der Befragten		33		36		42	
entsprechender Gesellschaftstyp		„christentümliche"		moderne westliche		„säkularisierte"	
Kirchgangsmittelwert		1.58		2.61		3.68	

In der ersten Gruppe (A) dominieren somit klar die Kirchenchristen (70%). Der Kirchgangsmittelwert liegt bei 1.58. Personen mit geringem (24%) bzw. keinem Kirchgang (6%) sind selten. In der zweiten Gruppe (B) gibt es neben Kirchenchristen (28%) vor allem Auswahlchristen (61%). Der Kirchgangsmittelwert steht hier auf 2.61. Der Anteil der Nichtchristen ist mit 11% klein. In der dritten Gruppe (C) hingegen stellen die Nichtchristen mit 48% die stärkste Einzelgruppe. Sie werden nur noch durch Auswahlchristen mit sehr unterschiedlicher Kirchlichkeit (26, 12, 12%) übertroffen (50%). Kirchenchristen sind hingegen so gut wie nicht vorhanden (2%). Der Kirchgangsmittelwert beträgt 3.68%. Die erste Gruppe repräsentiert somit religiös-kirchliche Verhältnisse vorindustrieller „christentümlicher" Gesellschaften, die zweite jene moderner westlicher Industriegesellschaften. Die dritte hingegen hat deutliche Ansätze, die typisch sind für „säkularisierte" Gesellschaften.

„Ich besuche die Sonntagsmesse"

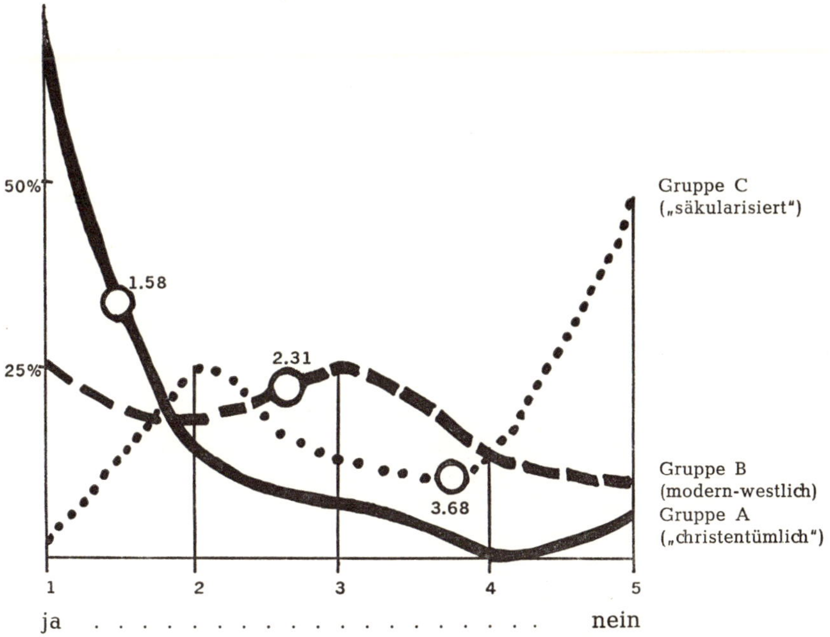

Kirchenchristen Auswahlchristen Nichtchristen

2.4.3.

Zusammenfassung

Die religionssoziologische Analyse der religiös-kirchlichen Situation in den gegenwärtigen Gesellschaften des Westens hat somit folgende Ergebnisse gebracht:

(1.) In der gegenwärtigen modernen Gesellschaft *dominiert auswahlchristliche Religiosität.* Sie ist gekennzeichnet durch Individualisierung, indem sie innerhalb eines sozialen Rahmens subjektiver Wahl entspringt, und durch Privatisierung, weil sie vorwiegend mit der Sinndeutung und Bewältigung der privaten und familiären Existenz zu tun hat.

(2.) Die moderne Gesellschaft übt, modifiziert je nach sozialen Gruppen, in Richtung auf diese Religiosität einen positiven *Konformitätsdruck* aus. Vollkirchliche Religiosität hingegen unterliegt einem negativen

Sozialdruck und ist so ein Sonderfall von Religion in der modernen Gesellschaft geworden.

(3.) Auswahlchristliche Religiosität hat die *Tendenz, sich weiter zu entkirchlichen.* Innerhalb eines gewissen sozialen Rahmens formeller Kirchenzugehörigkeit und weniger sozial gedeckter Glaubenssätze ist sie subjektiver Auswahl entsprungen und durch die religiöse Gruppe nur schwach stabilisiert. Dadurch ist sie weiteren Veränderungen zugänglich. Die schon gegebene Distanz zur Kirche begünstigt die Labilisierung und weitere Entkirchlichung auswahlchristlicher Religiosität. Insofern die gesellschaftlichen und kirchlichen Voraussetzungen gleich bleiben, ist daher mit einem weiteren Verfallen und Verdunsten von Kirchlichkeit bei Auswahlchristen zu rechnen.

(4.) Die weitere Entwicklung auswahlchristlicher Religiosität hängt nicht zuletzt von *drei Komponenten* ab: vom gesellschaftlichen Standort von Religion und Kirche, der sich in der auswahlchristlichen Religiosität widerspiegelt; von der Funktionalität (also „Lebensnot-Wendigkeit") religiös-kirchlicher Angebote sowie vom Erfolg kirchlicher Sozialisationsbemühungen, weil verläßlichstes Stabilisierungselement religiös-kirchlicher Einstellungen die Integration in eine religiöse Gruppe darstellt.

(5.) Die Kirche ist dabei im Vergleich zu vergangenen „christentümlichen" Gesellschaften in ihren Sozialisationsanstrengungen, die über das Maß auswahlchristlicher Religiosität (die ja weithin sozial gedeckt ist) hinaustendieren, auf ihre *eigene* Aktivität verwiesen. Viele traditionelle Garanten für Bestand und Wirken der Kirche kommen dafür heute nicht mehr in Frage.

(6.) Der Verfall auswahlchristlicher Religiosität hat eine *Verdichtung von Kirchlichkeit* zur Folge. Vollkirchliche Christlichkeit wird nämlich unter relativ günstigen Sozialisationsverhältnissen sowohl in der Familie wie in der religiösen Gruppe weitergegeben und dadurch stabilisiert. Während daher auswahlchristliche Religiosität die Neigung zu weiterer Entkirchlichung hat, tendiert vollkirchliche Religiosität auf Erhaltung ihres Kirchlichkeitsniveaus.

3. ZUR KIRCHENZUGEHÖRIGKEIT VON AUSWAHLCHRISTEN

3.1. ZUR THEOLOGISCHEN RELEVANZ SOZIOLOGISCHER ERGEBNISSE

An der Nahstelle zwischen dem religionssoziologischen und dem pastoraltheologischen Teil dieser Studie müssen einleitend einige Vorbemerkungen zur theologischen Relevanz der vorgetragenen religionssoziologischen Untersuchungsergebnisse angebracht werden. Wenn man heute zu Recht auf Verständigungsschwierigkeiten zwischen Soziologie und Theologie aufmerksam macht, die wissenssoziologisch auf Unterschiedlichkeiten der beiden Wissenssysteme zurückzuführen sind[99], so beziehen sich diese Schwierigkeiten nicht gleichermaßen auf alle Themen eines solchen Dialogs zwischen dem Theologen und Soziologen.

Kaum problematisch ist das Gespräch, solange es um den institutionellen Aspekt der Kirche, bzw. die Kirche als sakralrechtliche Organisation geht. Soziologie wie Theologie haben hier denselben Gegenstand, den sie weithin auch unter derselben Rücksicht behandeln. Unsere religionssoziologischen Ergebnisse über die Veränderung des gesellschaftlichen Standorts der Kirche beziehen sich auf diesen institutionellen Aspekt der Religion und bedürfen daher keiner besonderen Übersetzung.

Anders ist die Lage, sobald die subjektive Seite der Religion zur Diskussion steht. Hier spricht der Soziologe von Religiosität, manchmal — und dies schon für den Theologen mißverständlich — von Glaubenszustimmung, meint aber nur Zustimmung zu kirchenamtlich vorgelegten Glaubenssätzen, während den Theologen über diesen Wissensaspekt hinaus der personale Glaube des Menschen interessiert. Was können die Ergebnisse der empirischen Sozialforschung dem Theologen über die Gläubigkeit der Menschen sagen?[100]

---

[99] F. X. *Kaufmann,* Zur Rezeption soziologischer Einsichten in die Theologie, in: Kirchliche Lehre — Skepsis der Gläubigen, Freiburg 1970, 122 ff.

[100] Vgl. dazu *Kaufmann,* Zur Rezeption, 97—127; F. *Haarsma,* Die Lehre der Kirche und der Glaube ihrer Glieder, aaO., 9—36; H. u. W. *Goddijn,* Sichtbare Kirche, Ökumene und Pastoral. Einführung in die Religionssoziologie, Wien 1967, 272—277; *Luckmann,* Das Problem der Religion, 14 ff.; T. *Rendtorff,* Christentum außerhalb der Kirche, Hamburg 1969; J. *Matthes,* Kirche und Gesellschaft, Reinbeck 1969; F. X. *Kaufmann,* Zur Bestimmung und Messung von Kirchlichkeit in der Bundesrepublik Deutschland, in: Int. Jb. f. RS. 4 (1968), 63—99.

Man ist sich gemeinhin darüber einig, daß in den vorhandenen Untersuchungen zur religiösen Situation der Menschen vor allem „Kirchlichkeit" gemessen wurde, das heißt die Zustimmung von Kirchenmitgliedern zu den Erwartungen ihrer Kirche[101]. Das trifft auf die Daten über die religiöse Praxis und andere Zustimmungshandlungen zu, ist aber auch da noch der Fall, wo es um die Zustimmung zu kirchlich vorformulierten Glaubenssätzen und sittlichen Verhaltensmustern geht[102]. Die so gemessene „Kirchlichkeit" gibt aber auch bereits eine erste Auskunft über die subjektive Religiosität. In der Kirchlichkeit wird nämlich kirchlich vorgeformte subjektive Religiosität untersucht, wobei hier Religiosität mit Luckmann als eine Matrix zur Welt-, Fremd-, Selbst-, Alltags- und Krisendeutung verstanden werden soll. Das Ausmaß an vorfindbarer Kirchlichkeit gibt somit an, inwieweit die subjektive Religiosität eines Menschen durch (kirchliche) Sozialisationsvorgänge geformt ist. Auf Grund der Subjektivierung der Religion in der modernen Gesellschaft, insbesondere unter der Gruppe der Auswahlchristen, wird man neben diesen kirchlichen Bezirken subjektiver Religiosität mit Elementen außerkirchlicher Religiosität, aber auch mit Anteilen nichtreligiöser Sinnwelten rechnen müssen (wobei sich nun dieser Begriff „nichtreligiös" an einem substantivischen Religionsbegriff orientiert).

Schon jene Ergebnisse der religionssoziologischen Forschung, die „nur" Kirchlichkeit messen, sind für wichtige pastoraltheologische Probleme unentbehrlich. Insbesondere auf die Problematik der „Kirchenzugehörigkeit" von Menschen (zur kirchlichen Institution) sind die Ergebnisse anwendbar. Das kommt daher, daß — wie noch näher zu zeigen sein wird —, ein Kriterium der (theologischen) Kirchenzugehörigkeit (im Vergleich zu einem Kirchenkonstitutivum) auf der sozialen und überprüfbaren Ebene der Kirche liegen muß, und damit der soziologischen Forschung zugänglich ist. Probleme erwachsen hier insofern, als es sowohl für den Theologen und umso mehr für den Soziologen schwierig ist, einen beiden Disziplinen gemeinsamen Maßstab für diese Kirchlichkeit zu definieren. Die Möglichkeit eines tiefgreifenden Wandels im „offiziellen Modell" der Kirche, also der kirchlichen Lehrformulierungen, der religiösen Praxen, der kirchlichen Organisation, eröffnet auch die Möglichkeit eines Wandels im Maßstab für die Kirchlichkeit. Nicht zu Unrecht wird daher die Operationalisierung der Begriffe Religiosität und Kirchlichkeit als für die Aussagekraft der Ergebnisse wichtigste Forschungsphase bezeichnet[103]. Es kann nämlich durchaus sein, daß jemand an einem vor-vatikanischen Katechismus gemessen als kirch-

---

[101] F. X. *Kaufmann*, Theologie in soziologischer Sicht, Freiburg 1973, 125.
[102] *Zulehner*, Religion ohne Kirche, 11—14.
[103] *Boos-Nünning*, Dimensionen, 15 ff.

lich gilt, an einem reformierten vatikanischen oder gar an einem theologisch der kirchenamtlichen Fixierung vorauseilenden post-vatikanischen Verständnis bewertet als unkirchlich erscheint; auch das Umgekehrte kann der Fall sein und stellt wichtige Fragen an den Theologen, der das Phänomen der „partiellen Identifikation" und der „kritischen Distanz vieler Menschen zur Kirche" verhandelt. Manche in Fragebögen enthaltene Vorstellungen (etwa über die Erbsünde, über Himmel und Hölle, das „Weiterleben nach dem Tod", die Unbefleckte Empfängnis etc.) werden von befragten Katholiken in einer ähnlichen Weise abgelehnt wie von Theologen in ihren Diskutierstuben, ohne daß man diese Theologen deshalb als unkirchlich disqualifizieren würde, was bei den einfachen Katholiken unter Begriffen wie „Fernstehende", „Randchristen" im Rahmen der Interpretation von Untersuchungsergebnissen nur allzu oft geschieht.

Das Problem der theologischen Relevanz von religionssoziologischen Untersuchungsergebnissen verschärft sich, sobald diese Ebene der institutionsbezogenen subjektiven Religiosität (also der Kirchlichkeit) verlassen wird und man nach dem fragt, was der Theologe Glaube, Gläubigkeit, Glaubensakt nennt. Dieser Glaube, von dem der Theologe spricht, deckt sich zweifellos nicht mit der Kenntnis bestimmter Glaubenssätze. Glaubenskenntnis und Glaubensannahme sind demnach zu unterscheiden[104]. Dem entspricht die scholastische Distinktion zwischen einer fides qua und der fides quae. Die intellektuelle Dimension läßt sich zwar auch in der Frage des Glaubens nicht von der existentiellen Seite völlig trennen, fällt aber mit ihr auch nicht zusammen[105]. Die empirische Sozialforschung hat dieser Differenz dadurch Rechnung zu tragen versucht, daß neben dem Glaubensinhalt auch die Glaubensintensität und die Glaubenssicherheit Gegenstand des Forschungsinteresses wurden. Diese Erweiterung der Analysen mußte von der Sicht des Theologen schon deshalb begrüßt werden, weil er in der Erneuerung der Theologie der Offenbarung und des Glaubens (von einem satzhaften zu einem geschichtlichen, personalen und ganzheitlichen Verständnis von Offenbarung und Glaube[106]) eine theologisch durchaus legitimierbare Verschiebung von der fides quae auf die fides qua beobachten konnte. Nicht jede Abweichung auf der Ebene kirchlich vorformulierter Glaubenssätze kann daher vom erneuerten Glaubensverständnis aus schon eo ipso als persönlicher Unglaube beurteilt werden, zumal unter

---

[104] K. *Dobbelaere,* Sociologische Analyse van de Katholiciteit, Antwerpen-Leuven 1966, 75 ff.

[105] Vgl. Dei Verbum, Nr. 5. — Auch: J. *Ratzinger,* Kommentar zu Dei Verbum, in: Das II. Vatikanische Konzil, II, Freiburg 1967, 497 ff.

[106] W. *Kasper,* Zum Problem der Rechtgläubigkeit in der Kirche von morgen, in: Kirchliche Lehre, 69.

den Glaubenssätzen selbst noch einmal — heute deutlicher als früher — eine „Hierarchie der Wahrheiten" gesehen wird.

Gerade auf dem Hintergrund dieser theologischen Entwicklung müssen die religionssoziologischen Forschungsergebnisse als begrenzt eingeschätzt werden. Zwar hat die mit sozialpsychologischen Methoden meßbare Glaubensintensität[107] fraglos einen Bezug zu dem, was der Theologe mit persönlichem Glaubensakt meint. Natur und Gnade treten eben in der konkreten Wirklichkeit als kaum trennbare Größen auf. Auch die Gnade des Glaubens verschafft sich auf der sichtbaren, leiblich-sozialen Ebene des Menschen einen Ausdruck. Doch kann ein und dieselbe leibhaft-soziale Wirklichkeit (wie der Kirchgang, ein Gebet, etc.) für religiöse wie nichtreligiöse Wirklichkeiten stehen, ohne daß empirisch entschieden werden könnte, welche Wirklichkeit hic et nunc ausschlaggebend ist. Der Rückschluß aus der meßbaren Ebene auf die innere Glaubenswirklichkeit ist daher nicht eindeutig möglich.

3.2. KRITISCHE UND PARTIELLE IDENTIFIKATION

Zur Diskussion steht im Folgenden das verbreitete Phänomen der „partiellen Identifikation" von Auswahlchristen mit ihrer Kirche. Das bedeutet insofern eine Einschränkung der heute aktuellen Diskussion um die „partielle Identifikation", als nicht jegliche Form der Distanz zur Kirche hier gemeint ist, sondern nur die spezifische Distanz der Auswahlchristen zur Kirche. Typisch für sie ist, daß sie sich hauptsächlich am traditionellen Modell der Kirche orientieren, das sie im Religionsunterricht reflektiert haben. Aus diesem sozialisierten Modell wählen sie nun aus, lehnen damit zugleich Teile dieses Modells ab, ohne an die nun freigewordenen Stellen kirchlich vermittelter Sinnwelt andere religiös-christliche Inhalte zu setzen. Vielmehr werden diese leeren Felder durch außerchristliche oder nichtreligiöse Sinngebungen aufgefüllt. Das schafft eben im Ergebnis „partielle Distanz" auswahlchristlichen Typs mit der Kirche.

Wir haben schon im Rahmen der Typologie religiös-kirchlichen Verhaltens in der modernen Gesellschaft darauf hingewiesen, daß eine andere Gruppe von Katholiken — allerdings in einer gänzlich verschiedenen Art — sich gleichfalls vom traditionellen Modell der Kirche distanziert. Ihre Distanz resultiert aber nicht aus einem an der Funktionalität gemessenen Auswahlverfahren (wie dies bei unseren Auswahlchristen überwiegend der Fall ist), sondern aus dem Anliegen

[107] H. *Carrier*, Psycho-Sociologie de l'appartenance religieuse, Rom 1960.

der Reform des traditionellen Modells. Sie üben damit bewußt jene innerkirchliche Kritik an der Kirche, die wegen der ständigen Reformbedürftigkeit der Kirche unerläßlich ist, solange die Kirche nicht mit dem eschatologischen Gottesreich zusammenfällt[108]. Eine Totalidentifikation mit der Kirche, wie sie im Lauf der Geschichte im Namen Gottes oder Jesu noch gelegentlich verlangt wurde und die hinter den Qualifizierungen und Disqualifizierungen der „Randchristen" und sich „partiell Identifizierenden" steht, kann daher aus theologischen Gründen nicht postuliert werden. Sie ist aber auch aus soziologischen Gründen nicht einmal bei unseren „vollkirchlichen" Kirchenchristen anzunehmen, weil dies ein völliges Zusammenfallen von Person, Institution und Gesellschaft voraussetzen würde. Dazu wäre aber ein lückenlos perfekter Sozialisationsvorgang nötig, den es in Wirklichkeit nie gibt[109]. Bezogen auf ein geschichtlich ausgeprägtes offizielles Modell (und die darin enthaltenen Glaubensformulierungen, Praxen, Normen und Organisationsformen) kann daher „kritische Identifikation" (wie wir sie im Vergleich zur auswahlchristlichen „partiellen Identifikation" nennen wollen) die Bedingung der Möglichkeit der „wahren Identifikation" sein[110]. Doch setzt diese Art der „kritisch-wahren Identifikation" ihrer Grundtendenz nach eine „(voll-)kirchliche" Haltung voraus und eben nicht eine auswahlchristliche. Konkret drückt sie sich darin aus, daß abgelehnte traditionelle Formen neuerlich durch christliche Formen aufgefüllt werden, was bei Auswahlchristen nicht geschieht.

Im folgenden geht es somit um die für Auswahlchristen typische Distanz zur Kirche. Auswahlchristen, so besagen unsere religionssoziologischen Befunde, identifizieren sich partiell mit ihrer Kirche. Sowohl dem Glauben, den Normen für die Lebensführung, dem religiösen Tun christlicher Gemeinden und nicht zuletzt den Organisationsstrukturen, vor allem der kirchlichen Autorität, stehen sie mit ernsthaften Vorbehalten gegenüber, die eine bloß selektive Teilnahme am Glauben und Leben der Kirche zur Folge haben. Dennoch treten sie aus der Kirche nicht aus und betonen, Mitglieder der Kirche zu sein und sein zu wollen. Nicht einmal die Kirche hätte das Recht, sie auszuschließen, und täte sie es, so würden sie sich dennoch als gute Christen in der Kirche wissen.

So wichtig nun diese subjektive Selbsteinschätzung der Kirchenzugehörigkeit ist: sie kann die theologische Frage nach der objektiven Zugehörigkeit der Auswahlchristen nicht ersetzen. Wie schließlich jeder Organisation steht es auch der kirchlichen Gemeinschaft zu, auf

---

[108] J. B. *Metz*, Reform und Gegenreformation heute, Mainz 1969, 29 f.

[109] *Luckmann*, Religion, 7 f.

[110] H. *Schlette*, Die sogenannte „partielle Identifikation" mit der Kirche, in: Concilium 7 (1971), 399 ff.

Grund ihrer vorgegebenen Zielsetzung jene Kriterien zu nennen, nach denen man feststellen kann, wer zur Kirche gehört. Daß es sich dabei nicht um eine bloß akademische Frage handelt, ist leicht einsichtig. Gibt es doch zentrale Lebensvollzüge der Kirche, die eine volle Mitgliedschaft in der Kirche voraussetzen, wie etwa die Sakramente der Eucharistie, der Buße, der Firmung oder der Ehe, und bei denen die Kirchenzugehörigkeit, aktiv vom Amt beurteilt, eine Rolle spielt. Es überrascht daher auch nicht, daß sich das Problem der partiellen Identifikation der Auswahlchristen gerade an der Sakramentenpraxis entzündet hat, also an der Taufe von Kindern „nichtpraktizierender" Eltern, der Firmung „kirchenferner" Jugendlicher oder der Trauung „ungläubiger Randchristen".

Vor einer pastoraltheologischen Situationserhellung muß deshalb eben diese fragmentarische Kirchlichkeit der Auswahlchristen theologisch diskutiert werden. Dabei geht es um die Grenzen der Kirche: Gehören Auswahlchristen noch zur Kirche oder nicht mehr? Trennt sie nicht die Tatsache von der Kirche, daß viele von ihnen zentralen Glaubenssätzen nicht zustimmen und auch nicht im kirchlich erforderlichen Maß an einigen liturgischen Handlungen teilnehmen? Haben sie nicht sich selbst, trotz aufrecht erhaltener Mitgliedschaft und subjektivem Zugehörigkeitswillen, durch ihren eigenen „Unglauben" von der kirchlichen Gemeinschaft getrennt? Sind sie etwa, wie F. Klostermann zur Diskussion gestellt hat[111], in den Katechumenenstand zurückgefallen? Oder positiv ausgedrückt: Welches ist das theologisch erforderliche Ausmaß an Kirchlichkeit? Und noch grundsätzlicher, ist für das Christsein Kirchlichkeit überhaupt nötig?

3.3. „PRINZIP KIRCHE"

Es ist eine lange und einmütige theologische Tradition, daß es volles Christsein nur in der kirchlichen Form gibt. Gegen ein „privates", also kirchenloses Christentum steht die einhellige Tradition von der Heilsnotwendigkeit der Kirche, herb formuliert im Axiom „außerhalb der Kirche kein Heil"[112]. Theologiegeschichtlich wurde diese prinzipielle Notwendigkeit der Kirche, also dieses „Prinzip Kirche", zumeist in der biblisch begründeten (Joh 3, 5) Heilsnotwendigkeit der Taufe abge-

---

[111] F. *Klostermann*, Die Gemeinde Christi. Prinzipien, Formen, Dienste, Augsburg 1972, 64.

[112] J. *Beumer*, Extra Ecclesiam nulla salus, in: LThK² III, 1320 f. — Dort ist zahlreiche Literatur zu diesem Thema angeführt.

handelt, durch die ein Mensch Mitglied der Kirche wird. Sachlich begegnet man diesem „Prinzip Kirche" in den Kirchensymbolen der Kirchenväter etwa vom organischen Leib, vom Paradies, insbesondere von der Arche Noah oder des Hause Rahab[113] und findet es als axiomatische Feststellung bei Innozenz III., Bonifaz VIII. und Clemens VI.[114].

Dieses Prinzip der Kirchlichkeit muß inhaltlich noch näher bestimmt werden. Auch ist es mit anderen theologischen Prämissen in Einklang zu bringen. Dem Scheine nach widerspricht es nämlich der uneingeschränkten Aussage der Schrift vom allgemeinen Heilswillen Gottes: „Gott will, daß alle Menschen selig werden und zur Erkenntnis der Wahrheit kommen" (1 Tim 2, 4). Die Konfrontation dieser beiden Axiome vom allgemeinen Heilswillen Gottes und der Heilsnotwendigkeit der Kirche hat zur Lehre vom „votum Ecclesiae" geführt und in ihr zur Milderung und Differenzierung des „Prinzips Kirche"[115]. So hat Pius IX. 1854 in Singulari quadam in Hinblick auf die vielen Menschen vor Christus und solche, die in der Zeit der Kirche schuldlos außerhalb der Kirche leben, festgestellt, daß Menschen gerettet werden können, die außerhalb der Kirche leben. Er hat damit Ansätze aufgegriffen, die sich in der Tradition der Väter und auf dem Konzil von Trient als Begierdetaufe vorsichtig angekündigt hatten.

Sichere Tradition der Kirche ist, daß zur Kirche auch Getaufte gehören, die sündigen. Die prinzipiell erforderliche Kirchlichkeit wird demnach durch die Sünde nicht aufgehoben. Das besagt nicht, daß die Sünde für die Kirchengliedschaft belanglos ist. Doch wurde gegen verschiedene Irrlehren (Donatismus, Wyclif, Hus; in etwa auch gegen Calvin und den Jansenismus) lehramtlich betont, daß zur Kirche Sünder gehören. Ausnahmen bilden lediglich die Häretiker und Schismatiker, die vom Konzil von Florenz als „intra catholicam Ecclesiam non existentes" betrachtet werden[116].

Diese auseinanderstrebenden biblischen und lehramtlichen Prämissen (Heilsnotwendigkeit der Taufe und damit der Kirche, allgemeiner Heilswille Gottes, Heil außerhalb der sichtbaren Kirche, Sünder in der Kirche) haben schon im Lauf der Kirchengeschichte zu einem vielschichtigen Kirchenbegriff geführt, wobei je nach Erfordernis der eine oder andere Aspekt bevorzugt wurde[117]. Zweifellos sehen die bibli-

---

[113] H. *Rahner,* Die Symbole der Kirche. Ekklesiologie der Väter, Salzburg 1964. — B. *Altaner,* Patrologie, Freiburg [6]1963.

[114] Die entsprechenden lehramtlichen Bestimmungen sind gesammelt in K. *Mörsdorf,* K. *Rahner,* Kirchengliedschaft, in: LThK[2] VI, 221—225.

[115] Y. *Congar,* Außerhalb der Kirche kein Heil, Essen 1961, — U. *Valeske,* Votum Ecclesiae, München 1962.

[116] DS 1351.

[117] Vgl. dazu H. *Küng,* Die Kirche, Freiburg 1967, 13—36. Weitere Literatur: AaO., 17 (Anmerkung 1).

schen Aussagen über die Kirche, die zumeist in Bildern gefaßt sind[118], wie auch die Symbole der Kirche bei den Vätern mehr die „Innenseite" der Kirche[119]. Auch das Mittelalter kennt im Anschluß an Augustinus diese geistliche Dimension, ohne gegenüber spiritualistischen Sekten oder in den seit dem Frühmittelalter ständig aufbrechenden Auseinandersetzungen mit den weltlichen Herren vor allem die im Papsttum manifeste Seite der Kirche zu vernachlässigen[120]. Als Reaktion gegen die reformatorische Lehre von der Verborgenheit der Kirche entsteht dann jene verarmte kontroverstheologische Definition von R. Bellarmin, nach der die Kirche auf dieselbe Stufe wie das römische Volk, das gallische Reich oder die venezianische Republik gestellt wird[121]. In der katholischen Restauration nach 1800 dominiert zunächst noch diese Ekklesiologie, bis in Verbindung mit romantischen Ideen die Tübinger Schule um J. A. Möhler die Ekklesiologie von Grund auf neu orientiert. Die jüngsten lehramtlichen Stellungnahmen zum Kirchenbegriff enthalten die Dokumente des II. Vatikanischen Konzils. Auch hier ist der Begriff vielschichtig. So spricht die Kirchenkonstitution von einer „allumfassenden Kirche", in der alle Gerechten von Adam an, von dem Gerechten Abel bis zum letzten Erwählten, beim Vater versammelt sein werden[122]. Von dieser endzeitlichen „Kirche" wird offenbar die auf Erden pilgernde Kirche unterschieden. Dabei wird dieser Titel „Kirche" nicht nur von der römisch-katholischen Kirche gebraucht. Es ist auch von „nichtkatholischen Kirchen" oder „kirchlichen Gemeinschaften" die Rede[123]. Sodann erscheint die Kirche wiederum, nach einem Text von Cyprian, als „das von der Einheit des Vaters und des Sohnes und des Heiligen Geistes her geeinte Volk"[124]. In anderen Texten steht hingegen ihre sakralrechtliche Struktur im Vordergrund.

In der Beschreibung der Kirche als „Grundsakrament"[125] hat die systematische Theologie eine glückliche Synthese der vielschichtigen Aspekte der Kirche in der theologischen Tradition gefunden. Diese An-

---

118 J. *Schmid*, Kirche. I. Biblisch, in: Handbuch theologischer Grundbegriffe I (München 1962), 790 ff. — R. *Schnackenburg*, Gottes Herrschaft und Reich, Freiburg 1959. — *Ders.*, Die Kirche im Neuen Testament. Ihre Wirklichkeit und theologische Bedeutung, ihr Wesen und Geheimnis, Quaestiones disputatae 14, Freiburg 1961.

119 Vgl. auch *Lumen Gentium*, Nr. 6 ff.

120 Y. *Congar*, Kirche. II. Dogmengeschichtlich, in: Handbuch theologischer Grundbegriffe, I 801 ff.

121 A. a. O., 808.

122 *Lumen Gentium*, Nr. 2 — Vgl. Y. *Congar*, Ecclesia ab Abel, in: Abhandlungen über Theologie und Kirche, hrg. v. M. *Reding*, Düsseldorf 1952, 79—108.

123 A. a. O., Nr. 15. — *Unitatis Redintegratio*, Nr. 19.

124 A. a. O., Nr. 4.

125 K. *Rahner*, Kirche und Sakramente, Freiburg 1961. — *Ders.*, Kirchengliedschaft, in: Sacramentum Mundi II (Freiburg 1968), 1209—1215. — O. *Semmelroth*, Die Kirche als Ursakrament, Freiburg 1953. — E. *Schillebeeckx*, Christus — Sakrament der Gottbegegnung, Mainz 1960.

wendung der Sakramententheologie auf die Kirche war umso leichter möglich, als sich ein Sakrament lediglich als Spezialfall der durchgängig inkarnatorischen Struktur der christlichen Wirklichkeiten erweist[126]. K. Rahner hat sich damit ausführlich in einem Beitrag zur Diskussion, die von der 1943 erschienenen Enzyklika Pius' XII. über die Kirchengliedschaft ausgelöst worden war, beschäftigt.

Wie bei einem Sakrament die „res sacramenti" (also die Gnade) vom „sacramentum" (also dem gesellschaftlich greifbaren Zeichen) zu unterscheiden ist, wie es damit das „gültige Sakrament" in einer fruchtbaren („res et sacramentum") wie in einer unfruchtbaren („sacramentum tantum") gibt, so ist es analog bei der Kirche: „Sie ist gewissermaßen das Ursakrament; das heißt aber, sie ist in ihrer ganzen konkreten, sichtbaren und juridisch greifbaren Erscheinung eine Wirklichkeit, die Zeichen und Verleiblichung des Heilswillens Gottes und der Gnade Christi ist, eine Leiblichkeit, die als solche eine ganz bestimmte, juristisch fixierbare Eindeutigkeit hat, die die Gnade Christi, die sie im geschichtlichen Hier und Jetzt gegenwärtig macht, tatsächlich bewirkt und dennoch von dieser göttlichen Gnade, die immer das souveräne Geheimnis der Freiheit Gottes bleibt und nie vom Menschen überwältigt werden kann, wesentlich verschieden bleibt. Und dementsprechend gibt es, wie bei den Sakramenten, nicht durch begriffliche Sorglosigkeit und Ungenauigkeit der Terminologie, sondern aus der Natur der Sache heraus einen doppelten Kirchenbegriff: Kirche als leibliche Gegenwart Christi und seiner Gnade zusammen mit Christus und seiner Gnade, und Kirche, insofern sie von dieser Gnade und inneren Gottverbundenheit wesentlich unterschieden werden muß und dennoch auch so noch eine gültige christliche Wirklichkeit ist und bleibt; Kirche als Parallelbegriff zum Sakrament als gültigem sakramentalen Zeichen, auch insofern dieses ohne Gnadenbewirkung gedacht werden kann, ja existieren kann"[127].

Mit diesem doppelten Kirchenbegriff läßt sich zunächst verständlich machen, wie es in der „heiligen Kirche" auch Sünder geben kann. Sie gehören zur sozial fixierbaren kirchlichen Gemeinschaft, ohne den Geist Christi zu besitzen. Noch nicht erklärt ist durch ihn aber, wie die Heilsmöglichkeit außerhalb der Kirche mit der umfassenden Heilsnotwendigkeit der Kirche zu koordinieren ist. Rahner schlägt deshalb auf der Ebene des „sakramentalen Zeichens" eine weitere Differenzierung des Kirchenbegriffes vor[128]: die sakramentale Sichtbarkeit der einmal gewährten Rechtfertigungsgnade kann nämlich eine sehr unterschied-

---

[126] K. *Rahner,* Die Gliedschaft der Kirche nach der Lehre der Enzyklika Pius' XII. „Mystici Corporis Christi", in: Schriften zur Theologie II, Einsiedeln 1955, 79 f.

[127] A. a. O., 80.

[128] *Rahner,* Gliedschaft, 92 f.

liche soziale „Dichte" aufweisen, angefangen von einer bloßen Zugehörigkeit eines Menschen zu der „durch die Menschwerdung geweihte Menschheit" bis zur voll entfalteten Zugehörigkeit zur sichtbaren Kirche. Dazwischen sind dann eine Reihe defizienter Fälle in der Beziehung zur Kirche (auf der Ebene des sakramentalen Zeichens) denkbar. Diese sind nach Rahner deshalb möglich, weil sowohl die Rechtfertigungsgnade wie die geschichtlich-soziale Sichtbarwerdung des Heils geschichtliche und untereinander nicht identische Größen seien, so daß es zu Phasenverschiebungen kommen könne, ohne daß diese Vorgänge aufhörten, eine Einheit zu bilden[129].

3.4. GESTUFTE ZUGEHÖRIGKEIT

Die Möglichkeit einer gestuften Zugehörigkeit zur sichtbaren Kirche, die hier vorausgesetzt wird, war aber im Lauf der Kirchengeschichte nicht immer bekannt. Vielmehr war jemand entweder (volles) Glied oder er stand außerhalb der Kirche. Zwar hatte man in der Frühzeit der Kirche, vor allem mit Augustinus, eine doppelte Ebene der Kirchenzugehörigkeit unterschieden: die Zugehörigkeit zur sichtbaren Gemeinschaft einerseits und die innere caritas, an der der einzelne nur in der sichtbaren Gemeinschaft teilhat, andererseits[130]. Bei Thomas tritt dann die Zugehörigkeit zur sichtbaren Kirche hinter der Teilnahme an der Gnade Christi zurück. Unter dem Eindruck der reformatorischen Lehre von der Kirche der Prädestinierten und der Verborgenheit der Kirche hat dann die nachtridentinische Zeit das greifbare institutionelle Element wieder aufgewertet: So ist es zu verstehen, daß R. Bellarmin zur Unterscheidung von katholischer und nichtkatholischer Christenheit die Zugehörigkeit zur (sichtbaren) Kirche durch das klassisch gewordene dreifache Band bestimmt hat. Kirche ist danach „die Vereinigung der Menschen, die durch das Band des Bekenntnisses desselben Glaubens, der Teilnahme an denselben Sakramenten, unter der Leitung der rechtmäßigen Hirten und besonders des einen Statthalters Christi auf Erden, des römischen Papstes, verbunden sind"[131]. Die innere Verbindung mit Christus tritt bei Bellarmin stark in den Hintergrund. Das Erste Vatikanische Konzil hat schließlich in einem nicht

---

[129] *Rahner,* Kirchengliedschaft, in: LThK VI, 225. — E. *Schillebeeckx,* Kirche und Menschheit, in: Concilium 1 (1965), 29—41.

[130] Zum Folgenden: A. *Grillmeier,* Kommentar zum Zweiten Kapitel der dogmatischen Konstitution über die Kirche, in: LThK, Das Zweite Vatikanische Konzil, I., Freiburg 1966, 196 ff.

[131] A. a. O.

mehr behandelten Entwurf, offenbar unter dem Einfluß der Tübinger Schule unter J. A. Möhler, das Gleichgewicht wieder hergestellt. Die nach Bellarmin definierte Zugehörigkeit zur sichtbaren Kirche vermittle die Gemeinschaft mit Christus, dem einen Haupt, durch den Heiligen Geist. Bemerkenswert ist, daß in den Diskussionen um diesen Entwurf innerhalb der „vollen" Kirchengliedschaft eine Abstufung vorgenommen wird. Demnach gehören die Gerechtfertigten mehr zur Kirche als die Sünder. Man hat dies dadurch zum Ausdruck zu bringen versucht, daß man für die Gerechtfertigten eine Zugehörigkeit „zur Seele" oder „im Geist" angenommen hat.

Prinzipiell ist, wie gesagt, bis dahin aber stets im Rahmen einer Alternative gedacht worden: Entweder ist jemand „Glied" am Leib der Kirche, oder er ist es nicht. Entscheidend für die Entwicklung in die Richtung einer gestuften Kirchenzugehörigkeit ist die Enzyklika „Mystici Corporis Christi" Pius' XII. aus dem Jahre 1943 und ihre Nachgeschichte, die direkt zur dogmatischen Konstitution des Zweiten Vatikanischen Konzils hinführt. „Den Gliedern der Kirche sind aber", so Pius XII., „nur jene allein wirklich (reapse) beizuzählen, die das Bad der Wiedergeburt empfangen haben, den wahren Glauben bekennen, und sich nicht zu ihrem Unglück von dem Gefüge des Leibes getrennt haben oder wegen sehr schwerer Verfehlungen durch die kirchliche Autorität getrennt worden sind . . . Darum können diejenigen nicht in einem Leib dieser Art und in dessen einem göttlichen Geiste leben, die im Glauben oder in der Leitung voneinander getrennt sind"[132]. „Lumen gentium" zeigt nun, daß sich von den drei Deutungen des „reapse" in Mystici Corporis nur jene durchgesetzt hat, die eine gestufte Zugehörigkeit annimmt. Die Interpretationen, daß es nur entweder „wirkliche" Glieder und daneben Menschen gebe, die auf die Kirche nur durch das votum bezogen sind, wie auch die Unterscheidung von K. Mörsdorf zwischen einer „konstitutionellen" und einer „tätigen" Gliedschaft[133] wurden von der Kirchenkonstitution des Zweiten Vatikanischen Konzils zugunsten einer gestuften Zugehörigkeit verlassen. Nach den Artikeln 14 bis 16 gibt es nämlich drei Arten eines Zusammenhanges mit der einen, heilsnotwendigen Kirche: die volle Eingliederung, eine vielfältige Verbundenheit und eine verschiedenartige Hinordnung.

a) „Jene werden der Gemeinschaft der Kirche voll eingegliedert, die im Besitz des Geistes Christi, ihre ganze Ordnung und alle in ihr eingerichteten Heilsmittel annehmen und in ihrem sichtbaren Verband mit Christus, der sie durch den Papst und die Bischöfe leitet, verbun-

[132] DS 3802.
[133] K. *Mörsdorf*, Kirchengliedschaft, in: LThK VI, 221 ff.

den sind, und dies durch die Bande des Glaubensbekenntnisses, der Sakramente und der kirchlichen Leitung und Gemeinschaft. Nicht gerettet wird aber, wer, obwohl der Kirche eingegliedert, in der Liebe nicht verharrt und im Schoß der Kirche nur ‚dem Leibe', aber nicht ‚dem Herzen nach' verbleibt"[134].

Es fällt hier auf, daß Elemente sowohl der inneren wie der sakramental-sichtbaren Kirchendimension zur Bestimmung der vollen Kirchenzugehörigkeit herangezogen werden. Im Vergleich zu Bellarmin, dessen dreifaches Band übernommen wird, ist der Besitz des Geistes Christi an die Spitze gestellt und dadurch hervorgehoben worden. Diese Aufwertung der „Innerlichkeit" kommt noch im Zusatz zum Tragen, der zunächst die alte Lehre voraussetzt, daß auch Sünder Kirchenglieder bleiben; doch wird hinzugefügt, daß das Fehlen der Gliedschaft „dem Herzen nach" für das Heil nicht belanglos ist. Die Ansätze aus den Entwürfen des Ersten Vatikanischen Konzils klingen sichtlich wieder an, indem selbst innerhalb der vollen Gliedschaft Unterschiede angenommen werden.

b) Ähnlich gemischt sind jene Wirklichkeiten, die eine vielfältige Verbindung mit der Kirche herstellen. Wiederum werden innere und äußere Aspekte verwendet: Liebe, Glaube, Gebet, vor allem die wahre Verbindung im Heiligen Geiste, daneben der Episkopat, Teile des Glaubensbekenntnisses oder Sakramente, besonders die Taufe. Dadurch sind diese Personen der Ehre des Christennamens teilhaftig. Im Sprachgebrauch des Konzils ist demnach schon dann einer Christ, wenn er zwar nicht voll der Kirche angehört, mit ihr aber vielfältig verbunden ist. Zwar bekennen diese Menschen nicht den vollen Glauben und auch nicht die Einheit der Gemeinschaft unter dem Nachfolger Petri: Die Kirche weiß sich aber mit ihnen aus den genannten Gründen verbunden[135].

c) Schließlich nennt die Konstitution eine dritte Gruppe von Menschen, die das Evangelium noch nicht empfangen haben, aber auf das Gottesvolk auf verschiedene Weise hingeordnet sind. Ausdrücklich ist von den Juden und Muslims die Rede, schließlich aber von allen, die Gott suchen und seinen im Gewissen erkannten Willen unter dem Einfluß der Gnade zu erfüllen trachten: „Was sich nämlich an Gutem und Wahrem bei ihnen findet, wird von der Kirche als Vorbereitung der Frohbotschaft

---

[134] *Lumen Gentium,* Nr. 14. — E. *Fischer,* Kirche und Kirchen nach dem Vaticanum II., München 1967. — W. *Dietzfelbinger,* Die Grenzen der Kirche nach der dogmatischen Konstitution „De Ecclesia", in: KuD 11 (1965), 165—176. — J. *Ratzinger,* Wesen und Grenzen der Kirche, in: Das II. Vatikanische Konzil, Würzburg 1963, 47—68.

[135] *Lumen Gentium,* Nr. 15. — W. *Kasper,* Der ekklesiologische Charakter der nichtkatholischen Kirchen, in: ThQ 145 (1965), 42—62. — O. *Semmelroth,* Kirche und kirchliche Gemeinschaften, in: Cath. 20 (1966), 165—178.

Forschungsberichten festgestellt, daß „je konkreter der Inhalt des Glaubenssatzes ist, je näher er einem spezifisch christlichen Gedankengut steht, desto geringer auch die Zustimmung der Katholiken ist"[144]. Stellt man die Untersuchungsergebnisse, so gut das geht, direkt den einzelnen Artikeln des apostolischen Glaubensbekenntnisses gegenüber, dann zeigt sich, daß gar nicht die Einstellungen zu allen wichtigen Themen erhoben wurden. „Schwierige Themen", wie die Allmacht Gottes, das Wirken des Heiligen Geistes, die Himmelfahrt und die Auferstehung Jesu tauchen in den Fragebögen so gut wie nicht auf. Besonders beliebt sind hingegen die nach dem Katechismus und dem liturgischen Credo formulierten Fragen nach der Erschaffung der Welt[145], der Gottessohnschaft Jesu[146] und dem Weiterleben nach dem Tod[147]. Vereinzelt finden sich Angaben über die soziale Verbreitung der Glaubenssätze von der Jungfrauengeburt, der Sündenvergebung, der Erbsünde, der allein seligmachenden Kirche, Gericht und Hölle[148].

„Orthodoxie" im Sinn durchgängiger Zustimmung zu den kirchenamtlich verlangten Wahrheiten ist daher, so lautet der Befund, nicht der Regelfall[149]. Entsteht aber auf diese Weise nicht jene Häresie, von der vorhin dargelegt wurde, daß sie die volle Kirchenzugehörigkeit aufhebe?

Bei der Beantwortung dieser schwierigen und wichtigen Frage ist zunächst zu bedenken, daß Untersuchungsergebnisse keineswegs den Charakter eines in einer ernsthaften existentiellen Situation gemachten Bekenntnisses haben. Bekannt sind diese auswahlchristlichen Glaubensabweichungen in ihrem Ausmaß lediglich durch geheime, anonyme Umfragen. Die Antwort auf die Frage eines Interviewers: Das Ausfüllen eines Fragebogens selbst kirchlicher Sozialforschungsinstitute eröffnet zwar einen gewissen Zugang zur „Glaubenssituation", macht aber diese Stellungnahmen nicht zu einem persönlich voll gedeckten,

[144] *Boos-Nünning*, Dimensionen, 92. — *Religion und Familie*, IKS-78a, Wien 1966. — *Haarsma*, Lehre, 20.

[145] H. *Bogensberger*, Einstellung zu religiösen Wahrheiten und religiös-kirchlichen Normen, in: Kirche in der Stadt, I, Wien 1967, 223. — *Boos-Nünning*, Dimensionen, 90.

[146] *Bogensberger*, Einstellung, 225. — *Zulehner*, Religion ohne Kirche, 23. — *Ders.* u. a., Jugendklubs, 59.

[147] *Bogensberger*, 225. — *Zulehner*, Religion ohne Kirche, 24. —

[148] *Was glauben die Deutschen*, hrg. v. W. *Harenberg*, Mainz 1968. — *Boos-Nünning*, Dimensionen, 93. — *Zulehner*, Religion ohne Kirche, 25. — *Haarsma*, Lehre der Kirche, 10.

[149] Von den vom IKS-Wien untersuchten katholischen Eltern Salzburgs wurden der Gruppe der doktrinal Orthodoxen 21% zugerechnet. Dabei dienten nur die vier Fragen nach der Weltschöpfung, der Gottessohnschaft, dem Leben nach dem Tod und der göttlichen Inspiration der Bibel als Grundlage für diese Kategorisierung. *Bogensberger*, Einstellung, 225, Anm. 1. — Noch weniger (15%) galten auf Grund der Sätze über die Existenz Gottes, die Gottessohnschaft Christi, das Weiterleben nach dem Tod und die eine wahre Kirche unter österreichischen Industriearbeitern als orthodox. *Zulehner*, Religion ohne Kirche, 29.

und als Gabe dessen geschätzt, der jeden Menschen erleuchtet, damit er schließlich das Leben habe"[136].

Überblickt man diese Varianten des Zusammenhangs mit der Kirche, dann fällt auf, daß in allen drei Arten die „innere Seite", nämlich der Besitz des Geistes Christi, die Verbindung im Heiligen Geist, das Gute und Wahre als Gabe Gottes, also die Rechtfertigungsgnade, das gemeinsame Fundament ist, das einen Zusammenhang mit der Kirche begründet. Daraus folgt aber, daß sich diese drei Arten eben nicht durch diese innere Dimension unterscheiden können, zumal diese auch praktisch gar nicht feststellbar ist. Die Unterschiede liegen daher lediglich in den verschiedenen Graden der gesellschaftlichen Sichtbarkeit dieser Gnade, ihrer Sakramentalität und in diesem Sinn in ihrer „Kirchlichkeit". Von da aus legt sich auch eine Unterscheidung zwischen einem Konstitutivum der Kirche und einem (praktikablen) Kriterium nahe. So sehr nämlich die Rechtfertigungsgnade für jeglichen Zusammenhang mit der vollen Wirklichkeit der einen heilsnotwendigen Kirche grundlegend und in diesem Sinn konstitutiv ist: Sobald es darum geht, etwa im Fall der Spendung eines Sakramentes, das die volle kirchliche Communio voraussetzt, gesellschaftlich verbindlich über die Kirchenzugehörigkeit zu entscheiden, scheidet dieses Konstitutivum als Kriterium aus.

Unsere bisherigen theologischen Überlegungen enthalten bereits wichtige Elemente:

(1.) Kirche im vollen Sinn kann nicht unabhängig von dem gedacht werden, was Heil, Gnade, Leben, Geist Christi ist. Sie ist mit diesen Realitäten, die das Zweite Vatikanische Konzil in Hinblick auf die Erfordernisse der Welt von heute als „innigste Vereinigung mit Gott wie Einheit der ganzen Menschheit"[137] definiert, nicht nur untrennbar verbunden, sondern steht auch in deren Dienst. Kirche ist daher „Gemeinde derer, die glauben, daß sich in dem Menschen Jesus von Nazareth die Liebe, die Vollmacht und die Herrlichkeit Gottes selbst am deutlichsten, ja endgültig bezeugt hat; die Gemeinde derer, die darum nach dem Existenzentwurf Jesu zu leben versuchen . . .; die Gemeinde derer, die seine Botschaft weitersagen, seinen Weg zu gehen versuchen und in seiner Kraft glauben, lieben, sich in der Welt engagieren und hoffen, auch gegen alle Hoffnung"[138]. Daher kann die Kirche nie Selbstzweck

[136] A. a. O., Nr. 16. — *Ad Gentes*, Nr. 7. — *Gaudium et spes*, Nr. 43. — O. *Müller*, Inwieweit gibt es nach der Kirchenkonstitution des II. Vatikanischen Konzils außerhalb der Kirche Christentum, — inwieweit Heil? in: Wahrheit und Verkündigung II (Festschrift für M. Schmaus), Paderborn 1967, 1557—1582.

[137] *Lumen Gentium*, Nr. 1.

[138] *Klostermann*, Gemeinde Christi, 15.

sein, „Einrichtung zur Erhaltung derselben. Sie ist von Natur aus Kirche für die Menschen, für die Welt“[139]. Wenn immer daher pastorale Zielsetzungen formuliert werden, ist diese grundsätzliche Bezogenheit der Kirche auf den Glauben, die Hoffnung und Liebe der Menschen zu beachten. Letzte pastorale Ziele liegen somit nicht auf der Dimension der äußeren sozialen Sichtbarkeit der Gnade, so sehr bei vielen Menschen im Rahmen sozialer Möglichkeiten eine Integration in die sichtbare Kirche auf Grund der inneren Dynamik der Gnade zustandekommt. Nicht Verkirchlichung des Glaubens ist daher primäres Ziel der Pastoral, sondern der Glaube selbst, der je nach Lebensgeschichte und sozialen Voraussetzungen der einzelnen einen sehr unterschiedlichen Grad an Kirchlichkeit haben kann.

(2.) Sobald es darum geht, von den vielfältigen Möglichkeiten einer gestuften Kirchenzugehörigkeit (in ihrer sozialen Dimension) die volle Mitgliedschaft abzuheben, müssen Kriterien herangezogen werden, die allein der äußeren Dimension der Kirche angehören. Eine Antwort auf die Frage, wer zur Kirche voll dazugehört, gibt daher nie Auskunft über das Heil und die Rechtfertigung eines Menschen. Sie stellt lediglich fest, inwieweit eine Person zur sozial greifbaren Gemeinschaft der Kirche gehört. Die theologischen Kriterien der Kirchenzugehörigkeit geben somit an, unter welchen Mindestbedingungen auf der Ebene der sozialen Sichtbarkeit die volle kirchliche Communio hergestellt wird. Auf dem Hintergrund der langen Tradition nennt das Zweite Vatikanische Konzil als derartige Kriterien „die Bande des Glaubensbekenntnisses, der Sakramente und der kirchlichen Leitung und Gemeinschaft“[140].

Volles Glied der Kirche (auf der Ebene der gesellschaftlich greifbaren Dimension: also der Kirche als sakralrechtlicher Organisation) ist demnach der Getaufte, der öffentlich den wahren Glauben bekennt und mit der kirchlichen Gemeinschaft verbunden ist. Negativ bedeutet das: Sobald eines dieser Elemente fehlt, kommt auch die volle Eingliederung in die Kirche nicht zustande. Nicht (voll) zur Kirche gehören somit nach alter Tradition die Häretiker und Schismatiker, weil in der Sprache des Kirchenrechts ein obex (Riegel, Hindernis) vorliegt[141]. In

[139] A. a. O., 35.

[140] *Lumen Gentium*, Nr. 14. — Daraus wird im übrigen ersichtlich, daß sich die Lehre der Kirche hinsichtlich der theologischen Kriterien einer vollen Kirchengliedschaft auf dem Konzil nicht verändert hat. Neu hingegen ist die überaus positive Einschätzung der vielfältigen Formen bisher „als defizient“ eingeschätzter Kirchlichkeit außerhalb der römisch-katholischen Kirche.

[141] Die kontroverse Frage, ob manche Exkommunikation den Verlust der Kirchengliedschaft bedeute, sei — nach Rahner — durch die Enzyklika Mystici Corporis Christi positiv entschieden worden: *Rahner*, Gliedschaft, 36. — Doch vermochte später

diesen beiden Fällen, die im übrigen ähnlich miteinander ve
sind wie theoretische und praktische Vernunft[142], geschieht d
nung von der kirchlichen Gemeinschaft durch den einzelnen s
betonen ist, daß es sich dabei jeweils um Vorgänge handelt, di
der gesellschaftlichen Öffentlichkeit abspielen[143].

3.5. KIRCHE DER OFFENEN GRENZEN

Diese theologischen Zugehörigkeitskriterien sollen nun auf
wahlchristliche Religiosität zur Anwendung gelangen. Das
Kriterium der Taufe kein Problem. Nahezu alle Auswahlchris
den bereits als Kinder getauft und sind damit rechtlich (nach C
Kirchenglieder geworden. Freilich, was die persönliche Überna
Glaubens und Annahme der Zugehörigkeit zur Kirchengem
betrifft, sind sie durch ihre Taufe als Kinder erst „sc
Mitglieder der Kirche geworden. Wie steht es, so ist
weiterzufragen, um den Glauben der Auswahlchristen und
sönlich bejahte Verbindung mit der Kirche?

Um diese Frage nach der Gläubigkeit von Auswahlchriste
gisch diskutieren zu können, müssen die einschlägigen Unters
ergebnisse neu geordnet und kritisch beleuchtet werden. W
schon einleitend zu den pastoraltheologischen Reflexionen da
gewiesen, daß zu unterscheiden ist zwischen dem Glauben
verschieden wichtigen Glaubensinhalten, und daß zudem der
für die „Orthodoxie“ für das Ergebnis der Beurteilung der C
situation von ausschlaggebender Bedeutung ist.

Wenn in Untersuchungen gesagt wird, die Glaubenszustimm
Auswahlchristen sei überaus fragmentarisch, so fungiert hier
stab für die festgestellte teilweise „Heterodoxie“ die traditio
chenamtliche Formulierung der Glaubensinhalte. Gemeinhin wi

Gommenginger nachzuweisen, daß die Kirche nur hinsichtlich der Häresi
Schismas diese Strafe der „excommunicatio vitandi“ aussprechen könn
werden die drei Fälle, die zum Verlust der Kirchengliedschaft führen,
(Häresie und Schisma) reduziert: A. *Gommenginger*, Bedeutet die Exkom
Verlust der Kirchengliedschaft? Eine dogmatisch-kanonistische Untersuchung
73 (1951), 1—71.

[142] K. *Rahner*, Schisma in der katholischen Kirche, in: Schriften IX, Einsi
433—435.

[143] Hingegen hat noch 1955 K. Rahner einen inneren Glaubensabfall hins
Folgen für die Kirchenzugehörigkeit als theologisch kontrovers bezeichnet,
dafür plädiert, daß der innere Abfall ebensowenig wie die sonstigen Sü
Christen von der rechtlichen Gemeinschaft trennen. *Rahner*, Gliedschaft, 1

öffentlichen[150] Bekenntnis. Damit bleiben diese Vorbehalte der juridischen Öffentlichkeit der Kirche grundsätzlich entzogen. Ohne deshalb die pastorale Situation verniedlichen zu wollen, folgt daraus, daß die religiös-kirchliche Situation der Auswahlchristen auf keinen Fall mit der Kategorie der „formellen Häresie" theologisch qualifiziert werden kann[151]. Handelt es sich aber vielleicht um eine „materielle Häresie"?

Um diese Frage weiterverfolgen zu können, ist eine Aufteilung der Auswahlchristen auf zwei größere Gruppen erforderlich. Da ist zunächst eine erste Gruppe von Menschen, die im Religionsunterricht vermittelte Glaubenssätze ersatzlos streichen. Die Untersuchungsergebnisse zeigen, daß diese Auswahlchristen auf dem Standpunkt schlichter Negation erlernter Glaubenssätze stehen. Diese glauben nicht an Gott, an ein Leben nach dem Tod, Christus ist für sie ein Mensch wie jeder andere etc. In unserer religionssoziologischen Analyse haben wir zu zeigen vermocht, daß diese Negation das Resultat einer Auswahl ist, deren Kriterium die „Lebensnot-Wendigkeit" der einzelnen Glaubensinhalte darstellt.

Diese Negation traditioneller Glaubensinhalte besagt somit in erster Linie nur, daß diese für die Lebensführung dieser Menschen als unbedeutend empfunden und daher abgelehnt werden. Dahinter kann sich zwar das verbergen, was der Theologe als Unglauben qualifiziert. Doch muß zumindest auch umgekehrt gefragt werden, ob sich diese Negation nicht bloß auf Glaubensformulierungen bezieht, nicht auf die so formulierten Inhalte selbst. Diese Frage ist umso dringlicher zu stellen, als sie unter theologischen Experten heute intensiv diskutiert wird und de facto in den Versuchen der Theologen, die traditionellen Glaubensaussagen neu zu formulieren, bejaht wird. Wichtige wie weniger zentrale Lehraussagen der Kirche werden in der Theologie neu bedacht, so etwa die Auferstehung, die Eucharistie, die Inspiration, die Ehemoral, das Verhältnis von Gnade und Natur, von Papst und Bi-

---

[150] Damit ist nicht behauptet, daß die Grenze zwischen öffentlichem und geheimem Dissens immer eindeutig bestimmt werden kann. Diese Grenze liegt wohl auch nicht zwischen dem „forum internum" und dem „forum externum". Denn auch das forum internum besitzt als „Forum" durch die Anwesenheit eines Amtsträgers eine gewisse Öffentlichkeit. Zu dieser unter Theologen diskutierten Frage: *Gommenginger,* Exkommunikation, 11.

[151] K. *Rahner* hat darauf hingewiesen, daß nicht einmal bei mehr oder minder öffentlich bekannten Meinungen, die von der kirchenamtlich fixierten Orthodoxie abweichen, der traditionelle Begriff der formellen Häresie angewendet werden kann. Hier liege nämlich ein geschichtlich neuartiges Phänomen vor, daß nämlich „katholische Christen solche vom Glauben der Kirche abweichende Meinungen in der Kirche in irgendeiner gesellschaftlichen Greifbarkeit und Öffentlichkeit vertreten, ohne aus der Kirche auszuwandern, ja vielleicht sogar so, daß sie von der kirchlichen Autorität und ihrem Lehramt nicht einmal in einer genügend deutlichen Weise belangt werden": K. *Rahner,* Häresien in der Kirche heute? in: Schriften IX, 455. — Ähnlich wie Rahner vermutet auch W. Kasper einen „Gestaltwandel der Häresien": *Kasper,* Zum Problem der Rechtgläubigkeit, a. a. O., 39.

schofskollegium, Schrift und Tradition, das Selbstbewußtsein Jesu, die Jungfrauengeburt, Erbsünde und Unfehlbarkeit des Papstes: Themen also, die auch für die Auswahlchristen problematisch sind. Die Theologie beruft sich bei diesen Neuformulierungsversuchen darauf, daß die philosophische Vorstellungswelt, die hinter den alten Formulierungen steht, für die heutigen Menschen kaum von Bedeutung ist. Dem theologischen Denken stehe heute keine einhellig anerkannte christliche Philosophie zur Verfügung[152]. Vor allem die „Philosophie" jener Menschen, denen das Evangelium verkündigt wird, ist weithin nicht mehr vom traditionellen Denken bestimmt. Die geistig-gesellschaftliche Situation hat sich tiefgreifend verändert und mit ihr auch die Verstehensmodelle der Theologie. Die Theologie leitet daraus das Recht und die Pflicht ab, die traditionellen Glaubensvorstellungen durch erneuerte zu ersetzen. Gerade jene, denen die Verständlichkeit der Verkündigung ein Anliegen ist, müssen „Übersetzungsversuche" der zentralen wie der weniger wichtigen Glaubensaussagen wagen[153].

Was nun die theologischen Experten als ihr gutes Recht und als pastorale Pflicht empfinden, dürfte zu einem guten Stück auch in der schlichten Negation traditioneller Glaubenssätze durch Auswahlchristen enthalten sein. Es kann nicht von der Hand gewiesen werden, daß nicht wenige unter den Auswahlchristen nichts anderes unternehmen, als was Theologen anerkanntermaßen tun: Sie distanzieren sich von Vorstellungen, die „ihnen nichts sagen"[154]. Andererseits fehlt ihnen die Voraussetzung, wie die theologischen Experten an die Stelle der abgelehnten Vorstellungen (etwa von der Jungfrauengeburt, von der Hölle, vom „Weiterleben nach dem Tod" oder der Auferstehung Jesu) Vorstellungen zu setzen, die den Glaubensinhalt voll ausdrücken und dessen Lebenswert neu erschließen. Dies unterscheidet die Auswahlchristen von den theologischen Experten und hat die eingangs gemachte

---

[152] P. *Wess*, Bleibt der Glaube derselbe? Graz 1971, 17.

[153] Solche Übersetzungsversuche werden, unter Berücksichtigung der Hierarchie der Wahrheiten, in manchen Kurzformeln des Glaubens versucht (vgl. R. *Bleistein*, Kurzformel des Glaubens. Prinzip einer modernen Religionspädagogik, Würzburg ²1971), die inhaltlich sehr unterschiedlich ausfallen, entsprechend dem heute unvermeidlichen theologischen Pluralismus sowie entsprechend dem persönlichen Lebensschicksal, die psychologische Eigenart und das intellektuelle und gesellschaftliche Niveau des jeweiligen Theologen (K. *Rahner*, Der Pluralismus in der Theologie und die Einheit des Bekenntnisses in der Kirche, in: Schriften IX, 20.). Daß solche Übersetzungen nicht immer (gleich) gelingen, ist nicht verwunderlich. Schwierig ist es aber in einer solchen Situation für das kirchliche Lehramt, klar die Grenzen zwischen einer gerade noch orthodoxen und einer bereits häretischen Aussage zu ziehen. In zunehmender Weise müsse daher, so folgert Rahner, die Verantwortung dafür, daß es zu einer Übereinstimmung zwischen theologischen Neuversuchen und dem Bekenntnis der Kirche kommt, vom Lehramt — bei aller erforderlichen Wachsamkeit — heute mehr denn je den Theologen selbst (*Rahner*, Pluralismus, 26) sowie dem Gespräch mit diesen (*Rahner*, Häresien, aaO., 462 f.) überlassen werden.

[154] Dafür spricht u. a., daß Ausagen der Kirche oder selbst der Bibel als veraltet angesehen werden: *Boos-Nünning*, Dimensionen, 93.

und als Gabe dessen geschätzt, der jeden Menschen erleuchtet, damit er schließlich das Leben habe"[136].

Überblickt man diese Varianten des Zusammenhangs mit der Kirche, dann fällt auf, daß in allen drei Arten die „innere Seite", nämlich der Besitz des Geistes Christi, die Verbindung im Heiligen Geist, das Gute und Wahre als Gabe Gottes, also die Rechtfertigungsgnade, das gemeinsame Fundament ist, das einen Zusammenhang mit der Kirche begründet. Daraus folgt aber, daß sich diese drei Arten eben nicht durch diese innere Dimension unterscheiden können, zumal diese auch praktisch gar nicht feststellbar ist. Die Unterschiede liegen daher lediglich in den verschiedenen Graden der gesellschaftlichen Sichtbarkeit dieser Gnade, ihrer Sakramentalität und in diesem Sinn in ihrer „Kirchlichkeit". Von da aus legt sich auch eine Unterscheidung zwischen einem Konstitutivum der Kirche und einem (praktikablen) Kriterium nahe. So sehr nämlich die Rechtfertigungsgnade für jeglichen Zusammenhang mit der vollen Wirklichkeit der einen heilsnotwendigen Kirche grundlegend und in diesem Sinn konstitutiv ist: Sobald es darum geht, etwa im Fall der Spendung eines Sakramentes, das die volle kirchliche Communio voraussetzt, gesellschaftlich verbindlich über die Kirchenzugehörigkeit zu entscheiden, scheidet dieses Konstitutivum als Kriterium aus.

Unsere bisherigen theologischen Überlegungen enthalten bereits wichtige Elemente:

(1.) Kirche im vollen Sinn kann nicht unabhängig von dem gedacht werden, was Heil, Gnade, Leben, Geist Christi ist. Sie ist mit diesen Realitäten, die das Zweite Vatikanische Konzil in Hinblick auf die Erfordernisse der Welt von heute als „innigste Vereinigung mit Gott wie Einheit der ganzen Menschheit"[137] definiert, nicht nur untrennbar verbunden, sondern steht auch in deren Dienst. Kirche ist daher „Gemeinde derer, die glauben, daß sich in dem Menschen Jesus von Nazareth die Liebe, die Vollmacht und die Herrlichkeit Gottes selbst am deutlichsten, ja endgültig bezeugt hat; die Gemeinde derer, die darum nach dem Existenzentwurf Jesu zu leben versuchen . . .; die Gemeinde derer, die seine Botschaft weitersagen, seinen Weg zu gehen versuchen und in seiner Kraft glauben, lieben, sich in der Welt engagieren und hoffen, auch gegen alle Hoffnung"[138]. Daher kann die Kirche nie Selbstzweck

[136] A. a. O., Nr. 16. — *Ad Gentes*, Nr. 7. — *Gaudium et spes*, Nr. 43. — O. *Müller*, Inwieweit gibt es nach der Kirchenkonstitution des II. Vatikanischen Konzils außerhalb der Kirche Christentum, — inwieweit Heil? in: Wahrheit und Verkündigung II (Festschrift für M. Schmaus), Paderborn 1967, 1557—1582.

[137] *Lumen Gentium*, Nr. 1.

[138] *Klostermann*, Gemeinde Christi, 15.

sein, „Einrichtung zur Erhaltung derselben. Sie ist von Natur aus Kirche für die Menschen, für die Welt"[139]. Wenn immer daher pastorale Zielsetzungen formuliert werden, ist diese grundsätzliche Bezogenheit der Kirche auf den Glauben, die Hoffnung und Liebe der Menschen zu beachten. Letzte pastorale Ziele liegen somit nicht auf der Dimension der äußeren sozialen Sichtbarkeit der Gnade, so sehr bei vielen Menschen im Rahmen sozialer Möglichkeiten eine Integration in die sichtbare Kirche auf Grund der inneren Dynamik der Gnade zustandekommt. Nicht Verkirchlichung des Glaubens ist daher primäres Ziel der Pastoral, sondern der Glaube selbst, der je nach Lebensgeschichte und sozialen Voraussetzungen der einzelnen einen sehr unterschiedlichen Grad an Kirchlichkeit haben kann.

(2.) Sobald es darum geht, von den vielfältigen Möglichkeiten einer gestuften Kirchenzugehörigkeit (in ihrer sozialen Dimension) die volle Mitgliedschaft abzuheben, müssen Kriterien herangezogen werden, die allein der äußeren Dimension der Kirche angehören. Eine Antwort auf die Frage, wer zur Kirche voll dazugehört, gibt daher nie Auskunft über das Heil und die Rechtfertigung eines Menschen. Sie stellt lediglich fest, inwieweit eine Person zur sozial greifbaren Gemeinschaft der Kirche gehört. Die theologischen Kriterien der Kirchenzugehörigkeit geben somit an, unter welchen Mindestbedingungen auf der Ebene der sozialen Sichtbarkeit die volle kirchliche Communio hergestellt wird. Auf dem Hintergrund der langen Tradition nennt das Zweite Vatikanische Konzil als derartige Kriterien „die Bande des Glaubensbekenntnisses, der Sakramente und der kirchlichen Leitung und Gemeinschaft"[140].

Volles Glied der Kirche (auf der Ebene der gesellschaftlich greifbaren Dimension: also der Kirche als sakralrechtlicher Organisation) ist demnach der Getaufte, der öffentlich den wahren Glauben bekennt und mit der kirchlichen Gemeinschaft verbunden ist. Negativ bedeutet das: Sobald eines dieser Elemente fehlt, kommt auch die volle Eingliederung in die Kirche nicht zustande. Nicht (voll) zur Kirche gehören somit nach alter Tradition die Häretiker und Schismatiker, weil in der Sprache des Kirchenrechts ein obex (Riegel, Hindernis) vorliegt[141]. In

---

[139] A. a. O., 35.

[140] *Lumen Gentium,* Nr. 14. — Daraus wird im übrigen ersichtlich, daß sich die Lehre der Kirche hinsichtlich der theologischen Kriterien einer vollen Kirchengliedschaft auf dem Konzil nicht verändert hat. Neu hingegen ist die überaus positive Einschätzung der vielfältigen Formen bisher „als defizient" eingeschätzter Kirchlichkeit außerhalb der römisch-katholischen Kirche.

[141] Die kontroverse Frage, ob manche Exkommunikation den Verlust der Kirchengliedschaft bedeute, sei — nach Rahner — durch die Enzyklika Mystici Corporis Christi positiv entschieden worden: *Rahner,* Gliedschaft, 36. — Doch vermochte später

diesen beiden Fällen, die im übrigen ähnlich miteinander verbunden sind wie theoretische und praktische Vernunft[142], geschieht die Trennung von der kirchlichen Gemeinschaft durch den einzelnen selbst. Zu betonen ist, daß es sich dabei jeweils um Vorgänge handelt, die sich in der gesellschaftlichen Öffentlichkeit abspielen[143].

3.5. KIRCHE DER OFFENEN GRENZEN

Diese theologischen Zugehörigkeitskriterien sollen nun auf die auswahlchristliche Religiosität zur Anwendung gelangen. Das ist beim Kriterium der Taufe kein Problem. Nahezu alle Auswahlchristen wurden bereits als Kinder getauft und sind damit rechtlich (nach Canon 87) Kirchenglieder geworden. Freilich, was die persönliche Übernahme des Glaubens und Annahme der Zugehörigkeit zur Kirchengemeinschaft betrifft, sind sie durch ihre Taufe als Kinder erst „schlafende" Mitglieder der Kirche geworden. Wie steht es, so ist demnach weiterzufragen, um den Glauben der Auswahlchristen und ihre persönlich bejahte Verbindung mit der Kirche?

Um diese Frage nach der Gläubigkeit von Auswahlchristen theologisch diskutieren zu können, müssen die einschlägigen Untersuchungsergebnisse neu geordnet und kritisch beleuchtet werden. Wir haben schon einleitend zu den pastoraltheologischen Reflexionen darauf hingewiesen, daß zu unterscheiden ist zwischen dem Glaubensakt und verschieden wichtigen Glaubensinhalten, und daß zudem der Maßstab für die „Orthodoxie" für das Ergebnis der Beurteilung der Glaubenssituation von ausschlaggebender Bedeutung ist.

Wenn in Untersuchungen gesagt wird, die Glaubenszustimmung der Auswahlchristen sei überaus fragmentarisch, so fungiert hier als Maßstab für die festgestellte teilweise „Heterodoxie" die traditionelle kirchenamtliche Formulierung der Glaubensinhalte. Gemeinhin wird in den

---

Gommenginger nachzuweisen, daß die Kirche nur hinsichtlich der Häresie und des Schismas diese Strafe der „excommunicatio vitandi" aussprechen könne; dadurch werden die drei Fälle, die zum Verlust der Kirchengliedschaft führen, auf zwei (Häresie und Schisma) reduziert: A. *Gommenginger,* Bedeutet die Exkommunikation Verlust der Kirchengliedschaft? Eine dogmatisch-kanonistische Untersuchung, in: ZkTH 73 (1951), 1—71.

[142] K. *Rahner,* Schisma in der katholischen Kirche, in: Schriften IX, Einsiedeln 1970, 433—435.

[143] Hingegen hat noch 1955 K. Rahner einen inneren Glaubensabfall hinsichtlich der Folgen für die Kirchenzugehörigkeit als theologisch kontrovers bezeichnet, selbst aber dafür plädiert, daß der innere Abfall ebensowenig wie die sonstigen Sünden eines Christen von der rechtlichen Gemeinschaft trennen. *Rahner,* Gliedschaft, 19 f.

Forschungsberichten festgestellt, daß „je konkreter der Inhalt des Glaubenssatzes ist, je näher er einem spezifisch christlichen Gedankengut steht, desto geringer auch die Zustimmung der Katholiken ist"[144]. Stellt man die Untersuchungsergebnisse, so gut das geht, direkt den einzelnen Artikeln des apostolischen Glaubensbekenntnisses gegenüber, dann zeigt sich, daß gar nicht die Einstellungen zu allen wichtigen Themen erhoben wurden. „Schwierige Themen", wie die Allmacht Gottes, das Wirken des Heiligen Geistes, die Himmelfahrt und die Auferstehung Jesu tauchen in den Fragebögen so gut wie nicht auf. Besonders beliebt sind hingegen die nach dem Katechismus und dem liturgischen Credo formulierten Fragen nach der Erschaffung der Welt[145], der Gottessohnschaft Jesu[146] und dem Weiterleben nach dem Tod[147]. Vereinzelt finden sich Angaben über die soziale Verbreitung der Glaubenssätze von der Jungfrauengeburt, der Sündenvergebung, der Erbsünde, der allein seligmachenden Kirche, Gericht und Hölle[148].

„Orthodoxie" im Sinn durchgängiger Zustimmung zu den kirchenamtlich verlangten Wahrheiten ist daher, so lautet der Befund, nicht der Regelfall[149]. Entsteht aber auf diese Weise nicht jene Häresie, von der vorhin dargelegt wurde, daß sie die volle Kirchenzugehörigkeit aufhebe?

Bei der Beantwortung dieser schwierigen und wichtigen Frage ist zunächst zu bedenken, daß Untersuchungsergebnisse keineswegs den Charakter eines in einer ernsthaften existentiellen Situation gemachten Bekenntnisses haben. Bekannt sind diese auswahlchristlichen Glaubensabweichungen in ihrem Ausmaß lediglich durch geheime, anonyme Umfragen. Die Antwort auf die Frage eines Interviewers: Das Ausfüllen eines Fragebogens selbst kirchlicher Sozialforschungsinstitute eröffnet zwar einen gewissen Zugang zur „Glaubenssituation", macht aber diese Stellungnahmen nicht zu einem persönlich voll gedeckten,

---

[144] *Boos-Nünning,* Dimensionen, 92. — *Religion und Familie,* IKS-78a, Wien 1966. — *Haarsma,* Lehre, 20.

[145] H. *Bogensberger,* Einstellung zu religiösen Wahrheiten und religiös-kirchlichen Normen, in: Kirche in der Stadt, I, Wien 1967, 223. — *Boos-Nünning,* Dimensionen, 90.

[146] *Bogensberger,* Einstellung, 225. — *Zulehner,* Religion ohne Kirche, 23. — *Ders.* u. a., Jugendklubs, 59.

[147] *Bogensberger,* 225. — *Zulehner,* Religion ohne Kirche, 24. —

[148] *Was glauben die Deutschen,* hrg. v. *W. Harenberg,* Mainz 1968. — *Boos-Nünning,* Dimensionen, 93. — *Zulehner,* Religion ohne Kirche, 25. — *Haarsma,* Lehre der Kirche, 10.

[149] Von den vom IKS-Wien untersuchten katholischen Eltern Salzburgs wurden der Gruppe der doktrinal Orthodoxen 21% zugerechnet. Dabei dienten nur die vier Fragen nach der Weltschöpfung, der Gottessohnschaft, dem Leben nach dem Tod und der göttlichen Inspiration der Bibel als Grundlage für diese Kategorisierung. *Bogensberger,* Einstellung, 225, Anm. 1. — Noch weniger (15%) galten auf Grund der Sätze über die Existenz Gottes, die Gottessohnschaft Christi, das Weiterleben nach dem Tod und die eine wahre Kirche unter österreichischen Industriearbeitern als orthodox. *Zulehner,* Religion ohne Kirche, 29.

öffentlichen[150] Bekenntnis. Damit bleiben diese Vorbehalte der juridischen Öffentlichkeit der Kirche grundsätzlich entzogen. Ohne deshalb die pastorale Situation verniedlichen zu wollen, folgt daraus, daß die religiös-kirchliche Situation der Auswahlchristen auf keinen Fall mit der Kategorie der „formellen Häresie" theologisch qualifiziert werden kann[151]. Handelt es sich aber vielleicht um eine „materielle Häresie"?

Um diese Frage weiterverfolgen zu können, ist eine Aufteilung der Auswahlchristen auf zwei größere Gruppen erforderlich. Da ist zunächst eine erste Gruppe von Menschen, die im Religionsunterricht vermittelte Glaubenssätze ersatzlos streichen. Die Untersuchungsergebnisse zeigen, daß diese Auswahlchristen auf dem Standpunkt schlichter Negation erlernter Glaubenssätze stehen. Diese glauben nicht an Gott, an ein Leben nach dem Tod, Christus ist für sie ein Mensch wie jeder andere etc. In unserer religionssoziologischen Analyse haben wir zu zeigen vermocht, daß diese Negation das Resultat einer Auswahl ist, deren Kriterium die „Lebensnot-Wendigkeit" der einzelnen Glaubensinhalte darstellt.

Diese Negation traditioneller Glaubensinhalte besagt somit in erster Linie nur, daß diese für die Lebensführung dieser Menschen als unbedeutend empfunden und daher abgelehnt werden. Dahinter kann sich zwar das verbergen, was der Theologe als Unglauben qualifiziert. Doch muß zumindest auch umgekehrt gefragt werden, ob sich diese Negation nicht bloß auf Glaubensformulierungen bezieht, nicht auf die so formulierten Inhalte selbst. Diese Frage ist umso dringlicher zu stellen, als sie unter theologischen Experten heute intensiv diskutiert wird und de facto in den Versuchen der Theologen, die traditionellen Glaubensaussagen neu zu formulieren, bejaht wird. Wichtige wie weniger zentrale Lehraussagen der Kirche werden in der Theologie neu bedacht, so etwa die Auferstehung, die Eucharistie, die Inspiration, die Ehemoral, das Verhältnis von Gnade und Natur, von Papst und Bi-

---

[150] Damit ist nicht behauptet, daß die Grenze zwischen öffentlichem und geheimem Dissens immer eindeutig bestimmt werden kann. Diese Grenze liegt wohl auch nicht zwischen dem „forum internum" und dem „forum externum". Denn auch das forum internum besitzt als „Forum" durch die Anwesenheit eines Amtsträgers eine gewisse Öffentlichkeit. Zu dieser unter Theologen diskutierten Frage: *Gommenginger,* Exkommunikation, 11.

[151] K. *Rahner* hat darauf hingewiesen, daß nicht einmal bei mehr oder minder öffentlich bekannten Meinungen, die von der kirchenamtlich fixierten Orthodoxie abweichen, der traditionelle Begriff der formellen Häresie angewendet werden kann. Hier liege nämlich ein geschichtlich neuartiges Phänomen vor, daß nämlich „katholische Christen solche vom Glauben der Kirche abweichende Meinungen in der Kirche in irgendeiner gesellschaftlichen Greifbarkeit und Öffentlichkeit vertreten, ohne aus der Kirche auszuwandern, ja vielleicht sogar so, daß sie von der kirchlichen Autorität und ihrem Lehramt nicht einmal in einer genügend deutlichen Weise belangt werden": K. *Rahner,* Häresien in der Kirche heute? in: Schriften IX, 455. — Ähnlich wie Rahner vermutet auch W. Kasper einen „Gestaltwandel der Häresien": *Kasper,* Zum Problem der Rechtgläubigkeit, a. a. O., 39.

schofskollegium, Schrift und Tradition, das Selbstbewußtsein Jesu, die Jungfrauengeburt, Erbsünde und Unfehlbarkeit des Papstes: Themen also, die auch für die Auswahlchristen problematisch sind. Die Theologie beruft sich bei diesen Neuformulierungsversuchen darauf, daß die philosophische Vorstellungswelt, die hinter den alten Formulierungen steht, für die heutigen Menschen kaum von Bedeutung ist. Dem theologischen Denken stehe heute keine einhellig anerkannte christliche Philosophie zur Verfügung[152]. Vor allem die „Philosophie" jener Menschen, denen das Evangelium verkündigt wird, ist weithin nicht mehr vom traditionellen Denken bestimmt. Die geistig-gesellschaftliche Situation hat sich tiefgreifend verändert und mit ihr auch die Verstehensmodelle der Theologie. Die Theologie leitet daraus das Recht und die Pflicht ab, die traditionellen Glaubensvorstellungen durch erneuerte zu ersetzen. Gerade jene, denen die Verständlichkeit der Verkündigung ein Anliegen ist, müssen „Übersetzungsversuche" der zentralen wie der weniger wichtigen Glaubensaussagen wagen[153].

Was nun die theologischen Experten als ihr gutes Recht und als pastorale Pflicht empfinden, dürfte zu einem guten Stück auch in der schlichten Negation traditioneller Glaubenssätze durch Auswahlchristen enthalten sein. Es kann nicht von der Hand gewiesen werden, daß nicht wenige unter den Auswahlchristen nichts anderes unternehmen, als was Theologen anerkanntermaßen tun: Sie distanzieren sich von Vorstellungen, die „ihnen nichts sagen"[154]. Andererseits fehlt ihnen die Voraussetzung, wie die theologischen Experten an die Stelle der abgelehnten Vorstellungen (etwa von der Jungfrauengeburt, von der Hölle, vom „Weiterleben nach dem Tod" oder der Auferstehung Jesu) Vorstellungen zu setzen, die den Glaubensinhalt voll ausdrücken und dessen Lebenswert neu erschließen. Dies unterscheidet die Auswahlchristen von den theologischen Experten und hat die eingangs gemachte

---

[152] P. *Wess*, Bleibt der Glaube derselbe? Graz 1971, 17.

[153] Solche Übersetzungsversuche werden, unter Berücksichtigung der Hierarchie der Wahrheiten, in manchen Kurzformeln des Glaubens versucht (vgl. R. *Bleistein*, Kurzformel des Glaubens. Prinzip einer modernen Religionspädagogik, Würzburg [2]1971), die inhaltlich sehr unterschiedlich ausfallen, entsprechend dem heute unvermeidlichen theologischen Pluralismus sowie entsprechend dem persönlichen Lebensschicksal, die psychologische Eigenart und das intellektuelle und gesellschaftliche Niveau des jeweiligen Theologen (K. *Rahner*, Der Pluralismus in der Theologie und die Einheit des Bekenntnisses in der Kirche, in: Schriften IX, 20.). Daß solche Übersetzungen nicht immer (gleich) gelingen, ist nicht verwunderlich. Schwierig ist es aber in einer solchen Situation für das kirchliche Lehramt, klar die Grenzen zwischen einer gerade noch orthodoxen und einer bereits häretischen Aussage zu ziehen. In zunehmender Weise müsse daher, so folgert Rahner, die Verantwortung dafür, daß es zu einer Übereinstimmung zwischen theologischen Neuversuchen und dem Bekenntnis der Kirche kommt, vom Lehramt — bei aller erforderlichen Wachsamkeit — heute mehr denn je den Theologen selbst (*Rahner*, Pluralismus, 26) sowie dem Gespräch mit diesen (*Rahner*, Häresien, aaO., 462 f.) überlassen werden.

[154] Dafür spricht u. a., daß Ausagen der Kirche oder selbst der Bibel als veraltet angesehen werden: *Boos-Nünning*, Dimensionen, 93.

Unterscheidung zwischen der partiellen Identifikation der Auswahlchristen und der kritischen Distanz der reformbedachten Christen begründet. Der Unterschied zwischen diesen beiden Gruppen besteht, etwas anders formuliert, darin, daß Auswahlchristen auf Grund ihrer Negation von Glaubenssätzen sich auch von der kirchlichen Gemeinschaft entfernen, während sich „kritische Katholiken", sofern sie nicht innerlich aus der Kirche emigrieren, in ihrer Kirche intensiv engagieren.

Diese Überlegungen hinsichtlich zentraler wie peripherer Glaubenssätze müssen auch auf den Dissens vieler Katholiken zu Fragen der kirchenamtlich vorgelegten sittlichen Normen ausgedehnt werden. Die deutschen Synodenumfragen haben der Dissonanz der Katholiken ihrer Kirche gegenüber besondere Aufmerksamkeit gewidmet. Dabei hat sich ergeben, daß die Vorbehalte der Auswahlchristen in Glaubensfragen keineswegs an erster Stelle stehen. Die Dissonanz ist in Fragen der Sexualität und der Geistesfreiheit viel ausgeprägter vorhanden. Interessant ist an der faktorenanalytischen Verarbeitung dieser Ergebnisse, daß der Vorbehalt gegenüber dem Lehramt des Papstes sachlich weniger mit Glaubensfragen oder der „Geistesfreiheit" zusammenhängt, sondern mit Fragen der Sexualität: „Die lebhafte Diskussion über Empfängnisverhütung, Sexualität, Ehe, die prononcierte Stellungnahme des Papstes zu diesen Fragen haben diese Assoziation hervorgebracht. Die päpstliche Autorität wird an den jeweils aktuellsten Kontroversfragen spürbar werden"[155].

Nicht alle Auswahlchristen leben aber in der schlichten Negation traditioneller Glaubenssätze. Eine zweite Gruppe steht vielmehr auf dem Standpunkt der Unsicherheit und Unentschiedenheit[156]. In allen Untersuchungsergebnissen findet man sie in den Kategorien „keine Antwort" oder „man kann es nicht genau sagen", „ich zweifle . . .". Sie bilden als die große Zahl der „Ambivalenten" eine Art von „Zwischenkirche". Die Ursachen für diese Relativierung traditioneller Glaubenssätze, zugleich aber auch für eine Skepsis gegenüber Neuformulierungen, sind vielfältig. Die Unverständlichkeit und Lebensfremdheit mancher Sätze wären zu nennen. Doch dürfte die Hauptursache in der Tatsache liegen, wie Rahner es formulierte, „daß der Mensch einer heutigen Mentalität bei der heute für ihn allmählich unübersehbar werdenden Menge seiner Bewußtseinsinhalte und bei der wachsenden Schwierigkeit und

[155] *Schmidtchen,* Zwischen Kirche und Gesellschaft, 15. — Vgl. auch die Einstellung von Mitgliedern kirchlicher Jugendklubs in Wien oder katholischer Eltern Salzburgs zu den vorehelichen Beziehungen: *Zulehner* u. a., Jugendklubs, 148 und 63; *Religion und Familie,* IKS-78/79, Wien 1966/68, II 7; *Bogensberger,* Einstellungen, 236.

[156] Diese Zustimmungs-Unsicherheit übersteigt zum Beispiel in der Frage nach dem „Weiterleben nach dem Tod" in der Salzburger Studie des Instituts für kirchliche Sozialforschung in Wien 40%! Vgl. *Bogensberger,* Einstellungen, 93.

Unmöglichkeit, diese noch in ein beherrschbares „System" homogenisiert zu integrieren, vielleicht ein größeres Gefühl als Menschen früherer Zeiten hat für die Vorläufigkeit, den hypothetischen Charakter, die Bezweifelbarkeit und Revidierbarkeit seiner Erkenntnisse und Überzeugungen, die er mehr als früher als vorläufige Meinungen denn als absolut zu setzende und zu verteidigende Überzeugungen zu werten geneigt ist. Das bezieht sich nicht nur auf die theologischen Sätze, die in seinem Bewußtsein gegeben sind, sondern auch auf seine profanen Erkenntnisse. Er ist geneigt, alle solchen Erkenntnisse als vorläufige Arbeitshypothesen zu betrachten, die ihm einstweilen helfen, mit dem Leben fertig zu werden, bis eine bessere Erkenntnis erreicht ist, nachdem eine neue Lebenserfahrung gezeigt hat, daß die bisherige Arbeitshypothese doch nicht ganz ausreicht, ohne daß sie im alten Stil absoluter Sätze als Irrtum schlechthin verworfen werden müßte"[157].

Diese Mentalität führt, wie im Bewußtsein um profane Dinge, auch in Glaubensfragen von selbst zu einer Differenzierung des subjektiven Zustimmungsgrades, zumindest auf der Ebene des reflexen Glaubensbewußtseins (fides quae). Man wird aber auch zurecht annehmen können, daß davon auch das personale Glaubensengagement, der Glaubensakt (fides qua) selbst betroffen ist.

Berücksichtigt man alle diese Aspekte, wird man auch schwerlich von einer „materiellen Häresie" reden können, wenn man die „Glaubenslage" der Auswahlchristen theologisch beurteilen will. Daß man aus Untersuchungsergebnissen weiß, daß Auswahlchristen traditionelle Glaubensvorstellungen negieren, reicht zur Feststellung des „Unglaubens" nicht aus. Andererseits kann auch „Orthodoxie" nicht einfach präsumiert werden, ganz gleich mit welchem Maß sie gemessen wird. Denn Orthodoxie verlangt jeweils nach Zustimmung und Engagement und begnügt sich nicht mit bloßer Negation; sie ist Antwort auf den Anspruch Gottes und nicht Unentschiedenheit und Vorbehalt. Daran ändert auch nichts, daß die Kirche an dieser defizienten Glaubenssituation möglicherweise selbst mit schuld ist[158].

---

[157] K. *Rahner,* Ist Kircheneinigung dogmatisch möglich? in: Tübinger Theologische Quartalschrift, 153 (1973), 103—118. — *Ders.,* Christen zwischen den Kirchen, in: Evangelische Kommentare 6 (1973), 14—17. — Vgl. *Kaufmann,* Zur Rezeption soziologischer Einsichten in die Theologie, 114—121.

[158] Es hilft hier auch nicht weiter, an diesen Auswahlchristen modifiziert jene Prinzipien anzuwenden, die man zur Beurteilung der Kirchenzugehörigkeit der materiellen Häretiker heranzieht. „In solchen Fällen ist eigentlich", so Rahner, „nur der Fall gegeben, den es in unzähligen Fällen gegeben hat und geben wird, der Fall nämlich, daß jemand gleichzeitig den heilshaften Willen zur Kirche hat, eine fides implicita des vollen und orthodoxen Glaubens der Kirche besitzt, und gleichzeitig Meinungen vertritt, die objektiv zum Glauben der Kirche in Widerspruch stehen. Setzen wir also die bona fides bei einem solchen Vorbehalt voraus, und wird dieser Vorbehalt in der Gesellschaftlichkeit der Kirche nicht manifest (etwa durch eine häretische Predigt eines Priesters im öffentlichen Gottesdienst), dann ist der, der einen solchen Vorbehalt macht, trotz seiner nur partiellen Identifikation mit der Kirche (in der Di-

Auf Grund dieser „zweiten" (nämlich theologischen) Reflexion über die soziologisch erforschte religiös-kirchliche Situation von Auswahlchristen steht somit sicher fest:

(1.) Bei der defizienten Zustimmung von Auswahlchristen zu kirchenamtlich vorgelegten Glaubenswahrheiten handelt es sich um ein gutes Stück von „Nichtglauben", der im Mittelfeld zwischen Heterodoxie (Häresie) und Orthodoxie (Glaubenszustimmung) anzusiedeln ist.

(2.) Wegen des geheimen und privaten Charakters ist es aber nicht möglich, diesen „Nichtglauben" ad personam festzustellen und damit die konkrete Grenze zwischen den in der Kirche Glaubenden und den durch ihren Nichtglauben nicht voll in der Kirche stehenden Personen zu ziehen[159].

(3.) Folglich kann das Urteil über eine etwaige Trennung von der Kirche in der gegenwärtigen gesellschaftlichen Situation nur der einzelne selbst treffen. Die „Glaubensgrenzen" der Kirche entziehen sich somit der Kontrolle der amtlichen Kirche. Dadurch entsteht das pastoral folgenschwere Problem der Kirche der offenen Grenzen.

(4.) Da sich nun aus vielfältigen Gründen (religiösen wie sozialen) die Mehrzahl der teilweise „nichtglaubenden" Auswahlchristen (zumindest heute noch) entscheidet, in der Kirche zu bleiben und dies auch durch gelegentliche Zustimmungshandlungen zum Ausdruck bringt (wie Aufrechterhaltung der Mitgliedschaft, Kirchenbeitrag, religiöses Tun rund um die Lebenswendepunkte, religiöse Vorsorge für die Kinder und die Familie, etc.), kommt es zum verbreiteten Phänomen des Nicht-

---

mension des reflexen Bewußtseins) ein guter Christ und Katholik" (*Rahner*, Schisma, aaO., 449). Wie aber die Untersuchungsergebnisse zeigen, ist gerade diese Voraussetzung einer fides implicita nicht gegeben und wird von Rahner selbst in einer neueren Veröffentlichung bestritten (K. *Rahner*, Strukturwandel der Kirche als Aufgabe und Chance, Freiburg 1972, 77.). Hier ist daran zu erinnern, daß etwa die meisten der von Holl und Fischer untersuchten Angehörigen des Österreichischen Bundesheeres (*Holl, Fischer*, Kirche auf Distanz, 100—109) zu wissen meinen, in welchem Ausmaß ihre religiösen Ansichten mit der kirchlichen Lehre übereinstimmen (79%) und daß es ihnen gar nicht möglich sei, alles zu glauben, was die Kirche lehrt (59%), daß sie auch nicht alle Lehrsätze der Kirche für verpflichtend hielten (49%) und es Anschauungen in der Kirche gebe, die sie glatt ablehnten (46%). Der explizite Glaube an die unbedingte Normiertheit des Glaubens des einzelnen durch die Lehre der Kirche — und erst das wäre eine fides implicita (*Rahner*, Strukturwandel, 77) — ist demnach bei der überwiegenden Mehrheit von Auswahlchristen präzise nicht vorhanden.

159 *Rahner*, Strukturwandel, 76 ff. — Auch *Kaufmann*, Zur Rezeption, 119. — Es nützt dann auch für die Praxis wenig, der Kirche das Recht auf terminologische Sprachregelung zuzuschreiben und sie damit bestimmen zu lassen, wo die Grenze innerhalb dieser vielstufigen Reihe der Beziehungen zur Kirche, zwischen Zugehörigkeit und Nichtzugehörigkeit, angesetzt wird: *Rahner*, Kirchengliedschaft, in: Sacramentum Mundi, II, Freiburg 1968, 1212.

glaubens in der Kirche. Das bedeutet, daß (volle) Orthodoxie bei der Mehrzahl der Kirchenmitglieder nicht (mehr) selbstverständlich vorausgesetzt werden kann[160]. Auch das ist pastoral von eminenter Tragweite.

3.6. TRENNUNG VON DER KIRCHENGEMEINDE?

Auch wenn sich die private innere Nichtgläubigkeit und der darin enthaltene Vorbehalt gegen die kirchliche Lehrautorität der kirchlichen Öffentlichkeit entziehen, so sind sie doch ein Indiz dafür, daß viele Auswahlchristen in der Summe in unterschiedlichem Ausmaß zumindest auf der „Glaubensebene" sich nicht mit der kirchlichen Gemeinschaft identifizieren, in diesem Sinn von ihr getrennt sind. Die volle kirchliche Communio[161], das feste Eingefügtsein in das „corporis compage"[162], für das die Bande der Taufe, des Glaubens, der Sakramente und Leitung ein sichtbarer Ausdruck sind und nach kirchlicher Tradition auch an diesen Banden bewertet wird, scheint demnach bei vielen Auswahlchristen wegen der Lockerung der Bande des Glaubens und der Leitung fraglich zu sein. In dieselbe Richtung weist aber schließlich auch das verbreitete Fernbleiben vieler Auswahlchristen von den wiederholbaren Sakramenten und insbesondere der sonntäglichen Eucharistiefeier.

Zwar ist auch das Fehlen kirchlicher Praxis nur in vereinzelten Fällen mit Sicherheit feststellbar. Die zwischenpfarrliche Wanderung, die in manchen Wiener Stadtpfarren bis zu 30% der Kirchgänger erfaßt[163], der Wochenendtourismus, die große Anonymität vor allem städtischer Meßgemeinden machen eine Kontrolle der Teilnahme an der Eucharistiefeier so gut wie illusorisch. Noch mehr trifft dies für die Erfüllung der Osterpflicht zu. Wir besitzen wohl heute eine ziemlich genaue

---

[160] In religionssoziologischen Analysen wird dieses Phänomen der fließenden Grenzen zwischen kirchengebundener Gläubigkeit und außerkirchlicher Religiosität vor allem mit dem Hinweis auf die zunehmende Differenzierung der Gesellschaft und ihrer Kultur begründet. Dabei wird nicht bestritten, daß es einen ähnlichen Pluralismus in der Kirche auch in früheren Zeiten gegeben habe, doch sei dieser früher stark sozial gebunden und sektenbildend gewesen, während er in der gegenwärtigen Gesellschaft sich in den Individuen zeige. *Luckmann,* Das Problem der Religion. — *Kaufmann,* Zur Rezeption, 119. — *Ders.*, Sicherheit als soziologisches und sozialpolitisches Problem. Untersuchungen zu einer Wertidee hoch differenzierter Gesellschaften, Stuttgart 1970, 248 ff.

[161] Koinonia, communio, wird biblisch des öfteren für die kirchliche Gemeinschaft (Gemeinde) verwendet: V. *Warnach,* Kirche, in: BW II, 693—714. — F. *Klostermann,* Allgemeine Pastoraltheologie, in: Handbuch der Pastoraltheologie III, Freiburg 1968, 28.

[162] *Mystici Corporis Christi,* DS 3802.

[163] *Kirche im Übergang,* hrg. v. J. *Schmauch,* Wien 1969, 65.

Kenntnis über den Kirchgang und die Osterpflichterfüllung aller Katholiken zusammen. Darüber hinaus ist sogar bekannt, daß nicht wenige[164] sogar grundsätzlich die entsprechenden Kirchengebote ablehnen. So sehr sich daraus aber pastoral sehr bedeutsame Angaben über die Distanz einer Gesamtbevölkerung und auch einzelner sozialer Kategorien (nach Alter, Beruf, Parteipräferenz, etc.) zum Leben einer konkreten christlichen Gemeinde und in diesem Sinn zur Kirche am Ort ergeben: für die Beurteilung eines einzelnen Katholiken eignen sich solche Kenntnisse nicht, auch wenn man aus ihnen eine faktische Trennung mancher Katholiken von der kirchlichen Gemeinschaft abzuleiten geneigt ist.

Andererseits ist zu berücksichtigen, daß selbst derart vom Leben einer konkreten Gemeinde distanzierte Auswahlchristen zumindest bei besonderen Anlässen am kirchlichen Leben teilnehmen; sie empfangen rund um wichtige Lebenswendepunkte Sakramente (wobei es hier unerheblich ist, aus welchen inneren Motiven, weil diese im Einzelfall kaum erhebbar sind und daher für die juristisch-sozial fixierbare Kirchenzugehörigkeit nicht maßgeblich sein können); sie kommen auch mehrheitlich zu besonderen Anlässen zur Messe.

3.6.1.

Typen der Kirchenzugehörigkeit

Um diese Situation noch präziser für die theologische Diskussion zur Verfügung zu haben, sollen an Hand der Untersuchungsergebnisse zwei Grundtypen von Kirchenzugehörigkeit unterschieden werden. Wie schon bekannt, gehört die formelle Kirchenzugehörigkeit zu den soziokulturellen Selbstverständlichkeiten in der modernen Gesellschaft[165]. Nicht zur Kirche zu gehören, ist trotz zunehmender Kirchenaustritte, denen kein Eintritt in eine andere religiöse Gruppe folgt, auch heute (noch) eine Ausnahme. Ähnlich verbreitet wie diese prinzipielle Kirchenzugehörigkeit und mit dieser eng in Beziehung ist eine positive Einschätzung der Kirche als Trägerin von Religion, als Hüterin von Sitte, Moral und öffentlicher Ordnung[166] sowie als Institution, die Werte und gesellschaftlich anerkannte Muster zur Deutung und Bewälti-

[164] So sind 76% der Wiener Jugendklubmitglieder der Meinung, man könne auch ohne Messe ein guter Christ sein: *Zulehner* u. a., Jugendklubs, 71. — Nur 33% der Katholiken Bochums sind mit der Behauptung: „Die sonntägliche Verpflichtung zum Gottesdienst ist längst überholt" kaum oder gar nicht einverstanden: *Boos-Nünning*, Dimensionen, 81.

[165] Vgl. auch W. *Menges*, Zugehörigkeit zur Kirche und Identifikation mit der Kirche, in: Zugehörigkeit zur Kirche, Mainz 1964, 24 ff.

[166] *Holl, Fischer*, Kirche auf Distanz, 66. — *Menges*, Zugehörigkeit, 40.

gung außeralltäglicher Ereignisse der privaten und familiären Existenz zur Verfügung stellt[167]. Diese Art der Kirchenzugehörigkeit ist gleichsam das Niveau, unter das Kirchlichkeit in der gegenwärtigen Gesellschaft nur in Ausnahmefällen absinkt, wobei in diesen Fällen zumeist (noch?) mit gesellschaftlichem Gegendruck zu rechnen ist.

Während diese Form der Zugehörigkeit zur Kirche mehr diffus auf die (Gesamt-)Kirche als „gesellschaftlicher Institution" bezogen ist und daher „institutionsspezifische Zugehörigkeit" genannt werden soll, gibt es davon unterscheidbar einen Typ von Kirchenzugehörigkeit, der durch religiöse Gruppen vermittelt wird. Als solche kommen „integrierte Gemeinden", manche der kategorialen Personalgemeinden, religiöse Gruppen (wie Familiengruppen), verschiedene neuere „Basisgruppen" und ähnliche Formationen in Frage. Entscheidend ist, daß der Bezugspunkt dieser Kirchenzugehörigkeit konkrete Personen („religiöse Schlüsselpersonen" und „sozioreligiöse Führer" u. a.) an einem bestimmten und bestimmbaren Ort sind. Nicht eindeutig zuzuordnen ist die Zugehörigkeit vieler Katholiken zu ihren Pfarrgemeinden. Zwar haben die Pfarren viele Züge mit der Kirche als Gesellschaftsinstitution gemein; die Pfarre ist zumal auch der Ort, wo viele gesellschaftlich anerkannte Funktionen der Kirche (vor allem die Sakramente rund um die Lebenswendepunkte) realisiert werden. Andererseits haben die Pfarren im Lauf der Geschichte einen tiefgreifenden Gestaltwandel durchgemacht, der sie in die Nähe von (Personal-)„Gemeinden am geschichtlichen Ort" gerückt hat. Wenn man daher neben der „institutions-" und der „gruppenspezifischen" Zugehörigkeit eine „gemeindespezifische" als Zwischentyp unterscheiden will, so wird in einer zunehmenden Zahl von Pfarrgemeinden diese „gemeindespezifische" Zugehörigkeit der „gruppenspezifischen" ähnlich sein. Aus diesem Grund fassen wir „gruppen- und gemeindespezifische" Zugehörigkeit als zweiten Grundtyp zusammen. Diese zweite Art ist soziokulturell nicht selbstverständlich, es besteht sogar ein negativer Konformitätsdruck gegen sie[168]. Das hat zur Folge, daß sie nur unter bestimmten Voraussetzungen zustandekommt, zu denen ein günstiger Sozialisationsverlauf, ausgeprägte primärreligiöse Motivation, spezifische persönliche Vorteile, wie man sie bei der Sektenzugehörigkeit vermutet[169], gehören.

---

[167] Daraus folgt nicht, daß dieser Typ der Kirchenzugehörigkeit allein sozialen Motiven oder bloß gesellschaftlicher Tradition entspringt. Vielmehr erscheint sie „funktional", also an jene Funktionen gebunden, die institutionalisierter Religion gesamtgesellschaftlich und im Hinblick auf die private Biographie zuerkannt sind.

[168] *Boos-Nünning,* Dimensionen, 143.

[169] Vgl. H. R. *Niebuhr,* The Social Sources of Denominationalism, New York 1919. — E. *Goode,* Social Class and Church Participation, in: Am. Journal of Sociology, 1966, 111. — N. J. *Demerath,* Social Class in American Protestantism, Chicago 1965, 54. — K. *Dobbelaere,* Sociologische analyse van de Katholiciteit, Leuven 1966, 13. — O. *Schreuder,* Van volkskerk naar vrijwilligheidkerk, in: Theologie en zielzorg, 1966,

Konkret treten diese beiden Idealtypen meist gemischt auf. Doch zeigt sich, daß es bei vielen zu Akzentsetzungen kommt. Vollkirchliche Religiosität ist nämlich heute erwiesenermaßen vorwiegend „gemeinde- und gruppenspezifisch" geprägt, während auswahlchristliche Religiosität überwiegend „institutionsspezifisch" ist. Die „gemeinde- oder gruppenspezifische" Zugehörigkeit ist demnach bei Auswahlchristen auf ein Minimum reduziert. Die Bindung an die konkrete (Pfarr-)Gemeinde und noch mehr an religiöse Gruppen ist nämlich schwach und auf die wenigen bekannten Anlässe öffentlicher Praxis beschränkt. Ergebnisse der deutschen Synodenumfrage belegen diese typologischen Differenzierungen. 85% der befragten Katholiken haben in den letzten Jahren nie ernsthaft daran gedacht, ob sie aus der Kirche austreten sollen[170]. Das weist darauf hin, daß sie eine selbstverständliche Bindung an die Kirche haben. Doch ist diese Bindung nicht immer „gemeinde- oder gar gruppenspezifisch". Nur 17% nennen ihre Bindung an die Pfarrgemeinde eng, 41% haben eine mittlere, 25% eine nur ganz lose und 15% gar keine Bindung[171]. Für spätere Reflexionen soll hierorts auch gleich vermerkt werden, daß der Kirchgang ein sehr brauchbares Indiz für „gemeinde- oder gruppenspezifische" Kirchenzugehörigkeit ist (vgl. Tabelle in Anm. 172). Zudem erweist sich die „gemeinde- oder gruppenspezifische" Bindung auch als Stabilisator der Kirchenzugehörigkeit im allgemeinen, also auch der „institutionsspezifischen" Zuge-

197—215. — H. *Schelsky*, Ist die Dauerreflexion institutionalisierbar? in: Ztschr. f. ev. Ethik, 1957, 153—174. — J. *Lauwers*, De parochie in sociologisch perspectief, Coll. Mechl., 1967, 210—227. — J. *Dhooghe*, Organizational Problems with Regard to Different Types of Membership in the Church, Social Compass, 1968, 93—100. — A. *Anfossi*, Parish Scope and Compliance of Lower Participants in Rural Villages in Sardinia, Paper pres. at the 8th World Congress of Sociology, Esiau 1966, 27. — K. *Dobbelaere*, J. *Lauwers*, Involvement in Church Religion. A Sociological Critique, in: Types, Dimensions and Mesure of the Religiosity, Roma 1967, 101—130. — In allen diesen Studien wird nicht nur ein Zusammenhang zwischen Zugehörigkeit und Organisationstyp aufgezeigt, sondern zugleich dargestellt, daß sich verschiedene Organisationstypen auch aus bestimmten sozialen Hintergründen entwickeln.

170 *Schmidtchen*, Zwischen Kirche und Gesellschaft, 124.

171 A. a. O., 103.

172 *Tabelle: Bindung an die Pfarrgemeinde und Kirchgangsgewohnheiten* (aus: *Schmidtchen*, Zwischen Kirche und Gesellschaft, 124)

	Katholiken insgesamt	Katholiken mit folg. Gewohnheiten des Kirchenbesuchs:				
		j. So	fast j. S.	ab/zu	selt.	nie
„enge Bindung"	17%	36	15	5	2	1
„mittlere B."	41%	50	63	49	13	2
„nur ganz lose"	25%	11	18	35	52	22
„gar keine B."	15%	2	3	8	30	73
keine Angabe	2%	1	1	3	3	2
	100%	100	100	100	100	100

hörigkeit. Kirchgänger (die jeden Sonntag, fast jeden Sonntag oder ab und zu zur Messe gehen), damit „gemeindegebundene" Katholiken, haben in der letzten Zeit nie an einen Kirchenaustritt gedacht, von den Nichtkirchgängern hingegen (also von Personen, die selten oder nie zur Kirche kommen) weitaus mehr (vgl. Tabelle in Anm. 173).

Für die theologische Diskussion stellen sich von da aus aktuelle Fragen: Ist die Integration in eine konkrete christliche Gemeinde theologisch erforderlich? Muß daher das „Prinzip Kirche", das theologisch gegen den religiösen Individualismus formuliert wurde, zu einem soziologischen „Prinzip Gemeinde" verdichtet werden? Oder, wenn man die eingeführten Begriffe der institutions-, gemeinde- oder gruppenspezifischen Zugehörigkeit verwendet, genügt die unter Auswahlchristen derart breit gestreute bloß institutionsspezifische Kirchenzugehörigkeit oder ist theologisch eine gemeinde- oder gruppenspezifische zu fordern? Haben sich nicht manche Auswahlchristen schon deshalb ipso facto von der kirchlichen Gemeinschaft (theologisch gesehen) getrennt, weil sie sich nur sehr schwach einer christlichen Gemeinde verbunden fühlen und diese schwache Verbundenheit durch eine höchst seltene Teilnahme am Leben solcher Gemeinden zum Ausdruck bringen? Noch einmal anders gefragt: Welches ist das Mindestmaß an theologisch erforderter sozialer Integration in das Sozialgebilde Kirche?

3.6.2.

„Prinzip Gemeinde"

Diese Frage nach der theologisch erforderlichen Sozialintegration in die Kirche kann auf verschiedene Weise behandelt werden. Zunächst gilt es, historisch zu verfahren und festzustellen, welche Integration die Christen im Lauf der Kirchengeschichte in die Kirche gehabt haben. Dieser Gang durch die Geschichte ist schon deshalb vonnöten, weil ja auch die katholische Kirche jenen Entwicklungsgesetzen unter-

[173] *Tabelle: Abkehr vom sonntäglichen Kirchenbesuch und Gedanke an den Kirchenaustritt* (aus: A. a. O., 103).

. . . hat in den letzten Jahren ernstlich an den Austritt gedacht:	Katholiken insgesamt	Katholiken mit folg. Gewohnheiten des Kirchenbesuchs				
		j. So.	fast j. So.	ab/zu	selten	nie
ja	11%	1	2	6	23	51
nein	85%	98	97	89	69	39
k. Angabe	4%	1	1	5	8	10
	100%	100	100	100	100	100

liegt, die in jeder gestifteten Religion anzutreffen sind: Aus dem Jüngerkreis, den ein Religionsstifter um sich sammelt, wird allmählich eine Bruderschaft, in der Freiheit und Einfachheit gelten und in der der Kult mehr als sein lehrhafter Ausdruck einigt und integriert. Das Ansteigen der Zahl der Mitglieder beendet diese zweite Phase. Als neuer Organisationstyp tritt der kirchliche Körper die Nachfolge an. Auch dieser macht, wie noch zu zeigen sein wird, eine wechselhafte Geschichte durch[174].

An dieser Stelle interessiert uns weniger die Geschichte der Sozialform der Gesamtkirche, sondern lediglich die jener Substrukturen, durch welche die Integration der Menschen in die Kirche erfolgte. Dabei kann es sich nicht um eine detaillierte Pastoralgeschichte handeln, die im übrigen schon von anderen geschrieben wurde[175]. Vielmehr geht es um den Versuch, in groben, deshalb aber nicht verfälschten Grundlinien, den Verlauf der Entwicklung nachzuziehen. Diese Vereinfachung ist auch deshalb sinnvoll, weil bereits aus den Entwicklungslinien ersichtlich werden wird, daß die Integration der Christen in die Kirche stets durch konkrete Gemeinden erfolgt ist, die Art und „Sozialdichte" dieser Gemeinde aber je nach geschichtlicher Lage verschieden waren.

Diesen geschichtssoziologischen Überlegungen sind theologische Argumente anzufügen. Es ist zwar theologisch nicht belanglos, wenn sich aus geschichtlichen Daten erweist, daß es faktisch nur gemeindliches Christentum gegeben hat, wobei die Sozialintegration in die jeweilige Gemeinde sehr verschiedenartig war. Das Faktische kann zugleich als Verwirklichung des Prinzipiellen angesehen werden, beeinflußt aber seinerseits das Normative. Dieses Prinzipielle soll aber eigens reflektiert werden. Es gilt zu zeigen, daß Christsein aus theologischen Gründen gemeindlich sein muß.

Die Kombination dieser geschichtlichen und theologischen Argumentationsreihe wird schließlich zeigen, daß die konkrete Gestalt der theologisch erforderten „Gemeindlichkeit" von der jeweiligen gesellschaftlichen Situation der Kirche und damit des Glaubens modifiziert wird.

---

[174] J. *Wach*, Religionssoziologie, Tübingen 1951, 147—233. — G. *Mensching*, Die Religion. Erscheinungsform, Strukturtypen und Lebensgesetz, München 1962. — *Ders.*, Soziologie der Religion, Bonn 1947.

[175] A. *Schrott*, Seelsorge im Wandel der Zeiten. Formen und Organisation seit der Begründung des Pfarrinstitutes bis zur Gegenwart. Ein Beitrag zur Pastoralgeschichte, Graz 1949. — A. *Blöchlinger*, Die heutige Pfarrei als Gemeinschaft, Einsiedeln 1962. — W. *Croce*, Die Geschichte der Pfarre, in: Die Pfarre, hrg. v. H. *Rahner*, Freiburg 1956. — S. *Zorell*, Die Entwicklung des Parochialsystems bis zum Ende der Karolingerzeit, in: Archiv für Kirchenrecht 82 (1902), 74—98; 258—298. — E. *Isele*, Pfarrei. II. Geschichte, in: LThK² III, 398—403.

3.6.3.

Soziale Integration in eine Gemeinde

Die Diskussion dieser für die Verwirklichung des persönlichen Christseins ebenso wie für die organisatorische Gestalt der Kirche und ihre pastorale Aktivität wichtige Frage nach der theologisch erforderlichen Sozialintegration in eine Gemeinde soll also mit einem Gang durch die Geschichte eingeleitet werden. Für die frühchristliche Situation ist man dabei auf bibeltheologische Befunde verwiesen. Bei der Analyse der biblischen Texte ist freilich zu bedenken, daß diese selbst schon das Ergebnis einer längeren Entwicklung darstellen[176]. Die Jünger, die Jesus um sich gesammelt und in seine Nachfolge gerufen hatte, zerstreuten sich nach seinem Tod wiederum[177]. Erst die Erfahrung des Auferstandenen (vgl. 1. Kor. 15, 3—7) führte zum Entstehen der nachösterlichen Gemeinden in Jerusalem und Galiläa[178] und von da aus in nichtjüdischen Gebieten. In ihnen versammelten sich jene Personen, die an einem Ort lebten und an Jesus und seine Verkündigung glaubten. In der Urgemeinde zu Jerusalem bildet der Zwölferkreis unter der Leitung von Petrus und Johannes und später des Jakobus eine Art „Kerngemeinde". In den paulinischen Gemeinden, die in ähnlicher Weise durch den einen Geist und den einen Glauben zusammengehalten wurden, entstehen verschiedene Ämter und Dienste (1. Kor. 12)[179].

Diese frühchristliche Entwicklung hat zu verschiedenartigen Gemeindeformen geführt. Dennoch wurden sie, trotz ihrer Verschiedenheit, mit dem einheitlichen Ausdruck „ekklesia" belegt, was deshalb möglich war, weil dieser Terminus aus der griechischen Welt mehr auf den theologischen Ursprung jeglicher Gemeinde in der Berufung durch Gott, weniger aber auf die jeweilige soziale Gestalt verweisen sollte[180]. Diese soziale Gestalt der Gemeinden variierte aber stark. Schon die Verwendung des Wortes „ekklesia" läßt je nach Kontext verschiedene Gemeindeformen bzw. Kategorien erkennen[181]:

---

[176] K. *Kertelge*, Gemeinde und Amt im Neuen Testament, München 1972, 31—76.

[177] A. a. O., 40—54.

[178] G. *Schille*, Anfänge der Kirche. Erwägungen zur apostolischen Frühgeschichte, München 1966.

[179] *Kertelge*, Gemeinde, 55 ff. A. *Vögtle*, Urgemeinde, in: LThK² X, 551—555. — J. *Martin*, Die Genese des Amtspriestertums in der frühen Kirche, Qu. d. 48, Freiburg 1972.

[180] *Kertelge*, Gemeinde, 39.

[181] F. *Klostermann*, Prinzip Gemeinde, Wien 1956. — *Ders.*, Allgemeine Pastoraltheologie, HPTh III 26. — K. L. *Schmidt*, Ekklesia, in: ThW III 506—508. — J. *Schmid*, Kirche. I. Biblisch, in: Handbuch der theol. Grundbegriffe, I (München 1962), 790 ff. — *Warnach*, Kirche, in: BW 693—717.

(1.) die christliche Gemeindeversammlung, die konkret zur Liturgie, zum Hören des Wortes oder zum Liebesmahl sich versammelt[182];

(2.) die paulinischen „Hausgemeinden", also die Gemeinschaft jener Christen, die sich immer wieder in einem bestimmten Haus zum Gottesdienst treffen[183];

(3.) die Ortsgemeinde als die Zusammenfassung aller Christen, die in dieser Stadt leben[184];

(4.) schließlich das ganze neutestamentliche Gottesvolk, die Gesamtgemeinde der Christen, wo immer sie auch leben mögen[185].

Natürlich stehen diese Kategorien nicht gleichwertig und beziehungslos nebeneinander. Zwei von ihnen haben sich als besonders bedeutsam erwiesen: die Gesamtgemeinde und die Orts- oder Einzelgemeinde. Theologisch gesehen eignet der Gesamtgemeinde eine Priorität, weil die Stiftung Jesu die eine Kirche für alle ist und dies der universalen Heilssendung Jesu entspricht, der gekommen ist, „zu dienen und sein Leben hinzugeben als Lösepreis für viele" (Mk. 10, 45)[186]. Insofern ist die Kirche auch als Leib Christi (1. Kor. 12, Röm. 12) interpretiert worden. Dennoch wird diese Gesamtgemeinde erst in der Einzelgemeinde konkret. Deshalb bleibt auch in den Paulusbriefen, wenn von der Gesamtkirche die Rede ist, der Begriff der Ortsgemeinde immer noch das Ursprüngliche. Hier allein ist man nämlich in Christus Jesus versammelt, hier wohnt in der Mitte der Glaubenden und Horchenden reich das Gotteswort (Kol. 3, 16), hier feiert man das Herrenmahl und verkündet den Tod des Herrn im Essen des Brotes und Trinken des Kelches, sodaß die vielen, die an dem einen Brot teilhaben, ein Leib im Herrn sind (vgl. 1. Kor. 10, 17); hier spricht man einander zu in Psalmen, Hymnen und geistlichen Liedern, im Herzen für den Herrn singend, hier gewinnt die Danksagung für alles an den Vater im Namen Christi ihren kultischen Höhepunkt (Eph. 5, 19—20): „Kurz, die Gesamtkirche, die Kirche Gottes, stellt sich dar, verwirklicht sich in der konkreten Ortskirche, die sich im Namen Christi zum Gottesdienst versammelt. Die beiden ‚Kirchen' stehen nicht im Gegensatz

---

182 1. Kor. 11, 18; 14, 4 f.; 19, 28, 34 f.; vgl. Apg. 15, 22.

183 Röm. 16, 5; 1. Kor. 16, 19; Kol. 4, 15; Phm. 2.

184 Jerusalem: Apg. 11, 22; Kenchreai: Röm. 16, 1;anderswo: 1. Thess. 1, 1; 2. Thess. 1, 1, Apg. 13, 1; 18, 22; 20, 17, 28; auch in der Mehrzahl: Röm. 16, 4, 16, 1. Kor. 7, 17; 11, 16; 14, 33; 16, 1, 19; 2. Kor. 8, 1, 18, 11, 28, Gal. 1. 2. 22. 1 Thess. 2. 14. Apg. 16, 5; 20, 28; Offb. 22, 16.

185 Mt 16, 18; Apg. 9, 31; 1. Kor. 10, 32; 15, 9, Gal. 1, 13, Eph. 1, 22, 3, 10, 21; 5, 23—27, 29, 32; Phil. 3, 6; Kol. 1, 18, 24; 1. Tim. 3, 15. — Neuestens hat Hainz nachzuweisen versucht, daß die Verwendung des Begriffes „ekklesia" für die Gesamtkirche bei Paulus nicht sicher ist. J. *Hainz,* Ekklesia, Regensburg 1972.

186 *Kertelge,* Gemeinde, 67.

zueinander, vielmehr sind sie notwendig aufeinander bezogen. Die Gesamtkirche, der Leib Christi, konkretisiert sich, lebt greifbar in der Gottesdienst feiernden Einzelgemeinde, und diese hinwiederum ist nichts anderes als das Offenbarwerden der Gesamtkirche an eben diesem einzelnen Orte"[187].

Für unsere Überlegungen zum theologisch erforderlichen Ausmaß sozialer Integration in die Kirche ergibt sich bisher aus den biblischen Analysen, daß die frühe Kirche eine gemeindliche Grundstruktur hatte. Unabdingbare, wenn auch nicht gleichartige Bauelemente dieser Ortsgemeinden sind der Geist, das Wort, die Liturgie sowie die Bruderliebe[188]: wir sehen, daß es dieselben Elemente sind, denen wir oben als Kirchenkonstitutiva begegnet sind. Zugleich zeigen diese biblischen Texte, daß die Art und Größe der Gemeinden verschieden war. Als wichtigste Form hat sich die städtische Ortsgemeinde herausgebildet. Die soziale Integration der Christen in die frühchristlichen Gemeinden kann als stark eingestuft werden. Der gemeinsame Glaube stiftete Beziehungen der Menschen zueinander, wie auch umgekehrt die Gemeinden auf das Zusammenwirken der Gläubigen angewiesen waren[189]. Die „Solidärität aller Glaubenden", aber auch zeitweilige Konflikte unter ihnen — worauf die Ermahnungen zur Eintracht und zum gegenseitigen Annehmen in der Liebe verweisen —, sind Ausdruck dieser starken Integration. Zumeist erfolgte sie durch die Zugehörigkeit zu den überschaubaren Liturgie- und Hausgemeinden oder den städtischen Bischofskirchen. Das Bewußtsein, inmitten einer nichtchristlichen Umwelt zu leben, hat das Zusammengehörigkeitsgefühl (aus sozialpsychologischen Gründen) noch verstärkt.

Die weitere Entwicklung der Ortsgemeinden bis zum Mittelalter ist zunächst durch die Ausbreitung des Christentums auf die Landgebiete und die Reorganisation der bischöflichen Gewalt nach römischen Rechtsmodellen bestimmt. Neben den bischöflichen Stadtkirchen entstehen auf dem Land Christengemeinden, die zuerst von Mitgliedern des städtischen Presbyteriums, seit der Wende vom 3. zum 4. Jahrhundert hingegen von fix ansässigen Klerikern versorgt werden[190]. In dieser Zeit wird der sogenannte Chorepiskopat geschaffen, der die Verbindung zwischen den Landgemeinden und den Bischofskirchen in den Städten herstellen sollte. Aber auch in der Stadt findet im dritten Jahrhundert ein Dezentralisierungsprozeß statt. Die wachsende Zahl der Christen fand während des bischöflichen Gottesdienstes nicht mehr

---

[187] P. *Neuheuser,* Gesamtkirche und Einzelkirche, in: De Ecclesia. Beiträge zur Konstitution „Über die Kirche" des Zweiten Vatikanischen Konzils, hrg. v. G. *Barauna,* I, Köln 1966, 555. — *Kasper,* Heilssendung, 36.

[188] *Klostermann,* Allgemeine Pastoraltheologie, a. a. O., 39—42.

[189] *Kertelge,* Gemeinde, 74.

[190] *Blöchlinger,* Pfarrei, 72—86. — *Zorell,* Die Entwicklung des Parochialsystems, 89 f.

genügend Platz. So entstehen in Privathäusern Titelkirchen, die allerdings in enger Verbindung mit der Hauptkirche des Bischofs verblieben sind. Diese Verbindung der Gemeinden auf dem Land und in der Stadt wurde auch in der Liturgie zum Ausdruck gebracht: Akolythen trugen vom bischöflichen Gottesdienst das Fermentum in die Titelkirchen[191]. Auch war das Taufrecht noch bis zum 5. Jahrhundert bischöfliches Recht, bzw. an die Vorsteher bestimmter Taufkirchen auf dem Lande gebunden. Vom 5. Jahrhundert an konnten auch die Landpfarrer taufen. Einzig die öffentliche Rekonziliation blieb Sache des Bischofs.

Diese Seelsorgsstruktur wurde durch die Zunahme germanischen Einflusses auf die Kirche seit der Taufe Chlodwigs (496) weiterentwickelt. Das Eigenkirchensystem reduzierte den Einfluß des Bischofs und vermehrte das Gewicht des Besitzers der Kirche. Um den bischöflichen Einfluß neuerlich zu stärken, wurden auf kirchlichen Gebieten stehende „freie Landkirchen" errichtet und zu Pfarrkirchen erklärt. Diese besaßen gegenüber den Eigenkirchen das ausschließliche Taufrecht. Zudem wurde durch den Pfarrbann bestimmt, daß die Christen den öffentlichen Gottesdienst in der Pfarrkirche besuchen mußten, und zwar zu Ostern, Weihnachten, Epiphanie, Christi Himmelfahrt, Pfingsten, am Tag Johannes des Täufers und an den übrigen hohen Festen. Die Zehntordnung, sowie die Regelung der Stolgebühren trugen zur Festigung dieser Strukturen erheblich bei. Wegen der zunehmenden Größe dieser Pfarrgebiete, aber auch durch die Säkularisation kirchlicher Güter begünstigt, verloren diese Zentralkirchen schließlich an Bedeutung und wurden viele Eigenkirchen zu Pfarrkirchen erhoben. Um 800 hatte die Kirche vor dem Eigenkirchenwesen völlig kapituliert. Strukturell änderte sich an dieser Situation bis zum Trienter Konzil nicht mehr viel. Die Einführung des Patronats — anstelle des Eigentumsrechts — durch Alexander III. war mehr eine Änderung des Namens als der Tatsachen.

Eine neue Periode zeichnete sich mit dem Entstehen der Franziskaner- und Dominikanerorden ab. Der weithin versagenden Pfarrseelsorge sollte durch die missionarische Tätigkeit der Orden Hilfe geboten werden. Faktisch kam es aber zu einem zwielichtigen Konkurrenzkampf zwischen der pfarrlichen und der Ordensseelsorge, der sich bis zum Tridentinum hinzog. Erst auf diesem Konzil wurden die Verhältnisse geklärt. Die zentrale Verantwortung des Bischofs wurde neuerlich hervorgehoben, die Aufgabe des Pfarrers bestimmt und auch die Rolle der Orden definiert. Wichtig war auch die Festlegung der Größe der einzelnen Pfarren und ihrer Grenzen[192].

---

[191] J. A. *Jungmann,* Missarum sollemnia, Wien 1952, II 386.

[192] *Schrott,* Seelsorge, 57—112. — *Croce,* Geschichte, 25 f.

Befragen wir diesen Abschnitt der Pastoralgeschichte nach der Sozialintegration der Christen in die Kirche, so sehen wir nach wie vor die hervorstechende Rolle der Ortsgemeinden. Die Versuche, die Christen zum Zweck der engeren Bindung an den Bischof auch an entferntere „überörtliche" Gemeinden zu binden, ist nicht nur an der Eigenart germanischen Rechts gescheitert, sondern auch aus praktischen Gründen der großen Entfernungen und der wachsenden Zahl der Christen in den nichtpfarrlichen Gemeinden. In diese Ortsgemeinden waren aber die Christen des Mittelalters wiederum sehr stark eingebunden. Die Pfarren waren enge Gemeinschaften, was durch eine Reihe gemeinschaftsbildender Elemente zu erklären ist. Neben jenen geistigen Kräften, die schon in der frühen Kirche gemeindebildend waren, werden nun auch materielle, rechtliche und soziale Faktoren wirksam: der Zehent, die Stolgebühren, der Pfarrzwang und Pfarrbann haben erheblich zur Bindung der Kirchenglieder an die Pfarren beigetragen. Als ebenso wirksam muß die Verbindung dieser Pfarren des Mittelalters mit den übrigen Strukturen der Gesellschaft angesehen werden, die aus dem Pfarrverband mehr als eine bloß kirchliche Organisation machten[193]. „Die Pfarre war in dieser Sozialordnung nicht bloß eine religiöse Einheit, sondern oft auch ein wirtschaftlicher, rechtlicher und sozialer Gemeinschaftsverband"[194]. Auf dem Lande gab es eine enge Liierung der seelsorglichen Organisation mit der grundherrlichen Sozialstruktur. Ähnlich bestand auch in den Städten eine Verbindung der religiösen Gemeinschaft mit den handwerklichen Genossenschaften, den Zünften.

Verschiedene Entwicklungen haben dazu geführt, daß aus diesen sozialdichten Ortsgemeinden vor allem in den Städten das geworden ist, was rezente religionssoziologische Pfarrstudien einhellig ans Licht gebracht haben: Aus dem umfassenden Gemeinschaftsverband, mit dem die Menschen aus vielfältigen Lebensinteressen miteinander und mit der Kirche verbunden waren, wurde ein sehr komplexes Gebilde, in das viele seiner Mitglieder nur noch lose integriert sind[195]. Einige Ur-

---

[193] F. *Grass*, Pfarrei und Gemeinde, Innsbruck 1950, 26.

[194] J. *Schasching*, Soziologie der Pfarre, in: Die Pfarrei, 99. — N. *Greinacher*, Soziologie der Pfarrgemeinde, in: HP III, 111 (hier weitere Literatur).

[195] So kennen alle Typologien von Pfarrangehörigen eine gestufte Integration, damit auch den Typ der „kaum Integrierten", so *Le Bras* die „conformistes saisonniers" (Etudes de sociologie religieuse, I, 5 f.), *Fichter* die Randkatholiken und die schlummernden Katholiken (Die gesellschaftliche Struktur der städtischen Pfarrei, 17), *Schreuder* die latenten Dominikanten und Nondominikanten sowie Indifferente (Kirche im Vorort, 33), *Fürstenberg* das nominelle Kirchenvolk und die autonomen Weltchristen (Soziologische Strukturprobleme der Kirchengemeinde, in: Ztschr. f. ev. Ethik 7 (1963), 224—233), *Tenbruck* spricht von einer Randgemeinde und von einem nominellen Kirchenvolk (Die Kirchengemeinde in der entkirchlichten Gesellschaft, in: Soziologie der Kirchengemeinde, hrg. v. D. *Goldschmidt* u. a., Stuttgart 1960, 123), *Luckmann* unterscheidet von der Führungsschicht den Gemeindenkern, den Ritualkern und einen Gemeinderand (Vier protestantische Kirchengemeinden, 135).

sachen dieser Entwicklung sollen herausgehoben werden. Zunächst wurde die vom Konzil in Trient geplante Pfarreform nicht überall erfolgreich durchgeführt. Das führte vor allem in der Zeit der Gegenreformation dazu, daß neben den Pfarren die Reformorden eine bedeutsame seelsorgliche Aufgabe zugewiesen erhielten. Auf dem Hintergrund des schon im Spätmittelalter sich ankündigenden Individualismus und Subjektivismus waren nicht nur die Seelsorgsmethoden der Mendikantenorden des 13. Jahrhunderts schon mehr auf private Frömmigkeit und Andachten als auf „gemeindliches Christsein" ausgerichtet[196]: In einer ähnlichen Art und Weise bevorzugten auch die Reformorden der nachreformatorischen Zeit Volksmissionen, Exerzitien, Wallfahrten und Andachten. Andererseits kam es in oder neben den Pfarren zur Gründung religiöser Bruderschaften und damit zu Ansätzen neuer religiöser Sozialformen in der Kirche. Nach 1848 wurden diese neuen nichtpfarrlichen religiösen Gesellungsformen durch eine rege Vereinsgründung noch einmal vermehrt. Inzwischen hatte eine umfassende gesellschaftliche Revolution die sozialen Grundlagen der Pfarrei erschüttert, und zwar in der Stadt rascher als auf dem Land. Der zentralistische Staat der Aufklärung bildete sich heraus, die Feudalstruktur wurde zurückgedrängt. Das Zehentwesen wurde zugunsten eines freien Bauernstandes aufgelöst; auch dem Zunftsystem wurde aus wirtschaftlichen Überlegungen der Kampf angesagt[197]. Dieser Staat trug zwar einerseits dazu bei, daß die ins Stocken geratene Tridentiner Pfarreform nun freilich weniger aus religiösen denn politischen Interessen vorangetrieben wurde. Gottesdienst, Predigt wie Katechese wurden im Dienst der „Glückseligkeit des Volkes" erneuert[198]. Die fortschreitende Entkirchlichung dieses Staates hat aber dazu geführt, daß nun nach dem Schwinden der Feudal- und handwerklichen Sozialstruktur auch politische Kräfte für die Sozialintegration der Christen in die Pfarren an Bedeutung verloren haben. Dagegen gewannen geistig-theologische Komponenten der Pfarrei neuerlich an Bedeutung. Die Erneuerungsbemühungen der Restauration sowie des ausgehenden 19. Jahrhunderts zeugen davon. Neue Formen der Unterweisung wurden gesucht; die liturgische und eucharistische Bewegung trugen erheblich zur Verinnerlichung und Vertiefung der Gläubigkeit der Kirchenmitglieder bei. Die damit verbundene Aufwertung der Pfarrgemeinde enthält Züge einer zusehenden Absage an den religiösen Individualismus in der pastoralen Zielsetzung. Doch konnten alle diese Bemühungen nicht verhindern, daß durch die Veränderung der gesellschaftlichen

---

196 *Schrott*, Seelsorge, 50.
197 *Schasching*, Soziologie der Pfarrei, 102.
198 *Schrott*, Seelsorge, 113—152.

Struktur auch die kirchliche Mikrostruktur[199] (also die Pfarren) sich verändert hat und diese Veränderung bei vielen Kirchenmitgliedern nicht nur zu einer Schwächung der sozialen Integration, sondern auch zu einer teilweisen „Entgemeindlichung" und dadurch vermittelt wiederum zu einer Verdünnung ihres Kirchenbewußtseins geführt hat.

Überblickt man diese Entwicklung, dann zeigt sich zwar erneut eindringlich die durchgängige gemeindliche Struktur der Kirche, wobei es im Lauf der Zeit neben den Ortsgemeinden zur Ausbildung zusätzlicher Sozialformen (Bruderschaften, Vereine) gekommen ist. Diese Vielfalt der Sozialgebilde bezeugt aber auch vielfältige, von der Kirche anerkannte Formen sozialer Integration in die Kirche. Noch deutlicher wird diese Vielfalt sozialer Integrationsmöglichkeiten am Beispiel der mannigfaltigen „Proteste" gegen bestehende Formen des durchschnittlichen Christseins der Massen in der Großkirche. J. Wach nennt vier Grundtypen solcher Proteste, nämlich den individuellen und den kollektiven Protest, und dies jeweils innerhalb oder außerhalb der Kirche[200]. Manche innerkirchliche Formen des Protests reduzierten die Sozialintegration (Eremiten), andere wiederum intensivierten sie (Orden, Gruppenbildungen). Es ist von Bedeutung, daß die (katholische) Kirche beide Formen des Protests allmählich anerkannte und beide Lebensformen als gültige Verwirklichung des Christseins bejahte: Darin kündigt sich eine Legitimierung sehr unterschiedlicher Sozialintegration in die Kirche an.

3.6.4.

Glaube und Gemeinde

Sind aber diese vielfältigen Formen sozialer Integration, wie wir sie in der Kirchengeschichte antreffen, theologisch auch legitim? Diese Frage muß deshalb eigens gestellt werden, weil es hinsichtlich kirchlicher Organisationsformen durchaus auch Fehlentwicklungen geben kann, wie der religiöse Individualismus der Neuzeit zeigt.

Zwischen Glaube und Gemeinde besteht ein dialektischer Zusammenhang. Fraglos kommt einerseits der Glaube vom Hören, gehört wird aber die Predigt jenes Verkünders, der im Auftrag Christi in der Gemeinde redet. Faktisch kommt die Mehrzahl der Menschen somit durch die Gemeinde selbst erst mit dem Glauben in Verbindung. Andererseits kann, mit dem II. Vatikanischen Konzil, der Inhalt des Heils,

---

[199] E. *Pin,* Religionszugehörigkeit und Strukturen, in: Zugehörigkeit zur Kirche, 123—133. — *Ders.,* Les modes d'appartenance à l'Eglise et leur evolution, in: Catechèse, April 1965, Nr. 19.

[200] *Wach,* Religionssoziologie, 176—233.

das Gott den Menschen schenkt, als „innigste Vereinigung der Menschen mit Gott und der Menschen untereinander"[201] beschrieben werden. Der Glaube an Gott stiftet daher Gemeinschaft unter den Menschen. Dafür ist die Kirche, so das Konzil, Sakrament, also Modell und Instrument. Gottgestiftete Einheit unter den Menschen, welche die Frucht des Glaubens an Gott nach dem Beispiel Jesu ist, kann aber nicht abstrakt vor der Welt verkündet werden, sondern nur durch die kirchliche Gemeinschaft selbst. Angenommener Glaube schafft daher als solcher Gemeinde, wie umgekehrt die Gemeinde Glauben mitbegründet.

Bei diesen Überlegungen bleibt freilich die Frage noch offen, wie soziologisch diese Gemeinden konkret auszusehen haben, welche soziale Dichte sie aufweisen. Konkret geht es also um die Frage, ob die „anonymen" Meßgemeinden in den Pfarren, wo die Leute einander kaum kennen, nicht miteinander sprechen, geschweige denn einander unmittelbar helfen, den theologischen Anforderungen an christliche Gemeinde entsprechen. P. Weß, der der Meinung ist, man habe sich dieser Frage bisher theologisch noch zu wenig gestellt[202], hat diese Problematik in seinem jüngst erschienenen Gemeindekatechismus[203] ausführlich aufgegriffen. Nachdem er zunächst den Glauben an Gott als Heilung des Menschen von der Bedrohung des Menschen aus Angst und Einsamkeit dargestellt hat, fragt er nach dem Zustandekommen dieses Glaubens und nach den Möglichkeiten seiner Verwirklichung. Glaubensentscheidung, so betont er, entsteht im Anschluß an Menschen, die wie und durch Christus an Gott glauben. Die einmal durch das äußere (Gemeinde) und innere (Gnade) Wirken Gottes ermöglichte Glaubensentscheidung äußert sich am deutlichsten in der gläubigen Nächstenliebe, die sich naturgemäß gleich in der Gemeinschaft mit denen verwirklicht, an die man sich angeschlossen hat. Doch übernimmt man mit diesen gemeinsam die Aufgabe, diese Liebe und den dahinter stehenden Glauben anderen Menschen anzubieten und so am Heil aller Menschen mitzuarbeiten. Eben diese vollendete gläubige Nächstenliebe, die auch den Glauben beim Anderen voraussetzt, sei nur in der brüderlichen Glaubensgemeinde (voll) verwirklichbar. Damit ist aber auch idealtypisch gesagt, daß der Glaube, der seine volle Wirklichkeit in der brüderlichen Nächstenliebe findet, nur in der Gemeinde (voll) möglich ist.

Um eben diese glaubenbezeugende Nächstenliebe verwirklichen zu können, bedarf es nach Weß bestimmter Sozialgebilde. Dazu seien die

---

201 Lumen Gentium, Nr. 1.

202 Das vermerkt *Wess* zur Arbeit Rahners über den Strukturwandel der Kirche als Chance und Aufgabe, wo dieser die Notwendigkeit von Basisgruppen vornehmlich soziologisch begründet. Vgl. Diakonia — Der Seelsorger, 4 (1973), 140 f.

203 P. *Wess*, Befreit von Angst und Einsamkeit, Graz 1973, 167 ff.

Ehe und auch die Kleinfamilie noch zu klein. Die Eheleute müßten ja ihre Liebe auch anderen anbieten und würden so stets „auf andere Gläubige stoßen, mit denen sie in Gemeinschaft leben wollen, in gemeinsamem Glauben an Gott, in der Verantwortung füreinander sowie für andere Menschen. Sie (die Ehe) ist allein nicht einmal imstande, ihre Aufgabe auch nur für ihre eigenen Glieder zu erfüllen"[204]. Deshalb bedürfe es zumindest der kleinen Gruppe, wie man sie in Familiengruppen bevorzugt antreffe. Da man aber in diese Kleingruppen nicht unbeschränkt neue Mitglieder aufnehmen könne, um sie so in den Strahlungsbereich solcher Nächstenliebe einzubeziehen, reichen auch diese zur Realisierung gläubiger Nächstenliebe nicht aus. Es bedarf daher größerer Gruppen, einer Art „Großfamilie" auf freiwilliger Basis, in der Größenordnung von 50 bis 100 Personen. „Vielleicht ist", so spekuliert Weß, „die Zahl der 70 Jünger Jesu auch ein Erfahrungswert — neben der symbolischen Bedeutung"[205].

Was Weß hier unternimmt, ist der Versuch, aus theologischen Prämissen eine bestimmte Idealform von Sozialintegration in eine christliche Gemeinde abzuleiten. Damit will er keineswegs leugnen, daß die Kirche mehr ist als die Summe solcher überschaubarer und erlebnisdichter Gemeinden. Sie bilden vielmehr die unabdingbare Substruktur einer „Volkskirche". Er will auch nicht in Abrede stellen, daß es außerhalb der Gemeinden so etwas gebe wie einen „Vor-Glauben" und daß die Grenzen zwischen dem „Vor-Glauben" und dem Glauben als Christusnachfolge fließend sind. Dennoch meint er, daß die Kirche in ihrer jetzigen Struktur nicht imstande sei, „Heimat der Glaubenden zu sein"[206].

Man wird diesen Überlegungen von Weß weithin beipflichten können. Allerdings ist anzumerken, daß selbst in seiner Systematik theologische Prämissen bereits mit sozialpsychologischen vermengt werden. Sachliche Hilfe und persönliche Begegnung[207] sind natürlich Elemente gläubiger Nächstenliebe. Inmitten einer hochdifferenzierten Gesellschaft sind sie jedoch nur Teilelemente. Die aus dem Glauben erwachsende Diakonie des modernen Christen kann sich nicht in face-to-face-Beziehungen erschöpfen, sosehr sie auch ohne diese nicht wirklich werden kann. So kann daher zu Recht behauptet werden, daß sachliche Hilfe und persönliche Begegnung nur in gemeindlichen „Großfamilien" möglich sind. Sie finden aber auch in anderen Sozialstrukturen eine gültige, ja heute unabdingbare Verwirklichung. Damit wird nicht infrage gestellt, daß aus theologischen Gründen ein „Prinzip Ge-

[204] *Wess*, Befreit, 186.
[205] A. a. O. 196.
[206] A. a. O. 191.
[207] *Rahner*, Strukturwandel, 137 f.

meinde" formuliert werden muß. Christsein bedarf einer christlichen Gemeinde nicht nur für sein Entstehen, sondern auch für seinen Bestand. Es dürfte aber doch eine fragwürdige Inanspruchnahme theologischer Argumente sein, daraus eine ideale Gemeindegröße der „70" zu deduzieren.

Immerhin läßt sich auf dem Hintergrund der geschichtlichen wie der theologischen Überlegungen zur Frage der theologischen erforderlichen Sozialintegration von Christen in ihre Kirche folgendes Prinzip formulieren: *Erforderlich ist grundsätzlich, je nach individuellen und gesellschaftlichen Gegebenheiten, jenes Maß an sozialer Integration in eine Gemeinde, welches garantiert, daß Menschen zum Glauben kommen an die Person und die Sache Jesu, aus diesem Glauben in geduldiger Hoffnung ihr Leben gestalten und so in der Solidarität mit anderen Glaubenden vor der Welt zum glaubwürdigen und einheitsstiftenden Zeichen werden.* Wenn daher im Lauf der letzten hundert Jahre insbesondere eine Verminderung der sozialen Integration vieler Auswahlchristen in die konkreten Gemeinden erfolgt ist, so ist diese Entwicklung dann bedeutsam, wenn dadurch das Grundziel der Kirchengemeinde in Frage gestellt erscheint: Wenn nicht mehr gewährleistet ist, daß Menschen auf das Wort Gottes hören und dadurch zum Glauben kommen, sie sich zur Eucharistie versammeln und sich mühen, aus dem Geist Jesu, den sie besitzen, die Liebe zu verwirklichen; wenn auf Grund der verdünnten Kirchlichkeit und Gemeindlichkeit unsicher wird, daß die Kirche (im Sinn des Konzils) vor der Welt ein glaubwürdiges Modell und Instrument gottgestifteter Einheit der Menschen untereinander ist.

3.6.5.

Reduzierter Kirchgang

Dieses Ziel ist aber noch nicht in Frage gestellt, wenn ein Christ und insofern ein Christ das Kirchengebot des sonntäglichen Meßbesuches mehr oder weniger oft übertritt. Dazu ist ja schon grundsätzlich zu sagen, daß aus der Nichterfüllung von Kirchengeboten (wie im Fall der sonntäglichen Meßpflicht oder der jährlichen Osterbeichtpflicht im Fall der schweren Sünde) noch keine Trennung von der sichtbaren Gemeinschaft der Kirche folgt. Es gibt weit schwerere Sünden, wie Ehebruch oder Steuerhinterziehung größeren Ausmaßes usw., die nach allgemeiner Ansicht nicht von der Kirche trennen; umso weniger der versäumte Kirchgang. Rahner spricht sogar von einem latenten, unthematischen Novatianismus, würde man zur Kirche bloß die Dominikanten zählen und die übrigen nur als schlechte Katholiken ertragen[208]. Es gebe, so betont er, dogmatisch keine Gründe dafür, das kirchliche Prestige solcher Katholiken besonders zu drücken. Vielmehr müsse die Relativität der Kirchengebote generell deutlicher werden. Positive Normen des Kirchenrechts seien eben von Menschen aufgestellt und deshalb grundsätzlich wandelbar[209], wobei einem solchen Wandel häufig eine gewohnheitsmäßige „legitime Differenz" im praktischen Verhalten vorausgeht[210].

Daß es gegenwärtig eine solche Entwicklung hinsichtlich des Kirchgangs gibt, lassen vielerlei Gründe vermuten. Zweifellos hängt die Gewichtigkeit des Gebotes vom Stellenwert der religiösen Praxis im gesamten christlichen Leben ab. Damit werden Alltag und liturgische Praxis nicht voneinander getrennt. Doch gibt es heute Theologen, die eine deutliche Akzentverschiebung von einer „praxisbetonten" zu einer „lebensbetonten" Kirchlichkeit beobachten zu können meinen[211]. Dabei ist es nicht so, daß der einzelne in seinem Leben beliebig solche Akzentverschiebungen vornehmen kann. Vielmehr besteht, wie schon an Hand von Untersuchungsergebnissen gezeigt wurde, gegen eine praxisbetonte Kirchlichkeit heute ein negativer Konformitätsdruck, der in manchen Gruppen, etwa unter Gebildeten, jungen Menschen oder Arbeitern, besonders stark ist. J. Loew hat daraus auf Grund seiner Erfahrungen mit Arbeitern im „Tagebuch einer Arbeitermission 1941—1959"[212] den Schluß gezogen, die Arbeiterwelt gehöre tatsächlich noch zur Kirche als der Gemeinschaft der von Christus Erlösten, aber sie stehe außerhalb der historisch gewordenen Formen.

Doch ist damit das Problem des reduzierten Kirchgangs noch nicht erledigt. Sachlich geht es ja bei der Mitfeier der Eucharistie nicht nur um die formale Erfüllung eines Kirchengebotes und damit um eine Stellungnahme zur kirchlichen Autorität. Darüber hinaus ist, wie auch Untersuchungsergebnisse aufdecken, gegenwärtig der Kirchgang in sehr vielen Fällen immer noch ein starkes und zuverlässiges Indiz sowohl für die religiöse Gesamtsituation eines Menschen als auch für seine Bindung an eine Gemeinde. *Daraus folgt doch, daß in der heutigen gesellschaftlichen Situation normalerweise die Christlichkeit des Glaubens eng mit der Bindung an eine konkrete Gemeinde zusammenhängt.*

---

208 *Rahner,* Struktur des Kirchenvolks, 564.

209 K. *Rahner,* Kirche im Wandel, in: Schriften VI, Einsiedeln 1965, 460.

210 *Rahner,* Schisma, a. a. O. 450.

211 E. *Schillebeeckx,* Gott — Kirche — Welt, Mainz 1970, 130. — *Ders.,* Christus — Sakrament der Gottbegegnung, Mainz 1960, 205 ff. — Schillebeeckx nennt diese Auffassung ein Gemeingut unter den Theologen und beruft sich u. a. noch auf: *J. Daniélou,* Défense du pratiquant, in: Etudes 296 (1958), 3—13; P. *Schoonenberg,* Het geloof van ons doopsel, III, s'Hertogenbosch 1958, 241.

212 J. *Loew,* Journal d'une mission ouvrière, Paris 1959 (deutsch: Mainz 1960).

Auch die Analysen der religiösen Sozialisationsvorgänge weisen in diese Richtung: Je weniger jemand am religiösen Tun einer konkreten Gemeinde sich beteiligt, desto weniger „gemeindlich" und damit auch christlich ist sein Glaube, desto stärker ist ein solcher Katholik aber auch dem sozialen Konformitätsdruck in Richtung auf die fragmentarisch-christliche Auswahlreligiosität ausgesetzt. Wenn daher auch vom Kirchengebot her nur mit Vorbehalten auf eine theologisch nicht mehr zu rechtfertigende Distanz von Auswahlchristen zur Kirchengemeinde geschlossen werden kann, so muß doch auf dem Hintergrund der gesellschaftlichen Situation und der Möglichkeit vollchristlichen Glaubens in ihr diese Distanz auch theologisch als zu groß eingeschätzt werden: Auswahlchristen haben mehrheitlich nicht mehr jene soziale Integration in eine Gemeinde, die (voller) christlicher Glaube in der heutigen Zeit voraussetzt. Erst von da her gewinnt auch die reduzierte Kirchgangsfrequenz vieler Auswahlchristen ihre Bedeutung für die theologische Bewertung der Situation. Die Reduzierung des Kirchgangs wird nämlich nicht nur zum Ausdruck eines teilweisen Rückzugs von der Kirchengemeinde, sondern auch zum Symbol einer zumindest partiellen Trennung vom Glauben der Kirche.

3.7. RELIGION OHNE KIRCHE?

Die theologische Deutung auswahlchristlicher Religiosität läßt sich somit in folgenden Punkten knapp zusammenfassen:

(1.) Auswahlchristliche Religiosität ist ihrer Tendenz nach inhaltlich nicht (durchgängig) christlich, in diesem Sinn materiell nicht-orthodox und „hairetisch", weil der Tendenz nach kirchentrennend. Zentrale christliche Wahrheiten haben weder kognitiv noch verhaltensmäßig eine auffindbare Relevanz. Es handelt sich bei vielen nur mit ernsten Vorbehalten um Menschen, die glauben, daß Jesus der Herr ist, daß sich, um wieder die Formulierung von F. Klostermann zu verwenden[213], im Menschen Jesus von Nazareth die Liebe, die Vollmacht und Herrlichkeit Gottes am deutlichsten, ja endgültig bezeugt hat; die auf Grund der Auferstehung Jesu auf ein Leben über den Tod hinaus hoffen. Auswahlchristliche Religion ist oft nicht spezifisch christlich. Ein allgemeiner Gottesglaube zählt zu den wenigen soziokulturellen Selbstverständ-

[213] *Klostermann,* Gemeinde Christi, 15.

lichkeiten[214]. Im Sinn von G. Mensching ist es mehr eine „Vorhofreligion", typisch für massenkirchliche Verhältnisse[215].

(2.) Diese Religiosität führt konsequenterweise auch nicht dazu, daß Auswahlchristen (bewußt und durchgängig) nach dem Lebensentwurf Jesu zu leben versuchen. Imperative für das sittliche Leben, die auf dem Hintergrund der christlichen Auffassung vom Menschen kirchlich formuliert sind, haben nur begrenzte normative Kraft im Leben von Auswahlchristen. In diesem Sinn ist fraglich, ob es sich um Menschen handelt, „die Jesu Weg zu gehen versuchen und in seiner Kraft glauben, lieben, sich in der Welt engagieren und hoffen, auch gegen alle Hoffnung"[216].

(3.) Noch weniger läßt sich sagen, daß die Auswahlchristen Menschen sind, die „Jesu Botschaft weitersagen". Die Bindung an die christliche Gemeinde ist zwar auf Grund einer gelegentlichen Praxis noch etwas verbreiteter als eine Aktivität in ihr und in ihrem Sinn. Doch entspricht auch diese Bindung dem typischen Zug auswahlchristlicher Religion, eine „Bedürfnisreligion" zu sein: Die Kirche wird insoweit in Anspruch genommen, als es dem allgemeinen religiösen Bedarf der Menschen entspricht. Das würde zwar prinzipiell einer Christlichkeit dieser Religiosität nicht widersprechen, da ja auch das Christentum sinnvoll nicht ohne Lebensbezug bestehen kann. Die Motive für die religiöse Praxis der Auswahlchristen entspringen aber, soweit man darüber Angaben besitzt, nicht so sehr dem Glauben an Jesus und dessen Vatergott, sind ebensowenig bloß sozial, traditionell und in diesem Sinn „volkskirchlich", sondern stammen eben aus dieser gesellschaftlich gedeckten allgemeinen Religiosität, nach der Religion als sicherster Schild und sublimste Versicherung gegenüber der Bedrohung jeglicher Anomie besonders in außeralltäglichen Situationen empfunden wird[217].

(4.) Diese grundsätzliche Funktionalität auswahlchristlicher Religion läßt auch die geringe Kirchlichkeit und noch schwächere Gemeindlichkeit verstehen. Kirchlich ist sie (noch) insoweit, als eben die Kirchen gesellschaftlich anerkannte Sinngebungsmodelle für diese „religiösen" Lebenssituationen zur Verfügung stellen. Im Prinzip wäre dazu aber

---

[214] *Boos-Nünning* spricht auch beim allgemeinen Gottesglauben, der in der faktorenanalytischen Aufbereitung der Umfrage unter den Katholiken Bochums als eigener Faktor auftrat, wegen der J-Kurven-Verteilung von einem positiven Konformitätsdruck. *Boos-Nünning,* Dimensionen, 142.

[215] „Durchbruch und Zunahme der Vorhofreligion innerhalb der Universalreligion steht im gleichen Verhältnis zu ihrer Ausbreitung." G. *Mensching,* Soziologie der Religion, Bonn 1948, 156.

[216] *Klostermann,* a. a. O.

[217] P. L. *Berger,* The Sacred Canopy, New York 1967.

auch „jede andere Religion gleich wahr und gut". Aus dem Bedürfnischarakter folgt zudem, daß eine soziale Integration in eine konkrete Gemeinde als nicht notwendig empfunden und deshalb auch nicht angestrebt wird. Das kirchliche Angebot kann ähnlich wie andere „Ware" gekauft werden, ohne dafür die Last sozialer Bindung in Kauf nehmen zu müssen. Auswahlchristliche Religiosität verlangt daher zunächst nach dem Typ der „Service"- oder Versorgungspastoral.

(5.) Trotz verbreiteten und im Prinzip kirchentrennenden Nichtglaubens, trotz weitreichenden grundsätzlichen Vorbehalts gegen die kirchliche Lehr- und Leitungsautorität und trotz nicht unerheblicher Abstinenz von der Kirchengemeinde stehen diese Auswahlchristen formellrechtlich dennoch in der Kirche. Das Wissen um diese theologisch prekäre Situation stammt ja lediglich aus summativen Umfrageergebnissen und vereinzelten Erfahrungen aufmerksamer Seelsorger. Dem kirchlichen Amt und den Gemeinden ist es daher nicht möglich, unter den Auswahlchristen die Grenze zwischen einer noch möglichen partiellen Identifikation und einem nicht mehr möglichen Dissens zu ziehen. Die Entscheidung darüber liegt bei den einzelnen Katholiken selbst, die aber, mehrheitlich abgedeckt durch einen gesellschaftlichen Konformitätsdruck und ihre allgemein-religiösen Anliegen, die Kirchenmitgliedschaft formell aufrecht erhalten und durch ein Minimum von Zustimmungshandlungen auch ratifizieren. Dadurch kommt es zum Phänomen, das in diesem Ausmaß bisher in der Kirche wohl nicht bestanden hat: Daß die Glaubensgrenzen nicht mehr mit den sozialen Rändern formeller Mitgliedschaft zusammenfallen, sondern quer durch die Kirche gehen. Vermutlich unterscheiden sich die verschiedenen christlichen Kirchen diesbezüglich nur wenig. Das bedeutet aber, daß es Nichtglauben in großem Ausmaß als nicht fixierbares Ereignis inmitten der Kirche gibt.

(6.) Die Ursachen für diese zwiespältige Situation sind vielfältig. Zu erinnern ist an die diskutierte Dissonanz zwischen kirchlichem und gesellschaftlichem Wertsystem, die nicht immer zu Lasten der Gesellschaft geht, den weltanschaulichen Pluralismus und darin die religiöse „Marktsituation"; damit steht in Verbindung die Veränderung im gesellschaftlichen Standort der Kirche im Lauf der letzten Jahrzehnte im Sinn einer zunehmenden Trennung des religiösen von den übrigen gesellschaftlichen Bereichen, wodurch die Kirche nicht nur ihre weltanschauliche Monopolstellung verlor und weniger Sozialisationsträger zur Verfügung hat, sondern auch viele gesellschaftliche Funktionen aufgeben mußte. Das hat zwar zu einer Klärung der kirchlichen Funktionen geführt, zugleich aber die Beziehungen der Menschen zur Kirche auf dieselbe Basis gerückt wie zu vielen anderen gesellschaftlichen Großinstitutionen, nämlich die Basis begrenzter Funktionalität. Theologisch kann das als Vorteil begrüßt werden, kann sich doch die Kirche durch Abgabe fremder Funktionen wieder auf ihre ureigenste Aufgabe des Dienstes am Glauben konzentrieren. Doch hatte dies auch zur Folge, daß die soziale Integration der Menschen in die (Pfarr-) Gemeinden lockerer wurde. Damit sind die Glaubensinhalte und die herkömmlichen sittlichen Normen weithin der Verfügungsmöglichkeit der einzelnen anheimgestellt. Subjektivierung und Labilisierung nehmen zu. Eben diese Verunsicherung der Glaubensinhalte vermindert ihrerseits die Bindung an die Gemeinde noch weiter, weil eine über die sozial gedeckte Bindung an die Kirche hinausgehende soziale Integration in eine christliche Gemeinde heute zunehmend von diesen primär-religiösen Motiven abhängig ist. Für die Glaubensinhalte hat diese reduzierte Gemeindebindung schließlich zur Folge, daß sie — durch die religiöse Gruppe nicht mehr gedeckt — nun in erhöhtem Maß dem sozialen Konformitätsdruck ausgesetzt ist: Das bedeutet aber weitere „Entchristlichung" dieses Glaubens.

(7.) Die religiös-kirchliche Situation der Auswahlchristen hat auf Grund dieser Labilisierung einen dynamischen Charakter. Weil sie so sehr gesellschaftlichem Konformitätsdruck ausgesetzt ist, unterliegt sie auch gesellschaftlichen Veränderungen, die in Richtung auf eine noch weitere Entflechtung von Religion, Kirche und Gesellschaft zu gehen scheint. Das Ergebnis wäre eine vielleicht zwar immer noch formell kirchliche, inhaltlich aber noch mehr unchristliche Religiosität. Der Prozeß einer — theologisch besehen — zunehmenden Repaganisierung von Auswahlchristen steht somit nicht außerhalb des Bereichs der Möglichkeit. Nicht abzusehen ist auch, ob diese allgemeine Religiosität in einer Gesellschaft, die keinen positiven Konformitätsdruck mehr auf die formelle Kirchenzugehörigkeit ausübt, weiterhin formell kirchlich bliebe. Ein politisch für die Kirche ungünstiges Klima würde dann aber weniger zu einem „Glaubensabfall" führen, sondern lediglich die wahre religiös-kirchliche Situation offenbar machen. Die Lage der Kirche in den kommunistischen Staaten oder auch die Zeiten der politischen Auseinandersetzungen zwischen Kirche und Austromarxismus und dem Nationalsozialismus könnten „Kostproben" dafür gewesen sein. In einer solchen Situation wäre aber auch nicht mehr die auswahlchristliche Religiosität, sondern eine (völlig) privatisierte Religion die dominante Sozialform von Religion.

4. RELIGION NACH WAHL ALS PASTORALE CHANCE

Man hat kirchlicherseits den Prozeß der Entkirchlichung bisher mehr beklagt als genützt[218]. Ausdruck dafür ist die Tendenz neuzeitlicher Pastoral, sich in die Kerngemeinden zurückzuziehen. Liturgiereform und Strukturveränderungen erfreuen sich einer großen Beliebtheit. Natürlich hat dieses Bemühen um die innere Reform der Kirchen und ihre Gemeinden einen dringlichen Stellenwert, und eine Pastoral auch an Auswahlchristen ist undenkbar, wenn sie nicht in noch viel stärkerem Maß verwirklicht wird als bisher. Davon wird unter dem Titel „glaubwürdige Gemeinden" noch zu reden sein. Doch ist nicht ganz zu Unrecht gelegentlich auch von einer „Imagekosmetik" der Kirche geredet worden. Über alle kerngemeindlichen Reformen habe man das eigentlich brennende Problem der Kirche vergessen, nämlich die auswahlchristliche Distanz vieler Menschen zur Kirche, die verbreitete partielle Identifikation mit dem Glauben und Leben der Kirche. Man hat manchmal den Eindruck, daß soziologisch informierte Pastoraltheologen diese Akzentsetzung auf die Kerngemeinde noch begünstigt haben. Die im Hinblick auf eine noch ausstehende Zukunft formulierte gemeindekirchliche „Realutopie" steht fraglos, bei all ihrer Aussagekraft, in einem gewissen Zusammenhang mit einer vielfach beobachtbaren Flucht vor dem mühsamen konkreten Einsatz außerhalb der schützenden Mauern und fern von der Geborgenheit religiöser Kleingruppen und integrierter Gemeinden. Auf diese Weise wiederholt sich stets neu, was H. Swoboda schon 1909 als schweren Fehler großstädtischer Seelsorge beklagt hat, daß „immer nur diejenigen bekehrt werden, die schon bekehrt sind"[219].

In den folgenden Überlegungen geht es um diesen vernachlässigten und insgeheim gemiedenen Bereich der Pastoral in einer zunehmend entkirchlichten Welt[220]. Selbstverständlich werden dadurch die Bemühungen um eine weitere Reform der Kirche vor allem in den Kerngemeinden und eine Verbesserung der Pastoral an den Kirchentreuen nicht abgewertet. Wie sich zeigen wird, verlangt eine Auswahlchristenpastoral selbst danach. Das Hauptinteresse gilt somit dem, was man oft „Fernstehendenseelsorge" genannt hat, auf dem Hintergrund unse-

---

[218] Vgl. R. Zerfaß, Die „distanzierte Kirchlichkeit" als Herausforderung an die Seelsorge, in: Leb. Seelsorge 22 (1971), 249—265.

[219] H. *Swoboda,* Großstadtseelsorge, Regensburg 1909, 256.

[220] B. *Dreher,* Seelsorge an den Fernstehenden, in: Kirche in der Stadt II, 249—266. — *Ders.,* Pastoration und Fernstehende, in: Leb. Seelsorge 15 (1964), 149—158.

rer religionssoziologischen Situationsanalyse aber Pastoral für Auswahlchristen heißen soll.

4.1. AUSGANGSLAGE

Diese Namensänderung ist nicht unwesentlich. Der Begriff des „Fernstehenden" hat nämlich einen deutlichen negativen Beigeschmack im Sinn einer kirchensoziologischen Diskriminierung dieser Gruppe. Im Vordergrund des Begriffsinhalts steht die Distanz zur Kirche, die fraglos vorhanden ist und vielleicht theologisch gewichtiger ist als in der bisherigen pastoralen Praxis, etwa der Sakramentenspendung, ersichtlich wurde.

Dennoch handelt es sich um eine bloß negative Charakterisierung dieser Personengruppe und ist von daher für die Erstellung eines pastoralen Grundkonzepts nicht sehr geeignet. Vorzuziehen ist vielmehr ein Ausdruck, der unter gleichzeitiger Andeutung der negativen Aspekte vor allem die positiven Seiten hervorkehrt. Eben dafür bietet sich „auswahlchristliche Religiosität" oder „Religion nach Wahl" an. Auch „partielle Identifikation" wäre dafür brauchbar, wobei aber die Relation des Substantivs zum diskriminierenden Adjektiv gewahrt bleiben müßte und die vorhandene Identifikation trotz ihrer Partialität in den Vordergrund zu rücken wäre. Dies ist umso dringlicher, als unsere theologische Reflexion auf die auswahlchristliche Religiosität gezeigt hat, daß der vorfindbare partielle „Nichtglaube" oft nur Ablehnung unverständlicher Vorstellungen oder Ausdruck einer auch sonst verbreiteten Skepsis ist. Diese große Personengruppe ist demnach nicht so sehr an dem zu bestimmen, was an christlicher Religiosität nicht oder nicht mehr vorhanden ist, sondern was (schon, oder noch) fragmentarisch christliche Religiosität darstellt. Dadurch sind sie aber nicht in erster Linie „Ungläubige", „Fernstehende", Personen, die sich als „zentrifugale Randsiedler" von der Kirche entfernen, sondern „noch" oder „schon" (halbe) Katholiken, „zentripetale Randsiedler", „Nahestehende" und „Sympathisanten"[221]. Es ist klar, daß sich hinter einer solchen Veränderung in der Terminologie ein wichtiges Stück neuerer Ekklesiologie verbirgt[222].

---

[221] *Rahner,* Kirchenvolk, a. a. O. 564. — R. *Zerfaß,* Die „distanzierte Kirchlichkeit", in: Leb. Seelsorge 22 (1971), 249—265, 251. — T. *Rendtorff,* Die Kerngemeinde im Verständnis des Gemeindepfarrers, in: Soziologie der Kirchengemeinde, 153—162.

[222] Es geht um das oben diskutierte Problem der gestuften Kirchenzugehörigkeit. Vgl. auch K. *Rahner,* Kirchengliedschaft, in: Sacramentum mundi II, 1209— 1215. — W. *Kasper,* Die Heilssendung der Kirche in der Gegenwart, Mainz 1970, 43—46. — B. *Dreher,* Pastoration und Fernstehende, in: Lebendige Seelsorge 15 (1964), 149—158.

Auch aus sozialpsychologischen Gründen ist die Bezeichnung dieser Personengruppe pastoral nicht unerheblich. Die Identifikation eines Menschen mit einer Bezugsgruppe hängt nicht unwesentlich davon ab, wie er von der Gruppe beurteilt wird. Allein schon das Gefühl, nicht mehr als vollwertiges Mitglied betrachtet zu werden, schädigt das noch vorhandene Zugehörigkeitsgefühl und bestärkt schon vorhandene Emigrationstendenzen. Gerade das kann aber absolut nicht im Interesse pastoraler Anstrengungen um diese Menschengruppe liegen. Dies ist umso mehr zu bedenken, als ja die Distanz zur Gemeinde weithin das Produkt eines sozialen Konformitätsdruckes sowie vielfältiger Sozialisationsvorgänge ist und somit moralisch bei den meisten schuldlos zustande kommt. Zudem ist im Einzelfall das Ausmaß der konkreten Distanz nicht bekannt.

Was daher im konkreten pastoralen Tun — und damit auch in den folgenden Überlegungen — als Ausgangspunkt dienen kann, ist lediglich das, was auch in der jeweiligen konkreten pastoralen Handlung aus der Situation ersichtlich ist: Daß also hier und jetzt ein Getaufter, der formell-rechtlich nach Canon 87 der Kirche zugehört, der Kirche gegenüber eine Nachfrage hat. Natürlich kann der volle Glaube nicht vorausgesetzt werden. Das ist aber fürs erste auch nicht entscheidend. Was zählt, ist der gute Wille, die „religiöse Lebensnot“, für welche Heil und Erlösung gesucht werden, und zwar in der Kirche. Ausgang der pastoralen Bemühungen ist daher die — aus der Nachfrage wie diversen Zustimmungshandlungen ersichtliche — Selbsteinschätzung des einzelnen.

4.2. ZIEL: CHRISTLICHE LEBENSDEUTUNG UND LEBENSBEWÄLTIGUNG

Daß diese konkrete Lebenssituation der Menschen uneingeschränkt ernst genommen werden muß, ergibt sich auch aus der Zielsetzung auswahlchristlicher Pastoral. Was anderem nämlich soll der Dienst der Kirche gelten als der Lebensbewältigung und Deutung des konkreten Lebens dieser Menschen? Zur Lebenssinngebung und Lebensbewältigung der Menschen muß die Kirche beitragen! Natürlich ist sie nicht die einzige gesellschaftliche Institution, die dem Menschen dient. Die hochdifferenzierte Industriegesellschaft hat dafür eine Reihe von Institutionen zur Verfügung. Das hat zur Folge, daß die Kirche heute nicht mehr die Aufgaben inzwischen eigenständig gewordener Institutionen zu erfüllen hat, sondern einen *spezifischen* Auftrag für die Menschen besitzt. Konkret geht es daher der Kirche um das Leben der Menschen, insofern dieses durch die Annahme des Glaubens eine neue Gestalt und Orientierung erhält. In diesem Sinn ist der Glaube das eigentliche Ziel jeglicher und auch einer Auswahlchristenpastoral. Es ist jener Glaube, der umfassenden Frieden mit Gott und unter den Menschen stiftet[223], der Grundakt des Glaubens selbst, also das (in Christus und in der Kirche) frei übernommene Verhältnis zum lebendigen Gott, „daß wir mit diesem Gott selbst etwas zu tun haben, zu ihm beten, immer schon vor ihm in Verantwortung leben, uns in seiner Selbsterschließung selbst empfangen"[224]. Ziel ist somit je nach Alter, Reife, Bildung und sozialer Lage eine Glaubensentscheidung[225], eine Erweckung des Glaubens, der durch so viele persönliche und gesellschaftliche Faktoren[226] ständig bedroht ist. Ziel ist, um es mit W. Kasper noch einmal anders zu formulieren, der Heilige, „der auch in unseren Tagen entschlossen und entschieden sein Leben in der Nachfolge Christi verwirklicht". Dahin zu führen, ist die bleibende und zentrale Aufgabe des kirchlichen Heilsdienstes"[227].

Man könnte diesen Formulierungen entnehmen, daß hier eine Position des religiösen Individualismus vertreten wird. Denn geht es nicht um den Heiligen, der isoliert in der Welt lebt, in unmittelbarer Nachfolge Christi (von dem er vielleicht aus einer gedruckten Bibel erfährt), der in einsamer Verantwortung vor Gott lebt? Das ist jedoch keinesfalls gemeint. Der Glaube, von dem vorhin die Rede war, kommt nämlich von der christlichen Gemeinde, erhält von ihr seine Stabilität und realisiert sich in ihr. Schon die empirischen Fakten haben uns darauf hingewiesen, daß der Glaube des Menschen als Teil seiner lebensprägenden Einstellungen und Motivationen, dahinter seiner Relevanzstrukturen, durch Sozialisationsvorgänge vermittelt wird. Träger dieser religiösen Sozialisation sind aber neben den (religiös geformten) Familien insbesondere die christlichen Gemeinden und ihre Sozialisationseinrichtungen (Predigt, Liturgie, Katechese, Öffentlichkeitsarbeit, etc.). Von sich aus kann der Mensch eben die Gottesfrage nicht beantworten und zu einem gültigen christlichen Glauben kommen[228]. Dazu braucht er — unbeschadet der Offenbarung und der inneren Glaubensgnade — die Begegnung mit „religiösen Schlüsselpersonen", mit Menschen also, die bewährte Modelle christlicher Lebensführung sind. Dabei genügt auch nicht die Begegnung mit einzelnen Heiligen. Notwendig ist die Erfahrung mit christlichen Gemeinden. Denn die Vollendung des Glau-

[223] *Kasper*, Heilssendung, 28 ff.

[224] K. *Rahner*, Glaubensvollzug und Glaubenshilfe heute, in: HP III, 519 f. — J. *Ratzinger*, Kommentar zur dogmatischen Konstitution über die göttliche Offenbarung, in: LThK, Das Zweite Vat. Konzil, II, Freiburg 1967, 497 ff. — Vgl. auch *Thomas*, S. Theol. II—II, 2, 1, ad 2; II—II, 11, 1.

[225] *Klostermann*, Prinzip Gemeinde, 30.

[226] H. Wulf, Die immer neue Erweckung, in: HP III, 535—547.

[227] *Kasper*, Heilssendung, 46.

[228] P. *Wess*, Wie von Gott sprechen? Graz 1970. — *Ders.*, Befreit, 60 ff.

bens ist die Liebe, die den Menschen heilt, weil sie ihn von Angst und Einsamkeit befreit. Diese Nächstenliebe ist aber eben nur in der Gemeinschaft von Christen erfahrbar.

Der Glaube kommt aber nicht nur von der Gemeinde und entsteht durch die Teilnahme an ihrem Leben[229]. Er verwirklicht sich auch erst voll in ihr. Ein aus dem Glauben bewältigtes Leben drängt, wenn es wirklich christlich ist, von selbst zur Eucharistie an Gott und damit auch zur liturgischen Feier, in der die gottgestiftete Einheit der Menschen untereinander sinnfällig zum Ausdruck kommt und vertieft wird. Nicht nur diese theologischen Gründe sprechen für die Gemeindlichkeit des Glaubens, wie er beim Auswahlchristen angezielt wird. Es sprechen auch jene Untersuchungsergebnisse dafür, die den Zusammenhang zwischen Orthodoxie und Praxis, also Anteilnahme am Leben der Gemeinde und Gläubigkeit aufweisen. Vollchristlicher Glaube ist in der heute gegebenen gesellschaftlichen Situation bevorzugt dann anzutreffen, wenn die religiöse Gruppe (durch die Begegnung mit ihrem Wertsystem und damit durch die so gegebene Möglichkeit, Dissonanz zur nichtchristlichen „Umwelt" abzubauen) ihre stabilisierende Funktion erfüllt. Schließlich realisiert sich der einmal angenommene Glaube inmitten der Gemeinde. Drängt doch der Glaube zum Zeugnis für andere, zur Weitergabe jenes Ereignisses, das dem eigenen Leben widerfahren ist. Dieses Zeugnis bildet aber die christliche Gemeinde als ganze, sie ist das Sakrament gottgestifteter Einheit. Dieses Zeugnis konkretisiert sich aber auch in der amtlich-sakramentalen Beauftragung der Christen durch die Gemeinde in Taufe, Firmung und Priesterweihe.

So sehr aber die Gemeindlichkeit jenes Glaubens zu betonen ist, der im Dienst der Lebensdeutung und -bewältigung unter Auswahlchristen angestrebt wird, bleibt dennoch die Subsidiarität dieser Gemeindlichkeit und damit die Priorität des Glaubens bestehen. „Kirchlichkeit (ist) nicht der Anfang, sondern das Ende der Gnade"[230]. Das bedeutet, daß die Kirchlichkeit des Glaubens von Auswahlchristen nicht „mit Gewalt oder List" manipuliert werden dürfe. Sosehr daher die „Einbeziehung" in kirchliche Gemeinschaften das „letzte Ziel" einer Seelsorge an Auswahlchristen genannt werden kann[231], so darf diese „Einkirchlichung" nie durch gekonnte Sozialtechniken ohne Rücksicht auf den Glauben dieser Betroffenen erfolgen. Zudem ist für die Auswahlchristen zu berücksichtigen, daß die erreichbare Kirchlichkeit aus sehr vielfältigen

[229] In diesem Sinn wird auch in der Religionssoziologie gesagt, daß man der Kirche zuerst angehöre, und dann erst glaube. Vgl. H. O. *Wölber*, Religion ohne Entscheidung. Volkskirche am Beispiel der jungen Generation, Göttingen ²1960, 60 und 104.

[230] K. *Rahner*, Kirchliche und außerkirchliche Religiosität, in: Stimmen der Zeit, 98 (1971), 6.

[231] Leben und Wirken der Kirche von Wien, Handbuch der Synode 1969—1971, Wien 1972, Nr. 505, 170.

Gründen stets hinter dem theologisch wünschenswerten Ausmaß zurückbleiben wird. Dies nicht zur Kenntnis zu nehmen, hieße, in eine pastorale Utopie verfallen und damit selbst Enttäuschungen und Defaitismus verursachen. Daß die Kirchlichkeit der Auswahlchristen nur in Ausnahmen den erwünschten Standard erreicht, darf nicht zum Schluß verleiten, daß auch die Gläubigkeit der Auswahlchristen deshalb ähnlich sozial verdunkelt sein muß. Die Differenz zwischen Kirchlichkeit und personalem Glauben[232] zwingt einfach zu dieser Feststellung, ohne daß damit die unaufgebbare Bezogenheit von Glaube und Gemeinde in Frage gestellt würde. Grundsätzlich wird somit der Dienst an der gläubigen Lebensbewältigung auch die Sorge um ein Wachstum der sozialen Integration in christliche Gemeinden beinhalten, *doch bleibt der Dienst am Glauben der Auswahlchristen auch dann noch Pflicht für die Kirche, wenn sich herausstellen sollte, daß Auswahlchristen aus sozialen Gründen zu einem hohen Maß an Sozialintegration nicht imstande sind.* Konkret bedeutet das, daß es daher nicht primär um die Erfüllung der Kirchengebote, der Meß- und Sakramentenverpflichtung, noch weniger um die Einbindung in religiöse Kleingruppen und um das Gewinnen für verschiedene Aktivitäten geht, sondern eben um eine christliche Grundorientierung des Lebensvollzuges und erst in diesem Rahmen um die Einbeziehung in die Aktivität der christlichen Gemeinde, bzw. daß umgekehrt alle diese Einkirchlichungsbestrebungen eben nur als Dienst am Glauben der betroffenen Menschen verantwortet werden können. Dies muß auch deshalb so deutlich gesagt werden, weil nicht wenige Auswahlchristen eine beachtliche Bindungsunlust aufweisen, die gelegentlich eine verständliche und legitime Reaktion gegenüber verkappten Kontrollansprüchen mancher religiöser Kleingruppen und überintegrierender Gemeinden zu sein scheint.

4.3. ELEMENTE EINER AUSWAHLCHRISTENPASTORAL

Um von der besprochenen Ausgangslage zum gesetzten Ziel zu gelangen, bedarf es vieler pastoraler Bemühungen. Man wird ohne Übertreibung sagen können, daß das gesamte Pastoralkonzept einer Kirche davon betroffen ist, sobald sie sich in ihrer Tätigkeit nicht ghettohaft auf die „ohnedies schon Bekehrten" beschränkt. Doch geht es uns hier nicht um die Präsentation eines derartigen lückenlosen Pastoralkonzepts, in dem die Sorge um die Auswahlchristen einen hinreichenden

[232] Dahinter steht die des öfteren in dieser Studie besprochene Differenz zwischen Gesellschaft und Person, bzw. Institution und Person.

Platz einnimmt. Vielmehr sollen nur solche Elemente herausgegriffen werden, die sich von unserer religionssoziologischen Überlegung her ableiten. Wegen dieser methodischen Beschränkung kann von vornherein kein vollständiger Pastoralplan erwartet werden, wie er etwa in einer dreijährigen Arbeit von der Wiener Diözesansynode erstellt wurde[233]. Eine solche Erwartung müßte auch deshalb enttäuscht werden, weil eben die Formulierung eines Pastoralkonzepts über die soziologischen wie die bisher eingebrachten theologischen Prämissen hinaus auch noch andere Voraussetzungen hat, die der Theologie sowie anderen Humanwissenschaften als der Soziologie zu entnehmen sind. Diese Prämissen sind aber im Rahmen dieser Arbeit nicht aufgearbeitet. Das hat zur Folge, daß manche der im folgenden angeschnittenen wichtigen Fragen nur kursorisch behandelt werden, wobei es sich um jene Fragenkomplexe handelt, die in anderen Disziplinen (etwa der Erwachsenenbildung, der Katechetik, der Religionspädagogik, der Psychologie etc.) ihre Antwort finden, aus Gründen der logischen Konsistenz dieser unserer Studie dennoch angeführt werden müssen.

4.3.1.

Glaubwürdige Gemeinden

Eines der wichtigsten und unabdingbaren Elemente einer zeitgemäßen Pastoral für Auswahlchristen ist die Sorge um eine glaubwürdige Kirche und um glaubwürdige Gemeinden und Christen in ihr. Dieses Problem der „äußeren Glaubwürdigkeit" wie wir sie im Gegensatz zu einer „inneren" nennen wollen, von der später im Rahmen der Erfordernisse einer Theologie für Auswahlchristen die Rede sein wird, hat als soziale Absicherung der „Wahrheit" durch Plausibilitätsstrukturen in der modernen Religions- und Wissenssoziologie großes Interesse gefunden. Erkenntnisse, verhaltensnormierende Muster, theoretische Sinnwelten sind umso „plausibler", je stärker sie durch institutionelle Strukturen abgestützt sind[234]. Wir haben diese Theorie empirisch darin bestätigt gefunden, daß heute ein hoher Grad an Orthodoxie zumeist mit einer engen Bindung an eine religiöse Gruppe einhergeht, während Distanz zur Kirche (heute) auch Distanz zur kirchlichen Symbolwelt bedingt. Der Bestand einer kirchlichen Institution und erfahrbarer Gemeinden, die Begegnung mit religiösen Schlüsselpersonen, noch mehr

---

[233] Leben und Wirken der Kirche von Wien. Handbuch der Synode 1969—1971, Wien 1972.

[234] P. L. *Berger*, T. *Luckmann*, Die gesellschaftliche Konstruktion der Wirklichkeit. Eine Theorie der Wissenssoziologie, Stuttgart 1969, 124 ff. — P. L. *Berger*, The Sacred Canopy, New York 1967, 46—48.

aber die Mitgliedschaft in überschaubaren religiösen Gruppen und die Identifikation mit ihnen, tragen zur Plausibilität des kognitiven Systems des Glaubens erheblich bei.

Doch genügt dazu nicht die Institution als solche, sondern es muß eine Institution sein, die durch ihre Strukturen und Mitglieder selbst noch einmal die grundsätzliche Plausibilitätsfunktion der Kirche sicherstellt. Die heute so dringliche Absicherung des Glaubens durch die Institution geschieht demnach nur dann, wenn sich Theorie und Praxis in der Kirche weithin decken. Zwar wird niemand verlangen, daß der Kirche dies jemals restlos gelingt. Sie selbst nennt sich eine sündige und stets erneuerungsbedürftige Kirche[235]. Doch wird jedermann von der Kirche zurecht verlangen, daß sie selbst das zu verwirklichen trachtet, was sie anderen verkündet. Dies ist theologisch deshalb absolut wichtig, weil eben die Kirche ein vor aller Welt aufgerichtetes Zeichen ist, an dem die Menschen ihre endzeitliche Berufung erkennen sollen, nämlich in gottgestifteter Einheit miteinander zu leben[236]. Erst wenn das an der Kirche ersichtlich wird, werden auch Auswahlchristen wie Nichtchristen erkennen, daß es sich „lohnt", Christ zu sein. Daß dazu vielfältige innerkirchliche Reformen erforderlich sind, ist von vielen Verantwortlichen der Kirche auf allen Ebenen wiederholt gesagt worden und soll (auf Grund unserer methodischen Beschränkung) nicht breit ausgeführt werden. Es sind Reformen, die nahezu alle Bereiche der kirchlichen Institution heute bereits erfaßt haben, nachdem das Konzil sich um eine Neuformulierung dessen, was Kirche in der heutigen Welt sein muß, erfolgreich bemüht hat[237].

Von besonderer Wichtigkeit scheint uns aber die Reform des Christseins selbst zu sein. Die Glaubwürdigkeit der Einladung an Auswahlchristen, sich auf den Anspruch des Evangeliums mehr als bisher einzulassen und sich, zu lebendigerem Glauben gekommen, der christlichen Gemeinde enger anzuschließen, hängt eben nicht allein von Strukturreformen ab. Der Glaube, zu dem die Einladung ergeht, muß sich ja in der einsatzfreudigen Nächstenliebe manifestieren, die sich an die Glaubensbrüder, darüber hinaus auch an die „Heiden" wendet. Die Diakonie der christlichen Gemeinden wird so zum wichtigsten Glaubwürdigkeitskriterium. So sehr daher im folgenden von der Notwendigkeit einer Verkündigungspastoral die Rede ist: Es kann damit nicht gemeint sein, daß es mit dem bloßen Reden allein getan ist. Diese Verkündigung wird im Grunde das wiedergeben, was die Glieder der Gemeinden an sich selbst erfahren haben und nun zu leben versuchen.

---

[235] Lumen Gentium, 8 f.

[236] *Schürmann*, Der gesellschaftliche und gesellschaftskritische Dienst der Kirche und der Christen in einer säkularisierten Welt, in: Diskussion zur „Politischen Theologie", hrg. v. H. *Peukert*, Mainz - München 1969, 147 ff.

[237] *Houtart*, Explosion der Kirche? Die Krise der Institution, Salzburg 1969.

Es kann nun hier auch nicht um die Ausführung dieser Grundfunktion jeglicher christlicher Gemeinde gehen, nämlich ihre Diakonie. Diese wird in der gegebenen gesellschaftlichen Situation sehr vielfältige Formen annehmen müssen. Caritas im herkömmlichen Sinn reicht dazu nicht aus. Neben dem unmittelbar helfenden Einsatz an Notleidenden, Alten, Kranken, Benachteiligten und Verwahrlosten, vor allem jener, die durch das Netz weltlicher Fürsorge fallen oder für deren Sorge der überbeanspruchte Sozialstaat nicht genügend Menschen und Mittel hat, werden sich die Christen heute für gesellschaftspolitische Aufgaben in der eigenen Profangemeinde, im eigenen Land oder auch darüber hinaus zur Verfügung stellen müssen[238].

Gibt es solche diakonisch-brüderliche Gemeinden nicht, dann wird nicht nur ihre Botschaft unglaubwürdig, sondern es wird auch die Einladung an Auswahl- und Nichtchristen vergeblich sein, ja es würde sogar die tragische Situation eintreten, daß Menschen in der Verkündigung für das Ideal des Christseins begeistert worden wären, sich von diesem aber auf Grund der Begegnung mit toten Gemeinden umso enttäuschter abwenden. Die Distanz solcher Menschen zur Kirche wäre zuletzt größer als zuvor. Die Kirche wäre selbst mit daran schuld.

---

[238] Zum Komplex der kirchlichen Diakonie und ihrer Formen gibt es heute eine reiche Literatur. So beinhalten viele Synodendokumente Beschlüsse über den Einsatz der Kirche für Arme, Alte, Gastarbeiter, Jugendliche, etc.: Leben und Wirken der Kirche von Wien, passim. Mehr dem gesellschaftskritischen Dienst der Kirche haben die Katholische Soziallehre und neuestens die Politische Theologie von J. B. *Metz* ihre Aufmerksamkeit geschenkt. Um den positiven Beitrag der (Gesamt-)Kirche und des Christentums in allen Bereichen der Gesellschaft, also um den gesellschaftlichen Dienst, hat sich die lange Tradition der Katholischen Soziallehre verdient gemacht. Von den kirchenamtlichen Dokumenten seien aus jüngster Zeit dazu Gaudium et spes und Octogesimo adveniens genannt. — J. B. *Metz,* Zur Theologie der Welt, München - Mainz ²1969. — Diskussion zur ‚Politischen Theologie', hrg. v. H. Peukert, Mainz - München 1969. — J. *Schasching,* Die soziale Botschaft der Kirche, Innsbruck ²1963. — In jüngster Zeit gibt es Versuche, die gesamtkirchlichen Bemühungen um gesellschaftspolitische Probleme auch auf der Ebene der Gemeinde wahrzunehmen: Neue Gemeindemodelle, hrg. v. N. *Hepp,* Wien 1971. — Experiment Isolotto, herausgegeben und eingeleitet von H. D. *Bastian,* München - Mainz 1970. — A. *Stadelmann,* G. *Mainberger,* Auszug aus dem Getto. Impulse einer Pfarrei für die Siebzigerjahre, Luzern 1972. — P. *Görges* u. a., Wer mitmacht, erlebt Gemeinde. Modell Dortmund-Scharnhorst, Limburg 1972. — G. W. *Webber,* Gemeinde in East Harlem, München 1963. — Aktion: Gemeinde heute. Analysen, Berichte, Modelle, hrg. v. W. *Schneider,* Wuppertal 1970. — Diakonie der Gemeinde. Arbeitshilfen für Mitarbeiter, hrg. von der Inneren Mission und dem Hilfswerk der evangelischen Landeskirche in Baden, Loseblättersammlung ab 1966. — Aktion: Politisches Nachtgebet, mit Beiträgen von D. Sölle, M. von der Grün, J. Tillmanns, Wuppertal 1971. — P. *Heck,* Gesellschaftliche Aufgaben der Gemeinde am Ort, in: Gemeinde des Herrn, Paderborn 1970, 365—370. — K. *Lang,* Politisches Engagement der Gemeinde, a. a. O., 801—820.

4.3.2.

Verkündigungspastoral

Unter den bisher gemachten Voraussetzungen kann nun behauptet werden, daß Pastoral an Auswahlchristen schwerpunktmäßig Verkündigungspastoral sein muß. Dies hat seinen Grund darin, daß es eben um den Glauben der Menschen geht, der das Fundament und die Wurzel des christlichen Heiles ist[239]. Der Glaube aber kommt vom Hören (Röm. 10, 17).

Dieser christliche Glaube kann bei der Mehrzahl der Auswahlchristen nicht selbstverständlich vorausgesetzt werden. Er erscheint auf Grund der Untersuchungen auf der reflektierten und erfragbaren Ebene als eher inhaltslos und leer, ist subjektiviert und labil; auch der Glaubensakt selbst erscheint bedroht. In dieser Situation genügt es nun nicht, ohne Sorge um diesen nicht vorhandenen Glauben einfach Sakramente zu spenden und so ohne intensive Glaubensverkündigung die Menschen mit religiöser Nachfrage service-mäßig zu versorgen. Damit ist nicht behauptet, daß nicht ein gutes Stück Glaubensverkündigung in der traditionellen Form der Sakramentenspendung und der Liturgie enthalten war. Doch wird man der Situation nicht gerecht, wollte man meinen, es sei diesbezüglich genügend verkündigt worden.

Wenn wir daher für die Auswahlchristen eine Verkündigungspastoral verlangen, meint dies eine Akzentverschiebung in Richtung auf Verkündigung. Unser Postulat nach der Verkündigungspastoral richtet sich auch gegen eine vorschnelle Verweigerungspastoral. Zwar sind Fälle nicht ausgeschlossen, in denen selbst Personen mit „religiöser Nachfrage aus sozialen Motiven" so sehr auf ihrem Standpunkt des Nichtglaubens verharren, daß die Verweigerung einer Sakramentenspendung nötig und gerechtfertigt erscheint. Bis zu diesem Zeitpunkt muß aber eine intensive Konfrontation dieses Menschen mit dem Anspruch des Evangeliums erfolgt sein.

Dem Inhalt und manchen methodischen Aspekten der Verkündigung an Auswahlchristen soll im folgenden besondere Aufmerksamkeit geschenkt werden.

4.3.3.

Verkündigungsinhalt

Wenn von den Inhalten der Verkündigung die Rede ist, dann muß einleitend dazu bemerkt werden, daß Ziel dieser Verkündigung nicht

[239] *Kasper*, Heilssendung, 70.

eine umfassende Vermittlung der kirchlichen Glaubenssätze sein muß. Man könne vielmehr, so K. Rahner, in verschiedenen Fällen damit rechnen, daß es eine fides implicita gebe, und dürfe es bewußt dabei belassen[240]. Der Grund bestehe darin, daß sich das Glaubensverständnis in der letzten Zeit gewandelt habe. Ein personales Verständnis beginne ein offenbarungspositivistisches abzulösen. Die Mitte des Glaubens sei ein „Un- und Überwort" (H. Urs v. Balthasar), die Gnade eines bleibenden dunklen Geheimnisses (K. Rahner), das sich erst in einer zweiten Ebene — und hier wiederum in hierarchisch geordneten — Glaubenssätzen artikuliere. Viel wichtiger als der Glaubensgegenstand sei daher der fundamentale Glaubensakt, der mit wenigen Inhalten zurecht komme und lebendig werde[241]. Damit ist aber auch schon gesagt, daß eine auswahlchristliche Pastoral ohne ein Minimum an Glaubensinhalten nicht zurecht kommt. Mit dem inhaltslosen und allgemeinen „Glauben" vieler Auswahlchristen wird man sich daher nicht zufrieden geben können. Wird nämlich das erforderliche Minimum an Glaubensinhalt, wie es etwa in „Kurzformeln des Glaubens" zusammengefaßt ist[242], unterboten, trägt die Pastoral selbst zur empirisch erwiesenen Tendenz bei, daß auswahlchristlicher Glaube weiter verdunstet, sich zu einer Reaktion auf allgemeine religiöse Bedürfnisse verdünnt und aufhört, Antwort auf den Anspruch der Herrschaft Gottes zu sein, die in Christus angebrochen ist.

Auf diese Weise wird die Frage nach dem Inhalt der Verkündigung und damit das Problem einer Verkündigungstheologie zu einem der Hauptprobleme einer Pastoral an Auswahlchristen. Einige unabdingbare Züge eines solchen Kerygmas sollen — wiederum im Rahmen unserer religionssoziologischen Analyse — ohne Anspruch auf Vollständigkeit genannt werden.

(a) Funktionalität

Die verkündeten Glaubensinhalte müssen „funktional" sein, das heißt sie müssen mit der „Lebensnot" der Menschen zu tun haben, die zur kirchlichen Nachfrage führt. Im Vordergrund müssen daher die Fragen der Menschen und nicht die Probleme der Theologie und der kirchlichen Institution stehen. Es geht theologisch formuliert um nichts anderes als um die tiefe „Erlösungsbedürftigkeit" der Menschen und ihrer Gesellschaft[243]. Glaubensinhalte, die subjektiv nicht als „Lebensnot-wendig" erfahren werden, finden auf Grund der gegebenen weltanschaulichen Marktsituation und der damit eröffneten Auswahlfreiheit nur

---

[240] *Rahner,* Glaubensvollzug, a. a. O., 521.
[241] *Kasper,* Zum Problem der Rechtgläubigkeit, 66 ff.
[242] R. *Bleistein,* Kurzformel des Glaubens, Würzburg ²1971.
[243] *Kasper,* Heilssendung, 25—28.

geringe Zustimmung. Diese anthropologische Dimensionierung des Verkündigungsinhalts, wie sie schon vom II. Vatikanischen Konzil gefordert worden war[244], muß keine „Funktionalisierung der Wahrheit" oder gar nur eine anthropologische Abschattung des Nützlichen und im jetzigen Moment Verstehbaren[245] zur Folge haben, so sehr das in manchen Reduktionsversuchen des christlichen Glaubensgutes auf innerweltlich angelegte Mitmenschlichkeit geschehen mag. Hier geht es vielmehr darum, das „propter nos homines et propter nostram salutem" des Credos ernstzunehmen. In diesem Sinn muß der Verkündigungsinhalt eine „innere Glaubwürdigkeit" besitzen[246].

Diese Umakzentuierung des Verkündigungsinhalts verlangt daher nicht nur eine Ausrichtung der Schultheologie an der Verkündigung[247], sondern auch an den Fragen des Lebens in einer zunehmend entkirchlichten Welt[248]. Sie müßte zeigen, was „Heil" und „Erlösung" als Angeld schon in dieser Welt bedeuten[249]. Es ist einsichtig, daß eine solche theologische Aufgabe nach einem intensivierten Dialog mit allen Humanwissenschaften verlangt.

Auf Grund der religionssoziologischen Analyse wird sich eine solche Verkündigungstheologie vor allem den verbreiteten Stabilisierungserwartungen kritisch stellen müssen, welche die Menschen an die Religion und ihre Institution herantragen. Fraglos ist die christliche Botschaft imstande, das Humanum zu bestätigen[250] und vor Bedrohung zu sichern.

Von da aus stellen sich Fragen an die weite Verbreitung der rites de passage. Ohne Zweifel spielen bei ihnen soziale Motive eine wichtige Rolle[251]. Doch konnten unsere Analysen mit Sicherheit nachweisen, daß die Nachfrage in diesen Situationen nicht allein der Tradition entspringt, sondern eben diese selbst wiederum getragen ist von der „Lebensnot" der Menschen: „Beratende Intervention in Krisen" wird

---

[244] Konstitution über die Offenbarung, Nr. 5.

[245] K. *Lehmann*, Kurzformel des christlichen Glaubens, in: Handbuch der Verkündigung (HV), I 291.

[246] *Rahner*, Glaubensvollzug, a. a. O., 523.

[247] Eine solche Verkündigungstheologie wurde schon in den Dreißigerjahren von F. Lackner, H. Rahner, J. A. Jungmann und F. Dander in Innsbruck intendiert. F. *Lackner*, Das Zentralobjekt der Theologie, in: ZkTh 62 (1938), 1—36; J. B. *Lotz*, Wissenschaft und Verkündigung, in: ZkTh 62 (1938), 465—501; H. *Rahner*, Eine Theologie der Verkündigung, Freiburg ²1939; F. *Dander*, Christus alles und in allen, Innsbruck 1939; J. A. *Jungmann*, Katechetik, Wien ²1955, 309—315.

[248] H. *Schuster*, Schwerpunkte heutiger Verkündigung, in: HV II, Freiburg 1970, 89—114.

[249] Dieser Versuch wird von *Weß* in „Befreit von Angst und Einsamkeit" unternommen. Hier versucht er zu zeigen, wie die Annahme des Glaubens in der Nachfolge Jesu zur Realisierung eines erfüllten menschlichen Lebens beiträgt.

[250] *Schürmann*, Der gesellschaftliche Dienst, a. a. O., 145—159. — Vgl. dazu das Schlußkapitel: Hat die Religion Zukunft, und wozu?

[251] Vgl. u. a. *Loew*, Tagebuch, Kapitel III: Religiöse Zeremonien und lebendiger Glaube, 91—144.

von der Kirche erhofft[252]. Von da aus wird man wohl auch an jene Angebote der Kirche, die weithin keine Nachfrage erfahren, ernsthaft die Frage stellen müssen, ob nicht manches daran eben doch ohne „Lebenswert" ist[253] und letztlich nur der kirchlichen Systemerhaltung dient[254]; sich einzig auf den Unglauben der Menschen zu berufen, erscheint auf dem Hintergrund der Analysen doch zu vereinfachend.

Dieses Bedürfnis vieler Menschen, unter dem Baldachin der Religion Schutz und Sicherheit vor allem in den außeralltäglichen Krisenlagen ihres Lebens zu finden, erlaubt die Formulierung eines weiteren Imperativs hinsichtlich erforderlicher Reformen von Glaubensvorstellungen und kirchlichen Riten. Die Vertrautheit der Inhalte und Riten spielt nämlich keine unwichtige Rolle, soll die Religion ihre Stabilisierungsfunktion erfüllen. Die Reform wichtiger institutioneller Wirklichkeiten (Glaubenssätze, Normen, Praxis, Strukturen) wird daher mit einem hohen Maß an behutsamer Öffentlichkeitsarbeit begleitet werden müssen, in der die Notwendigkeit der Reformen begründet wird und aus der ersichtlich werden kann, daß an die Stelle der alten Modelle nicht nur neue, sondern bessere getreten sind[255].

Nicht jegliche Art von Stabilisierungserwartungen durch die Religion vermag auch theologisch legitimiert zu werden. Das Christentum hat nämlich auch Herausforderungsfunktion. Manche Inkongruenz zwischen kirchlichem und gesellschaftlichem Wertsystem wird daher begründetermaßen bestehen bleiben und auf Grund des Widerspruchscharakters des Christlichen gegen das Inhumane[256] Konflikte schaffen. Die Verkündigungstheologie wird sich daher redlich den Spannungsfeldern zwischen Kirche und Gesellschaft stellen müssen, vor allem jenen Bereichen, in denen die Dissonanz wegen des feststellbaren Zuges zu affektiv-kognitiver Konsistenz sowohl die Einstellung zur Kirche, die Bindung an die Gemeinde und damit auch die Plausibilität des

---

[252] Y. *Spiegel*, Gesellschaftliche Bedürfnisse und theologische Normen, in: Theologia practica 6 (1971) 212—231; auch: G. *Caplan*, Principles of Preventive Psychiatry, New York 1964, 26—55. — Crisis-Intervention-Counseling. Pastoral Psychology 21 (April 1970), hrg. v. G. E. *Whitelock*. Auch: Y. *Spiegel*, Der Prozeß des Trauerns. Analyse und Beratung, Mainz 1973.

[253] O. *Schreuder*, Kirche im Vorort, Freiburg 1962, 175 f., 187 f.

[254] *Spiegel*, Gesellschaftliche Bedürfnisse, 221.

[255] Diese Forderung ist keineswegs neu. Sie wurde zum Beispiel schon von J. Helfert in der Mitte des 19. Jahrhunderts erhoben: „Es sollte vorzüglich die Verkündigung des Wortes Gottes gefördert, dabei aber immer zugleich auf die Denkungsart, Fassungskraft und Empfänglichkeit des Volkes Rücksicht genommen, die religiösen Meinungen und Gewohnheiten desselben mit Schonung behandelt, und überhaupt das Alte nicht weiter behoben werden als etwas Besseres und den Umständen Anpassenderes substituiert würde." J. *Helfert*, Darstellung der Rechte, welche in Ansehung der heiligen Handlungen, dann der heiligen und religiösen Sachen sowohl nach kirchlichen als nach Österreichisch-bürgerlichen Gesetzen stattfinden, Prag 1843, 101.

[256] *Kasper*, Zum Problem der Rechtgläubigkeit, a. a. O. 42.

Glaubensinhaltes bedroht[257]. Von Wichtigkeit sind daher Themen wie christliche Berufsethik, politische Theologie, Erziehung und Autorität, Sexualität, Passivität und Verbraucherorientierung, dahinter der Beitrag der Kirche zu den konkreten sozialen Problemen der Menschen. Die Herausforderung, die an die Menschen durch den kirchlichen Verkündiger herangetragen wird, muß sich aber durch Sach- und weniger durch formale Autoritätsargumente ausweisen. Dies umso mehr, als wissenssoziologische Studien in jüngster Zeit auf die soziale Bedingtheit vieler theologischer und kirchenamtlicher Aussagen hingewiesen haben[258], so daß der Widerspruchscharakter kirchlicher Aussagen einzig auf Grund religiöser, spezifisch christlicher Sachargumente austragbar erscheint.

Damit ist auch schon angedeutet, daß eine solche Theologie verschiedene traditionelle Positionen überdenken muß. Dabei kann es fraglos zu pluralen Lösungen kommen. Man kann zwar mit E. Schillebeeckx die Frage stellen, ob der christliche Glaube aus diesen Neuinterpretationen, die gegen den Prozeß des „Wirklichkeitsverlustes" unternommen werden, unversehrt hervorgehen werde; doch lasse sich andererseits nicht leugnen, „daß es gerade Absicht dieser Theologie ist, dem Glauben unversehrt über die heutige Krise hinwegzuhelfen, während die sich stets wiederholende ‚alte' Theologie nichts zur Meisterung dieser Krise beiträgt und deshalb mindestens genausosehr die Glaubensorthodoxie aufs Spiel setzt, und sei es nur insofern, als sie durch ihr bloßes wörtliches Wiederholen früherer Glaubenssätze zum geräuschlosen oder lauten Abfall beiträgt"[259].

(b) Ökumenischer Zug

Aus Gründen der Plausibilität kann eine solche Glaubensverkündigung heute auch nicht kontroverstheologisch sein. Auswahlchristen messen dem Konfessionellen wenig Bedeutung zu. Konfessionelle Unterschiede werden erwiesenermaßen unter Auswahlchristen mit der Distanz zu den überkommenen Gemeinden (zusätzlich altersbedingt, also stärker unter den jüngeren Auswahlchristen) zunehmend unwichtig. Es läßt sich sogar die Hypothese formulieren, daß die getrennten (Amts-) Kirchen selbst zur weiteren Entkirchlichung von Auswahlchristen beitragen.

Selbstverständlich wird damit die Kirchenspaltung nicht zum wichtigsten Faktor der Entkirchlichung erklärt. Doch wird man schwerlich bestreiten können, daß bloß die Tatsache, daß es heute auf dem „Markt

---

[257] *Schmidtchen,* Zwischen Kirche und Gesellschaft, 56 ff.

[258] F. X. *Kaufmann,* Theologie in soziologischer Sicht, Freiburg 1973. — Vgl. auch A. M. *Knoll,* Katholische Kirche und scholastisches Naturrecht, Wien 1962.

[259] E. *Schillebeeckx,* Gott — Die Zukunft des Menschen, Mainz 1969, 11.

der Weltanschauungen" mehrere christliche Angebote gibt, deren Plausibilität reduziert. Darauf hat P. L. Berger ausdrücklich hingewiesen. Seinen wissenssoziologischen Überlegungen ließen sich die Erfahrungen der Missionen hinzufügen. Berger vermutet, daß die ökumenische Bewegung nicht allein aus theologischen Gründen begonnen hat. Auch der Versuch, auf dem „Markt der Weltanschauungen" gegenüber „nichtreligiösen Marktangeboten" ein „christliches Kartell" zu bilden, spiele eine maßgebliche Rolle. Andererseits erfordere das Selbsterhaltungsinteresse der einzelnen christlichen Kirchen nach wie vor eine Unterscheidung der einzelnen „christlichen Marken"[260]. Damit soll nicht gesagt sein, daß sich alle theologischen Argumente in der ökumenischen Auseinandersetzung auf bloße Selbsterhaltungsinteressen der einzelnen Institutionen reduzieren ließen. Doch sollte auch das Gegenteil nicht vorschnell und ungeprüft angenommen werden. Dies umso mehr, als sich eben an Hand der Mischehenproblematik zeigen läßt, daß die Spaltung zwischen den Kirchen einen nicht unerheblichen Beitrag zur weiteren Entkirchlichung von Auswahlchristen leistet.

Es steht fest, daß derzeit die Mischehen stark zunehmen. In der Bundesrepublik Deutschland leben bereits 33% der 16 bis 20jährigen in Mischehen, während es unter den über 50jährigen etwa 10% sind[261]. Mischehepartner gehören nun vorwiegend zu den Auswahlchristen[262]. Damit erscheinen Mischehen bereits als ein Ergebnis schon zuvor stattgefundener Entkirchlichung: Die Kirchenbindung der Mischehepartner ist, am Kirchgang bemessen, schwach oder gar nicht vorhanden[263]. Der Bereich der familiären Existenz zählt aber zu jenen Lebenswirklichkeiten, in denen auch Auswahlchristen „religiöse Nachfrage" haben und mit der Kirche in Kontakt treten. Von selbst ergeben sich somit unter konfessionell verschiedenen Partnern auf diesen schmalen Inseln ihrer Kirchlichkeit praktische Probleme: Wo sollen die Kinder getauft werden, welchen Religionsunterricht werden sie besuchen, wo findet die kirchliche Trauung statt, welche sittlichen Normen werden in der Ehe „bevorzugt"? In welcher Gemeinde soll man wenigstens bei besonderen Anlässen am Gottesdienst teilnehmen? Es kommt daher zu nicht unerheblichen Konflikten zwischen dem Anspruch der einzelnen Konfessionen. Kurz: Gerade in jenen Fällen, in denen Auswahlchristen mit ihrer Kirche in Beziehung treten, wird bei Mischehepartnern zusätzlich das Problem der Vielheit der christlichen Konfessionen akut.

---

[260] P. L. *Berger,* Zur Dialektik von Religion und Gesellschaft. Elemente einer soziologischen Theorie, Frankfurt 1973, 135.

[261] *Schmidtchen,* Zwischen Kirche und Gesellschaft, 152.

[262] Die Mischehe erscheint nicht nur jüngeren Personen unproblematisch, sondern vorwiegend auch den Nichtkirchgängern und den Angehörigen jener politischen Anschauungssysteme, die eine Distanz zur Kirche mitverursachen (SPD, FDP): A. a. O., 153.

[263] A. a. O., 55 (Tabelle A 89).

Die so entstehende affektiv-kognitive Unausgewogenheit verlangt nach Wiederherstellung des Gleichgewichts. Nicht selten kommt es dabei „als Kompromiß" zum Einpendeln auf die leichteste Lösung, nämlich auf eine allgemeine Religiosität im konfessionsfreien Raum, oder, wie es Rahner formuliert hat, im Raum der „dritten Konfession": Mischehepartner werden so aus Christen zwischen den Kirchen zu Christen außerhalb der Kirchen[264].

(c) Spezifische Christlichkeit

Der Beitrag der Kirche zur Lebensdeutung und -bewältigung muß sich durch spezifische Christlichkeit ausweisen[265]. Dies gilt sowohl für jene Dienste, welche die Kirche zur Stabilisierung des Humanum anbietet, wie für die Kritik, die sie am Inhumanen im Leben der Menschen und der Gesellschaft erhebt. Dies folgt schon allein daraus, daß die Kirche in der modernen Gesellschaft mit anderen Sinnsystemen in freier Konkurrenz steht. Wollte daher die Kirche aus „Relevanzbestrebungen" und „Marktüberlegungen" nur „profane Ware in religiöser Verpakkung" verkaufen, so würde ihr das kaum mehr Erfolg einbringen. Im Gegenteil, die noch treuen Kirchenglieder würden sich von ihr abwenden, und, wie die anderen, dieselbe Ware außerhalb der Kirche billiger einkaufen[266].

An dieser Stelle soll von der Religions- und Wissenssoziologie her ein Diskussionsbeitrag zur schwierigen theologischen Problematik des Verhältnisses von Immanenz und Transzendenz versucht werden. Dabei geht es weniger um die Aufarbeitung dieses Problems, sondern um eine Ausweitung der Fragestellung.

Zunächst steht fest, daß die auf dem weltanschaulichen Markt heute vorhandenen Sinngebungssysteme allesamt nicht ohne eine gewisse „Transzendenzspannweite" sind. Man kann mit Luckmann[267] der Auffassung sein, daß ein gewisser Transzendenzgehalt schon vorhanden sei, wenn der Mensch seine unmittelbare Erfahrung in Richtung auf Vergangenheit oder Zukunft hin überschreitet. Neben diesem zeitlichen Horizont der Vergangenheit und Zukunft ist in den menschlichen Erfahrung auch stets der „transzendente" Horizont des anderen, das Nicht-Ich vorhanden, zumindest in Form intersubjektiver gesellschaftlicher Wirklichkeiten, die meine Erfahrungen mitformen. Die Reichweite dieser intersubjektiven (gesellschaftlichen) Sinnwelten („Wirklichkeitskonstruktionen") kann von Gesellschaft zu Gesellschaft sehr verschieden sein. Doch hängt von der Reichweite dieser Sinnwelten

---

[264] K. *Rahner*, Christen zwischen den Kirchen. Erwägungen zu einer dritten Konfession: in: Evangelische Kommentare 6 (1973), 14—17.

[265] *Kasper*, Heilssendung, 32 ff.

[266] P. L. *Berger*, Soziologische Betrachtungen über die Zukunft der Religion, 10.

[267] *Luckmann*, Religion, 5—8.

nicht zuletzt die Fähigkeit eines gesellschaftlichen Systems ab, das Leben der Menschen und ihr Zusammenleben zu stabilisieren und vor dem Terror völliger Sinnlosigkeit zu schützen[268].

Im Rahmen dieser Überlegungen kann mit Fug und Recht behauptet werden, daß der religiöse Kosmos des Christentums von einer nahezu unüberbietbaren Transzendenzspannweite ist. Dementsprechend ist auch seine Stabilisierungs- und Legitimierungspotenz außerordentlich groß. Es mag vermerkt sein, daß sich dieser Transzendenzbegriff der Wissenssoziologie nicht mit jenem der Theologen decken muß. Doch lassen sich mit seiner Hilfe an die Theologen gewichtige Fragen stellen.

Auszugehen ist davon, daß die Nachfrage vieler Menschen der modernen Gesellschaft, vor allem der Auswahlchristen, nach Religion und Kirche vor allem deshalb erfolgt, weil sie sich davon Sinn und Stabilität der privaten und familiären Existenz erhoffen. Die eben vermutete Stabilisierungspotenz des christlichen Kosmos und damit des kirchlichen Angebots scheint — neben sozialen Motiven — einer der maßgeblichen Gründe für diese Nachfrage zu sein, zumal heute für die Trauung oder das Begräbnis gleichartige profane Riten zur Verfügung stünden (Standesamt, Begräbnisinstitutionen). Offenbar erhalten aber im Vorgang des Auswählens die religiösen Riten den Vorzug. Der Grund ist vermutlich die größere Transzendenzreichweite der kirchlichen Riten.

Nun lassen sich in der neueren Theologie Bestrebungen beobachten, die Transzendenzspannweite des Christentums „radikal" zu reduzieren und auf innerweltliche Humanität und Intersubjektivität einzuebnen. Beispiele dafür sind die verschiedenartigen transzendenzarmen „Immanentismen" der Gott-ist-tot-Theologie in den USA und in Europa[269], sowie der weniger radikalen Formen eines christlichen „Horizontalismus"[270]. Man wird nun — unbeschadet ungelöster theologischer Probleme — von den vorhin gemachten religions- und wissenssoziologischen Überlegungen zur Feststellung gelangen, daß diese Reduzierung der Transzendenz keineswegs die Nachfrage nach Religion heben wird. Die von den genannten Theologien vorgenommene „Schrumpfung des religiösen Kosmos" verursacht vielmehr Relativität der Verhaltensmuster und Instabilität des Lebens[271]. Relevanzbestrebun-

---

[268] Vgl. dazu *Berger, Luckmann,* Die gesellschaftliche Konstruktion der Wirklichkeit. Eine Theorie der Wissenssoziologie, Frankfurt 1969.

[269] Zu nennen sind hier der ethische Immanentismus des W. *Hamilton,* der religiöse Immanentismus von J. J. *Altizer* sowie der semantische Immanentismus von P. *van Buren.* Diesen Immanentismen entsprechen in etwa die Aussagen von D. *Sölle* und H. *Braun.* S. *Daecke,* Der Mythos vom Tode Gottes. Ein kritischer Überblick, Hamburg 1969.

[270] E. *Schillebeeckx,* Säkularisierung und christlicher Gottesglaube, in: Gott — die Zukunft des Menschen, Mainz 1969, 49—79.

[271] A. *Gehlen,* Religion und Umweltstabilisierung, in: Hat die Religion Zukunft, Graz 1971, 83—97.

gen dieser Art vergessen nämlich, daß gerade nach transzendenzreichen Sinngebungssystemen die Nachfrage besteht, m. a. W. nach einer theologischen Anthropologie, nach einem integralen Humanismus im Sinn von J. Maritain[272].

Von da aus fällt auch Licht auf die Bemühungen, die Transzendenzdimension des Christentums zu dynamisieren. Dem statischen Weltbild der vorneuzeitlichen Menschen entsprechend, waren für die Aussage der Transzendenz des christlichen Kosmos räumliche Kategorien bevorzugt worden: Gott wohnt im Himmel oben, außerhalb der Welt, im Jenseits. Später wurden diese Vorstellungen „verinnerlicht": Jetzt suchte man Gott im „Herzen der Welt" oder er war der Grund des menschlichen Daseins. Die Dynamisierung des Welt- und Menschenbildes nahm diesen räumlichen Transzendenzkategorien allmählich Aussagekraft und Plausibilität. Das Interesse des Menschen galt nun nicht mehr der Deutung der vorgefundenen Welt, sondern mehr der Geschichte und einer immer düster werdenden Zukunft[273]. Das hat auch die Aussageweisen der Transzendenz verändert. Die Geschichtstheologie, die Protologie und im Gefolge der Entdeckung der Zukunft die Eschatologie erfuhren im theologischen Denken eine beachtliche Aufwertung. Gott wird so zur Zukunft des Menschen, er ist auch nicht mehr der ganz andere, sondern der ganz Ändernde[274]. Im Vergleich zu den Reduktionsversuchen der Transzendenz haben diese Neuformulierungsversuche eine erheblich größere Marktchance, weil sie dem Lebensgefühl der modernen Menschen mehr entsprechen als die transzendenzarmen Gebilde.

Hinweise auf eine größere oder kleinere Marktchance sind freilich keine geeigneten Argumente für die theologische Diskussion, zumal durch den wissenssoziologischen Begriff der „Transzendenzspannweite" das theologische Problem mehr verdeckt als gelöst wird. Andererseits sind diese Hinweise deshalb nicht unwichtig, weil manche theologische Lösungen aus dem Bestreben erwachsen sind, das Christentum für die modernen Menschen relevant zu machen. Die Voraussetzung, die in diesem Zusammenhang aber gelegentlich gemacht wurde, daß die modernen Menschen keinen Bedarf nach Transzendenz hätten, ist wissenssoziologisch einfach falsch.

---

[272] Zur Auseinandersetzung katholischer Theologen mit dem Problem der Säkularisierung: D. W. *Reck,* A Study of Selected Catholic Theologies of Secularization: John Henry Newman to Vatican II, theol. Diss., Münster 1972.

[273] O. K. *Flechtheim,* Futurologie. Der Kampf um die Zukunft, Köln ²1971.

[274] Hier sind die Theologen E. Jüngel, G. Koch, J. Moltmann, W. Pannenberg, K. Rahner, J. B. Metz, E. Schillebeeckx, L. Dewart und H. Cox zu nennen: *Daecke,* Der Mythos, 93—124.

(d) Überschaubarkeit

Ein wichtiger Zug der Glaubensverkündigung an Auswahlchristen (wie im übrigen auch an vollkirchliche Christen) ist die verständliche Einfachheit und Überschaubarkeit. Sowohl in den kirchlichen Dokumenten wie unter den Theologen ist heute dafür breites Verständnis vorhanden. Das Konzil spricht ausdrücklich von einer „Hierarchie der Wahrheiten"[275], wovon sinnvollerweise nur dann die Rede sein kann, wenn das auch für die Verkündigung des Glaubens sowie für das Glaubensbewußtsein der Katholiken von Belang ist. Diese Feststellung des Konzils hat freilich noch keine sehr lange kirchenamtliche Tradition. Hatte doch noch 1928 Pius XI. in „Mortalium animos" betont: „Außerdem ist es absolut unstatthaft, auf dem Gebiet der Glaubenswahrheiten den . . . Unterschied zwischen dem sogenannten ‚grundlegenden' und ‚nichtgrundlegenden' Glaubenswahrheiten zu machen, als müßten die grundlegenden von allen angenommen werden, während die nichtgrundlegenden der freien Zustimmung der Gläubigen überlassen werden könnten"[276].

Die Hierarchie der Wahrheiten ermöglicht es, ein Zentrum des christlichen Glaubens anzugeben. So schreibt Kasper: „Als Zentrum und zugleich als das Ganze des Glaubens können wir Gottes eschatologische Heilstat in Jesus Christus betrachten. Wer deshalb glaubend überzeugt ist und, so gut er es vermag, daraus zu leben versucht, daß ihm in Jesus Christus Gottes Liebe und Friede endgültig geschenkt wird, so daß er für sich und alle anderen Menschen auch gegen die Macht des Todes Hoffnung haben darf, der ist ein Christ, auch wenn er vielleicht noch nicht oder nicht in der Lage ist, alle einzelnen Implikationen und Explikationen zu sehen, zu artikulieren und zu bejahen, welche die Kirche als Gemeinschaft der Glaubenden, auf die jeder Christ in verschiedener Weise hingeordnet ist, im Lauf von fast zwei Jahrtausenden daraus abgeleitet hat; er glaubt und bekennt dennoch den christlichen Glauben, weil dieser nicht nur eine Sammlung von einzelnen Sätzen und Fakten, sondern die eine umfassende und unteilbare Wirklichkeit ist, daß Gott uns allen in Jesus Christus seinen Frieden und seine Liebe geschenkt hat[277].

---

[275] *Unitatis Redintegratio,* Nr. 11.

[276] Zit. nach *Kasper,* Zum Problem der Rechtgläubigkeit, a. a. O., 68. — Vgl. auch K. *Lehmann,* Bedarf das Glaubensbekenntnis einer Neufassung? in: P. *Brunner,* G. *Friedrich,* K. *Lehmann,* J. *Ratzinger,* Veraltetes Glaubensbekenntnis? Regensburg 1968, 180 f. (hier auch weitere Literatur). — P. *Schoonenberg* schlug vor, zentrale von Randdogmen zu trennen. Als zentrale Dogmen sieht er jene an, die sich auf Gott, Christus, Erlösung, Gnade und Heil beziehen; unter den Randdogmen unterscheidet er drei Gruppen: kirchliche Lehren über Maria, ekklesiologische Dogmen und Fragen der Moral. P. *Schoonenberg,* Historiciteit en interpretatie van het dogma, in: Tijdschrift voor Theologie 8 (1968), 294 ff.

[277] *Kasper,* Heilssendung, 42.

Das Wissen um dieses Zentrum des Glaubens ist die Voraussetzung dafür, den Glaubensinhalt „konzentriert" auszusagen. Versuche solcher „Kon-Zentrierungen" des Glaubensinhalts auf das „Wesentliche" stellen die vielfältig vorgeschlagenen Kurzformeln des Glaubens[278] dar. Der Vorteil solcher Kurzformeln besteht zusätzlich in der Möglichkeit, nicht nur auf den Verständnishorizont verschiedener sozialer Kategorien (wie Alter, Bildungsgrad, etc.), sondern auch auf die vorhandene fragmentarische Glaubenssituation von Auswahlchristen Rücksicht zu nehmen.

4.3.4.

Eingliederung in die Gemeinde

Wiederum auf dem Hintergrund der religiös-kirchlichen Situationsanalyse sollen einige ausgewählte methodische Teilprobleme aufgegriffen werden, die im Rahmen einer Pastoral für Auswahlchristen von Wichtigkeit sind. Hauptsächlich werden uns dabei Probleme der religiösen Sozialisation beschäftigen.

Wir gehen bei diesen Überlegungen von der Tatsache aus, daß Auswahlchristen erwachsene Menschen sind, die die Freiheit haben, zwischen verschiedenem Angebot der Kirche und anderer weltanschaulicher Gruppierungen zu wählen und im Rahmen ihrer sozialen Freiheitschancen tatsächlich auch rege auswählen. Unser Interesse gilt vor allem deshalb den erwachsenen Auswahlchristen, weil das Kind und der Jugendliche gesellschaftlich gedeckt noch anderen religiösen Rollenerwartungen ausgesetzt sind als der Erwachsene: „Religion ist für das Kind notwendig"[279], sie dient zur Festigung von Autorität und Gehorsam sowie der Moral. Deshalb wird auch der Religionsunterricht gemeinhin gewünscht. Das Kind, und in gewisser Hinsicht auch der Jugendliche sind demnach gesellschaftlich (noch) erwünschten Sozialisationsvorgängen ausgesetzt, die zu einer Religiosität und Kirchlichkeit führen, die von der der meisten Erwachsenen deutlich abweicht. Für die Jugendlichen ist zudem zu berücksichtigen, daß sie sich häufig in eigenen Subkulturen bewegen, sobald sie sich frühzeitig von ihrer Herkunftsfamilie emanzipieren. Jedenfalls sind das Kind und der Jugendliche in ihren Werthaltungen noch viel flexibler und sensibler für Sozia-

---

[278] *Lehmann,* Kurzformeln des Glaubens, a. a. O., 274—298 (weitere Literatur auf 195). — *Kasper,* Zum Problem, a. a. O., 83 ff.

[279] *Zulehner,* Religion ohne Kirche, 110 f.

lisationseinflüsse als Erwachsene[280]. Die auswahlchristliche Religiosität, um die es uns hier geht, erscheint somit erst beim jungen Erwachsenen voll ausgeformt zu sein. Schon diese Überlegungen zeigen, daß eine Pastoral für Auswahlchristen vor allem Erwachsenenpastoral ist und deshalb alle Erkenntnisse moderner Erwachsenenbildung zu berücksichtigen hat[281]. In diesem Rahmen wenden wir uns vor allem dem Gespräch und der Funktion der kleinen Gruppe zu, weil beide für unser Thema von besonderer Wichtigkeit sind, andererseits in der Praxis erhebliche Schwierigkeiten verursachen, die wiederum von der Situationsanalyse her verständlich und zum Teil aufarbeitbar werden.

(a) Gespräch

Unsere Situationsanalyse hat ein hohes Maß an Skepsis gegenüber kirchlicher Autorität erkennen lassen. Selbst die Autorität der Bibel erscheint davon erfaßt zu sein[282]. Zudem haben sehr viele Menschen vielfältige Vorbehalte und zum Teil sogar Aggressionen gegenüber der Kirche. Um mit dieser Situation fertig zu werden, bedarf es eigener Formen des Gesprächs. Grundsätzlich gilt, daß sich alle einbahnigen, ihrer Struktur nach autoritären Kommunikationswege (vor allem die Predigt) als wenig wirksam erweisen, sobald es um die Veränderung grundlegender Einstellungen und Verhaltensweisen erwachsener Menschen geht. In der Verkündigung an Erwachsene, also auch an erwachsene Auswahlchristen, ist daher dem Glaubensdialog der Vorrang einzuräumen[283].

Zwei besondere Arten von Gesprächstechniken haben hier eine hervorstechende Wichtigkeit. Zunächst muß in jeder pastoralen Situation geklärt werden, welches eigentlich die konkrete Lage jenes Menschen ist, der kirchlicher Aktivität nachfragt. Dazu bietet sich die nondirektive Gesprächsform an[284]. Bei dieser Art des Gesprächs versucht der kirch-

---

[280] *Oerter* hält bei Übereinstimmung zwischen verschiedenen Erziehungseinflüssen die grundlegenden Werte einer Kultur im wesentlichen bis zum 10. oder 11. Lebensjahr für internalisiert. R. *Oerter,* Moderne Entwicklungspsychologie, Donauwörth [6]1970, 299. — Vgl. H. *Remplein,* Die seelische Entwicklung in der Kindheit und Reifezeit, München [5]1950, 291. — K. R. *Allerbeck,* L. *Rosenmayr,* Aufstand der Jugend? Neue Aspekte der Jugendsoziologie, München 1971, 256.

[281] Vgl. F. *Pöggeler,* Erwachsenenbildung, in: HP III, 475—493. — *Ders.,* Weiterbildung, HP V, 619 f. (mit weiteren Literaturverweisen). — E. *Feifel,* Erwachsenenbildung, Einsiedeln 1972. — A. *Exeler,* D. *Emeis,* Reflektierter Glaube. Perspektiven, Methoden und Modelle der theologischen Erwachsenenbildung, Freiburg 1970. — W. *Bartholomäus,* Evangelium als Information. Elemente einer Informationstheorie am Beispiel der Osterbotschaft, Einsiedeln 1972.

[282] Diese Skepsis gegenüber der göttlichen und kirchlichen Autorität ist nur ein Ausschnitt aus der allgemeinen Relativierung traditioneller Autoritäten. F. *Behrendt,* Der Mensch im Lichte der Soziologie, Stuttgart 1962, 84.

[283] Vgl. W. *Filthaut,* Das seelsorgerliche Gespräch, in: HP III, 559—569.

[284] E. *Faber,* E. *van der Schoot,* Praktikum des seelsorgerlichen Gesprächs, Göttingen 1968. — A. *Rensch,* Das seelsorgliche Gespräch, Göttingen 1963. — C. *Pohlmann,* Formen heutiger Verkündigung, in: HV II 179—208.

liche Gesprächspartner nicht, in einer pastoral nur allzu oft praktizierten Methodik zu dogmatisieren oder zu moralisieren, er verallgemeinert auch nicht die Notlage des Gesprächspartners oder diagnostiziert sie bloß aus unverbindlicher Distanz, sondern versucht, dem Partner im Gespräch gleichsam das Spiegelbild seiner selbst vorzuhalten. Das soll ihm helfen, seine Lage zu verstehen, und will auf der Suche nach möglichen Entscheidungen, darunter auch jener, die dem christlichen Modell des Lebens am nächsten kommt, begleiten[285]. Natürlich ist diese Phase des nondirektiven Gesprächs noch nicht gleichzusetzen mit der Verkündigung als der Konfrontation mit dem Anspruch des Evangeliums. Dieser Anspruch wird vom kirchlichen Gesprächspartner zur gegebenen Zeit eingeführt, was das nondirektive Gespräch zum Verkündigungsgespräch umformt. Doch bleibt auch dann noch die Entscheidung beim Betroffenen selbst und wird ihm nicht von der Institution gleichsam abgenommen oder autoritär vorgegeben. Was bestehen bleibt, ist nicht der formelle Anspruch der Institution, sondern jener der Herrschaft Gottes.

Neben der nondirektiv-beratenden Gesprächstechnik wird für die Verkündigung an Auswahlchristen die aggressive Gesprächstechnik eine wertvolle Hilfe sein können. Diese ermöglicht es, auf Grund von Aggressionen blockierte Gespräche wieder fruchtbar in Gang zu setzen. Daß es derartige Aggressionen unter Auswahlchristen reichlich gibt, ist aus den Untersuchungen hinlänglich bekannt. Mit Vorliebe entstehen sie bei jenen Themen, bei denen es einen Konflikt zwischen den kirchlichen und gesellschaftlichen Wertsystemen gibt, also vor allem rund um Sexualität, Autorität und Geistesfreiheit, teilweise auch um das Verhältnis von Kirche, Geld und Macht.

(b) Gruppe und Stabilisierung

Das Gespräch ist nicht nur ein Spiel von Wort und Antwort, sondern bereits Begegnung und anfängliche Gruppenbildung. Gruppen haben nun den Vorteil, daß sie in hohem Maß zur Stabilisierung von Einstellungen und Verhaltensweisen beitragen. Bekanntlich ist die auswahlchristliche Religiosität subjektiviert und labil. Das Anliegen, die labile Religiosität der Auswahlchristen nach erfolgreicher Verkündigung auf einem erhöhten Niveau von Christlichkeit zu stabilisieren, bzw. zumindest vor einer weiteren Repaganisierung zu bewahren, verlangt daher nach einer regen Gruppenbildung unter Auswahlchristen.

Das Thema der „Funktion der Gruppe in der Kirche" wird heute intensiv diskutiert[286]. Grundsätzlich hat man bereits als sicher erkannt, daß

---

[285] P. *Schmid,* Das beratende Gespräch, Wien 1973.

[286] H. D. *Schneider,* Unter welchen Voraussetzungen kann Verkündigung Einstellungen verändern? Sozialpsychologische Überlegungen über die Wirkung der Predigt,

Kleingruppen (um diese geht es hier) für die Kirche gleichermaßen unentbehrliche Aufgaben erfüllen und dennoch neue Probleme aufwerfen. Die Vorzüge der Gruppen sind in einer Empfehlung der Wiener Diözesansynode glücklich zusammengefaßt: „Dem Gemeindeleben (Selbstverwirklichung der Kirche, Eingliederung in die Gemeinde, Arbeit für die Gemeinde) dienen insbesondere Gruppen, die selbst Gemeinde erlebbar machen und missionarisch wirksam werden. In der Pfarre schon bestehende Gruppen (z. B. Kinder-, Jugend- und Familiengruppen, Gesprächs- und Interessensgruppen, Gruppen des organisierten Apostolats) sollen in diesem Geist erneuert, neue Gruppen sollen gebildet werden. Kleine Aktionsgruppen (auch nichtpfarrlichen Charakters) sind als Träger missionarischer Aufgaben erforderlich"[287].

Gruppen in der Kirche dienen daher dazu, die kirchliche Wirklichkeit sichtbar zu machen, zu zeigen, daß die Gemeinde Jesu koinonia, Brudergemeinde ist. Typische Beispiele dafür sind — unter Ausklammerung der zunehmend als Personalgemeinden verfaßten Territorialgemeinden als „Gemeinden am geschichtlichen Ort" — Ordensgemeinden, neuere Basisgemeinden[288], wie etwa die Münchner „Integrierte Gemeinde"[289], oder auch Familiengruppen[290]. Häufig haben diese Lebensgemeinschaften auch ein ausdrückliches missionarisch-apostolisches Programm, das auf Grund der gegenseitigen Stützung effektiver verwirklicht werden soll. Daneben gibt es Gruppen mit ausschließlich missionarischer Ziel-

---

in: Pastoraltheologie 58 (1969), 246—257. — O. *Schreuder*, Soziologische Aspekte der Verkündigung, in: Concilium 4 (1968), 170—175. — K. W. *Dahm*, Hören und Verstehen, Kommunikationssoziologische Überlegungen zur gegenwärtigen Predigtnot, in: Predigtstudien IV/2, hrg. v. E. *Lange*, Stuttgart-Berlin 1970, 9—20. — T. *Hauser*, Das Gespräch in der Gemeinde, Methodik und Modelle, Limburg 1970. — J. *Schasching*, Die Funktion der Gruppe in der Kirche, in: Unsere Herrin 6 und 8 (1967). — *Ders.*, Wandel der Gemeinde im Wandel der Gesellschaft, in: Gemeinde des Herrn, 83. Deutscher Katholikentag in Trier 1970, Paderborn 1970, 151—161. — R. *Zerfaß*, Predigt und Gemeinde, in: Gemeinde des Herrn, 400—423.

[287] *Leben und Wirken der Kirche von Wien*, Nr. 63, 71.

[288] Zu den Basisgruppen vgl.: *Les groupes informels dans l'Eglise*. Deuxième colloque du Cerdic, Strasbourg, 13—15 mai 1971, éd. R. *Metz* et J. *Schlick*, Strasbourg 1971. — *Colloquium pro mundi vita* über ‚Les nouvelles formes de communauté humaine', Löwen 9—13 Sept. 1971, publ. als PMV-Bulletin Nr. 41, 1972. — IDOC — *Colloquium* Rom, November 1971. — *Colloque de Prospective de la vie Religieuse*, 2—4 Juni 1972. *Bulletin de Liaison et d'Information des Communautés de Base*, Paris. — *Les Communautés de Base*, in: Vers la Vie Nouvelle, no. special, 1972, 3, Paris. — L. *Alting von Geusau*, Kommunen und Basierungsgruppen, ein Weltphänomen, in: Orientierung 1972, 34—37 (15. 12. 1972). — M. *Holoway*, Heaven on Earth, London 1966. — E. *Webber*, Escape to Utopie. The Communal Mouvement in America, New York 1969. — B. *Besret*, Libération de l'homme, Desclée de Brouwer 1969. — D. *Barbe*, Demain les communautés de base, Paris 1970. — J. *Scherer*, Contemporary Community, Sociological Illusion or Reality, London 1972.

[289] J. Ch. *Hampe*, Versuch, das Heil miteinander zu leben, in: Zeitwende 1 (1973), 15—26. — T. *Wallbrecher*, L. *Leimer*, Die Integrierte Gemeinde in München, in: Neue Gemeindemodelle, Wien 1971, 245—264.

[290] B. *Peters*, Die „kleine Gruppe" im Bereich der Ehe- und Familienpastoral. Modellanalysen und Funktionsklärung, Innsbruck 1972, theol. Diss.

setzung. Schließlich war schon von den Gesprächsgruppen mit unterschiedlicher Lebensdauer die Rede.

Untersuchungen über innerkirchliche Gruppen haben aber gezeigt, daß Kleingruppen in der Kirche auch (weithin unvermeidlich) pastoral negative Nebenwirkungen haben. Sie stehen nicht zu Unrecht in Verdacht, das vergangene System gesellschaftlicher Sozialkontrolle über kirchliche Einstellungen und Verhaltensweisen durch die noch viel schärfere Sozialkontrolle einer Kleingruppe zu ersetzen. Der Gewinn an primär-religiöser Motivation, also theologisch besehen einer persönlichen Glaubensüberzeugung und Glaubensentscheidung könnte durch überstarke sekundäre Motive des Gruppenzwangs wieder verlorengehen. Zudem zeigen Untersuchungen an Familien- und Jugendgruppen[291], daß diese in alters- und bildungsmäßiger, sozialer wie religiöser Hinsicht sehr homogen sind und deshalb nur für einen relativ engen Personenkreis in Frage kommen[292]. Die Soziologie spricht von Ingrouptendenzen, die zur Folge haben, daß der im Programm fixierte apostolische Einsatz durch eine sozialpsychologische Kluft zwischen der Gruppe und der Umwelt erschwert und zum Teil gänzlich verhindert wird[293]. Nicht widerlegt ist auch die Vermutung, daß es in dieser Situation auch zu gruppenspezifischen Verzerrungen theologischer Inhalte kommen kann, und zwar aus dem Anliegen heraus, die von der Gesamtheit abweichende Gruppensituation zu rechtfertigen und zu stützen[294].

Für eine Pastoral an Auswahlchristen haben daher die bisherigen religiös-kirchlichen Gruppen nur eine begrenzte Brauchbarkeit erwiesen. Vor allem wegen ihrem hohen religiösen Standard und der dadurch verursachten Filtermechanismen und Abstoßungstendenzen gegenüber nicht derart religiösen Personen[295] sind Auswahlchristen in

---

291 *Familiengruppen*, IKS-92, Wien 1970. — *Verhaltens- und Bindungsmuster* der Familiengruppen. Eine Untersuchung der Familiengruppen im Bistum Essen, IKSE-48, Essen 1968.

292 Das dürfte auch bei den Mitgliedern der Integrierten Gemeinde in München so sein. Hinweise dafür bietet die Darstellung von Hampe, nach der Personen zwischen 25—35, mit starkem religiösem Interesse und hoher Reflexionsfähigkeit, also vornehmlich Lehrer und Akademiker dominieren: *Hampe*, Versuch, 20 f. — 1969 waren unter den erwachsenen Mitgliedern 46 Akademiker und 33 Nichtakademiker: *Die Integrierte Gemeinde*, Heft 2 (Juli 1969), 15.

293 *Familiengruppen*, 55. — Zur Situation traditioneller Gruppen der Katholischen Jugend: *Zulehner* u. a., Jugendklubs, 32—41.

294 Es wäre zu untersuchen, inwieweit in der Theologie der Integrierten Gemeinde dafür Ansätze vorhanden sind: etwa in der theologischen Hypothese, daß das Reich Gottes für die Mitglieder einzig in dieser konkreten Gemeinde erfahrbar ist; daß nicht zu beten brauche, wer für die Gemeinde arbeitet; daß Liturgie die Feier der aktuellen Heilsgeschichte Gottes an dieser Gemeinde ist. Vgl. *Hampe*, Versuch, 19 ff. — „Der Glaube ist nicht jedermanns Sache", in: *Die Integrierte Gemeinde*. Beiträge zur Reform der Kirche, Heft 7 (²Febr. 1971), 10—16.

295 Vgl. auch H. *Kreutz* u. a., Arbeiterjugend in kirchlichen Organisationen? Bericht über eine empirische Untersuchung an KAJ-Mädchen in Österreich, Wien 1968, Manuskript.

viele der traditionellen kirchlichen Gemeinschaften nur selten integrierbar. Mehr Erfolg dürfte dagegen die Bildung von Gruppen auf nichtreligiöser Basis haben, also von „kirchlichen Gruppen in nichtreligiösem Kontext", wie es sich in der Form kirchlicher Jugendklubs oder kirchennaher Sportvereinigungen bewährt hat. Auf der Basis der Freizeitinteressen konnte es zu einer gleichzeitigen Integration von Auswahlchristen wie religiösen Schlüsselpersonen kommen, wobei sich diese hochkirchlichen Personen wegen ihrer menschlichen Qualitäten als die sympathischesten Personen dieser Gruppen erwiesen haben, ihre religiös-kirchlichen Einstellungen von den auswahlchristlichen Mitgliedern in die Richtung des idealen Christen eingeschätzt und dadurch über Identifikationsvorgänge eine Übertragung religiös-kirchlicher Einstellungen und Verhaltensweisen begünstigt wurde[296].

(c) Liturgie als Verkündigung

Wenn man bedenkt, daß die Nachfrage der Auswahlchristen hauptsächlich nach der Spendung der Sakramente rund um die Lebenswendepunkte erfolgt, ist unschwer der Schluß zu ziehen, daß diese Anlässe für die Verkündigung besonders genützt werden müssen. Das will nicht bedeuten, daß es zur Begegnung mit Auswahlchristen nur im Rahmen der Sakramentenspendung rund um die Höhepunkte der privaten und familiären Existenz kommt. Auch manche Notsituationen führen die Menschen zur Begegnung mit der Kirche[297] und verändern im Fall wirksamer Hilfe nicht selten die Einstellung sowohl zur Kirche wie zum Glauben und Leben in den Gemeinden[298]. Zudem können Begegnungen durch Hausbesuche und andere Formen seelsorglicher Kontaktnahme künstlich herbeigeführt und dabei kann „religiöse Nachfrage" geweckt werden[299]. Doch ändert das nichts daran, daß jene Anlässe zu schätzen

---

[296] *Zulehner* u. a., Jugendklubs, 77—105.

[297] So geht aus dem Bericht über die evangelische Telephonseelsorge in München hervor, daß von 15.586 im Jahre 1972 vorgebrachten Anliegen 20,9% seelisch-geistige Störungen, 11,6% Suchtkrankheiten und 10,4% Eheprobleme die häufigsten Anliegen waren, gefolgt von 8,2% in Zusammenhang mit Selbstmordabsicht, Selbstmordgefährdung oder Selbstmordversuch. *Münchner Merkur* 80 (1973), 9. — Vgl. K. *Pehl*, Telephonseelsorge und offene Tür bieten Rat und Hlife an, in: Lebendige Seelsorge 5 (1971), 293—295.

[298] Es besteht ein enger Zusammenhang zwischen den Sätzen „Die Kirche und Geistliche haben mir irgendwann in meinem Leben einmal geholfen" und dem Kirchenbesuch von Industriearbeitern. *Zulehner*, Religion, 83.

[299] B. *Dreher*, Neue Modelle seelsorgerlicher Kontaktnahme, in: Leb. Seelsorge 19 (1968), 276—281; — J. E. *Mayer*, Systematische Hausbesuche in der Großstadt, in: Der Seelsorger 37 (1967), 185—190; M. *Skoda*, H. *Innerlohinger*, Hausbesuche und Haussegnung in einer Industriestadt, a. a. O., 35 (1965) 420. — R. *Wik*, Der Weg zu den kirchlich Entfremdeten, in: Der Seelsorger 35 (1965), 200—206. — J. E. *Mayer*, J. *Zeininger*, Hausbesuch, in: Kirche in der Stadt, II, 205—215. — H. *Swoboda*, Großstadtseelsorge, Regensburg 1909, 241 ff. — T. *Blieweis*, Hausbesuche bei Fernstehenden, in: Lebendige Seelsorge 5 (1971), 280—289.

sind, zu denen die Auswahlchristen von sich aus die Begegnung mit der Kirche suchen, weshalb mit einer gewissen Bereitschaft und Aufgeschlossenheit gerechnet werden kann. Diese Anlässe gilt es daher noch mehr als bisher zu nützen.

Die Liturgie dieser Sakramente (wie auch die Gottesdienste bei besonderen Anlässen) muß daher Verkündigungscharakter haben. Das Wort bedarf einer behutsamen Auslegung in Hinblick auf das menschliche Ereignis ebenso wie auf die Glaubenssituation der Mitfeiernden. Wenn man beklagt, man vermute bei manchen Sakramentenempfängern einen nicht ausreichenden Glauben (wobei die Gründe dafür nicht maßgeblich sind), so kann pastoral besehen die Lösung nicht darin bestehen, die Sakramente zu verweigern, sondern den Glauben zu wecken. Erst wenn dieses Unterfangen keinen Erfolg zeitigt, wird man aus pastoraltheologischen Erwägungen auch der Sakramentenspendung nicht zustimmen[300]. Die Sorge um das Wachstum des Glaubens trifft aber nicht nur auf die Empfänger der Sakramente zu, sondern auch auf die Mitfeiernden. Ganz offenkundig ist dies bei der Taufe der Fall, gilt aber analog auch bei einem Begräbnis, bei einer Erstkommunion, einer Firmung oder für die Trauung sowie bei Meßfeiern zu besonderen Anlässen und an höheren Festen. Hier wäre die Möglichkeit gegeben, an Hand der liturgischen Symbolwelt den Kosmos des christlichen Glaubens zu erschließen. Dabei ist eine kleine und zunächst nebensächliche Bemerkung nicht unwichtig: Auswahlchristen, die unregelmäßig an der Liturgie teilnehmen, können durch rasche Reformen der Texte, Lieder und Riten noch weiter (emotional) ihrer Gemeinde entfremdet werden. Die Fremdheit des Neuen schafft emotionale Distanz und Verhaltensunsicherheit. Das spricht natürlich nicht gegen liturgische Reformen, die im Interesse der Verständlichkeit der Riten und des Verkündigungscharakters der liturgischen Handlungen noch weiter gehen wird, weil die „selbst-verständlichen" Formen noch keineswegs erreicht sind. Doch müssen solche sozialpsychologische Vorgänge bei diesen Reformen bedacht werden. Durch das Anbieten geeigneter Texte, etwa bei Begräbnissen oder Trauungen, durch eine Einführung der Auswahlchristen in neue Verhaltensweisen, die dem Verkündiger und der Kerngemeinde vielleicht bereits wieder zu alltäglich, den Auswahlchristen aber noch fremd sind, kann manche unnötige Entkirchlichung bereits hintangehalten werden.

(d) Rund um die Sakramente

Eine wichtige Chance für auswahlchristliche Pastoral bieten diese Sakramente der Lebenswendepunkte auch deshalb, weil sie für intensive

[300] P. *Gerbé* u. a., Zulassung zur Taufe, Wien 1969.

Glaubensseminare ein geeigneter Anlaß sind[301]. Dabei ist zu trachten, daß diese Seminare weniger der kirchlichen Systemerhaltung als dem Glauben der Menschen dienen. Die Eheseminare, meist auf überpfarrlicher Ebene, haben sich bestens bewährt, nicht zuletzt deshalb, weil junge Brautleute ohnedies gern beisammen sind und auf diesen Eheseminaren qualifizierte Personen zu naheliegenden Problemen der Ehestandsgründung sprechen. Zudem ist die „Funktionalität" von Religion und Kirche hinsichtlich der Ehe auch gesellschaftlich bejaht[302]. Was beim Ehesakrament gelungen ist, müßte auch bei den übrigen Sakramenten möglich sein. Einen Entschluß, Taufgespräche durchzuführen, hat die Wiener Diözesansynode gefaßt: „Die Vorbereitung der Eltern soll in Form von Glaubensgesprächen geschehen. Diese können sowohl pfarrlich als auch überpfarrlich organisiert werden, um den Eltern günstige Möglichkeiten zur Teilnahme zu geben. Die Glaubensgespräche, deren Inhalt von Fachleuten näher zu erarbeiten ist, sollen sich etwa in folgendem Rahmen bewegen: Gespräche mit einem für diese Aufgabe geeigneten Christen (Priester, Diakon, Religiose, Laie) über die Grundzüge des christlichen Glaubens und die elterliche Verantwortung für die religiöse Erziehung, mit einem Pädagogen, mit einem Elternpaar, mit dem Heimatpfarrer bzw. Taufpriester, der mit den Eltern und Paten die Tauffeier und ihre liturgische Gestaltung bespricht"[303]. Ähnlich bewährt hat sich nicht nur die Reform des Erstkommunionunterrichts, sondern auch die Einrichtung von Elternabenden für Erstkommunionkindeseltern. Eltern, die solche Abende besuchen, zeigen sich nicht nur um ihres Kindes willen bereit zu kommen, sondern sind auch interessiert zu erfahren, was ihr Kind im Unterricht lernt. Dieses Interesse trägt zweifellos auch für den Glauben der Eltern Früchte. Der Firmunterricht schließlich ist zumeist in einer ähnlichen Situation wie der Erstkommunionunterricht. Doch gibt es sinnvolle Tendenzen, die auf eine Hinaufsetzung des Firmalters zielen. Das Firmsakrament soll erst gegen Ausgang der Pubertät gespendet werden. Dadurch würde sich die Chance eines neuen Katechumenats ergeben, das in Zeiten, in denen die Kirche aus pastoralen und nicht so sehr dogmatischen Gründen nach wie vor Kinder tauft[304], andererseits der Freiwilligkeit ein hoher gesellschaftlicher Stellenwert zukommt, von besonderem Wert wäre. Der Religionsunterricht kann dieser Aufgabe nicht nachkommen, weil er in einem zu frühen Alter stattfindet.

---

301 B. *Dreher*, Gesprächsbestimmte Sakramentenseelsorge, in: Lebendige Seelsorge, 20 (1969), 126—129. — R. *Picker*, Sakramentenspendung in der Großstadt, in: Kirche in der Stadt, II 77—124. — P. M. *Zulehner*, Prinzipien und Imperative zur Seelsorgsplanung, Wien 1967, hekt.

302 *Die Religion im Leben der Oberösterreicher*, IKS-90, Wien 1970, 79 ff.

303 *Leben und Wirken*, Nr. 140/141, 85 ff.

304 P. M. *Zulehner*, Religionssoziologie und Kindertaufe, in: Christsein ohne Entscheidung, hrg. v. W. *Kasper*, Mainz 1970, 188—206.

(e) Übertragung von Verantwortung

Als vorteilhaft hat sich erwiesen, Auswahlchristen Verantwortung und ihren Fähigkeiten entsprechende Tätigkeiten anzuvertrauen[305]. Auch dadurch ist Identifikation mit der konkreten Gemeinde und damit Integration in sie gewachsen. Musterbeispiel dafür ist etwa die Art, wie in der Wiener Machpfarre Erstkommunion vorbereitet wird[306]. Zum Unterricht werden dazu die Kinder zeitweise in kleinen Gruppen an Tischen versammelt. Für jeden Tisch wird eine nichtberufstätige Mutter gewonnen. Da in der Pfarre dafür keineswegs nur „vollkirchliche Mütter" zur Verfügung stehen, müssen auch Auswahlchristen herangezogen werden. Damit diese ihre Aufgabe der religiösen Unterweisung recht erfüllen können, erhalten sie vom Priester eine entsprechende Einführung. Man wird in der Annahme nicht fehlgehen, daß dabei die Mütter mehr lernen als die Kinder.

Ähnlich sind die Versuche, Eltern zur Mitarbeit an Jungschargruppen[307] oder Jugendklubs[308] zu gewinnen. Auch Dienste in der gemeindlichen Sorge um Alte, Kranke und „Benachteiligte" wurden da und dort von Auswahlchristen übernommen[309]. Eine Untersuchung, die B. Kalusche referiert, läßt deutlich erkennen, daß auch „Fernstehende" (wie sie bei ihm heißen) durchaus zur Mitarbeit in der Gemeinde, selbst im Pfarrgemeinderat, bereit sind[310].

(f) Kirchliche und gemeindliche Öffentlichkeitsarbeit

Alle diese positiven Bemühungen um eine persönliche Glaubensübernahme werden größere Aussicht auf Erfolg haben, wenn es gelingt, gegenüber Religion und Kirche bestehende, oft geschichtlich ererbte soziale Hemmnisse abzubauen. Die Verbesserung der Kontakte etwa zwischen der Kirche und traditionsgemäß antikirchlichen Großparteien und gesellschaftlichen Einrichtungen (etwa dem Gewerkschaftsbund) haben zum Beispiel sehr viel zur Veränderung der Voraussetzungen einer Arbeitnehmerpastoral beigetragen. Ähnliches gilt auch für die Anwesenheit der Kirche im Raum des Betriebes. Zwar wird sich die Hauptlast der eigentlichen Pastoral auf den Raum der Familie und damit des Wohnens und nicht des Arbeitens konzentrieren. Kontakte sozialer und menschlicher Art sind im Betrieb zweifellos möglich. Auf ihnen

---

[305] *Zerfaß,* Distanzierte Kirchlichkeit, 255, 259, 262.

[306] *Priesterteam Machstraße,* Wie die Erstkommunion in der Pfarre vorbereiten, Graz 1970.

[307] P. M. *Zulehner,* Überlegungen zur Familienpastoral, in: Mitteilungen des IKS, Wien 8 (1969).

[308] *Zulehner* u. a., Jugendklubs, 51 f., 116.

[309] *Klostermann,* Gemeinde Christi, 63—66.

[310] B. *Kalusche,* Kirche wohin? Ein religions-demoskopischer Beitrag zur Situationsanalyse der Institution Kirche, Bergen-Enkheim 1969, 73 f.

allein aber die Arbeitnehmerpastoral aufbauen zu wollen, hieße die Tatsache ignorieren, daß auswahlchristliche Religiosität, die unter Arbeitern vorherrscht, „privatisiert" und daher auf Familie, Kind und Biographie bezogen ist.

Auch die Präsenz der Kirche in den Massenmedien gewinnt von da her ihre Bedeutung[311]. Zwar handelt es sich um eine anonyme Kontaktnahme, deren Effizienz in der Kommunikationsforschung als begrenzt angesehen wird. Deshalb vermutet man, daß durch kirchliche Sendungen in Rundfunk und Fernsehen und durch religiöse Meldungen in Tageszeitungen eher vorhandene religiös-kirchliche Einstellungen bestärkt, nichtreligiöse Muster aber kaum nachhaltig verändert werden können[312]. Dennoch erhöht die bloße Anwesenheit der Kirche im öffentlichen Meinungsbildungsprozeß die Plausibilität des kognitiven Systems der Kirche.

Was hier von der Öffentlichkeitsarbeit der Kirche gesagt ist, trifft analog auch auf die einzelnen Gemeinden zu. Auch die (Pfarr-) Gemeinden brauchen zur Schaffung eines günstigen pastoralen Klimas eine gute Öffentlichkeitsarbeit[313].

4.4. AUSWAHLCHRISTEN UND GEMEINDESTRUKTUR

Sobald einer solchen Auswahlchristenpastoral und damit den Auswahlchristen selbst in der Kirche ein der Situation entsprechender Raum zugemessen ist, hat das auch Folgen für die Struktur der Gemeinden und der Kirche. Hier kommt das religionssoziologische Gesetz zum Tragen, daß Art der Kirchenzugehörigkeit und Sozialform der Kirche eng miteinander zu tun haben.

4.4.1.

Kirchenzugehörigkeit und Organisationstyp

Dieses Thema gehört zu den klassischen Problemen der Religionssoziologie, seitdem sich M. Weber mit der Analyse der protestantischen Sekten befaßt hat. Typisch für „Sekten" hielt er die freiwillige Zuge-

---

[311] W. *Massa,* Predigttypologie, in: HP II, 278—310 (mit reicher Literatur).

[312] E. *Katz,* P. T. *Lazersfeld,* Persönlicher Einfluß und Meinungsbildung, Wien 1962.

[313] R. *Hytha,* Öffentlichkeitsarbeit der Pfarre Brigitta Wien XX, Wien 1969, hekt. — *Zerfaß,* Distanzierte Kirchlichkeit, 263. — H. *Axmann,* Werbung und Öffentlichkeitsarbeit in der Kirche, in: Kirche in der Stadt, II, 267—271; Öffentlichkeitsarbeit der Pfarrgemeinde, Wien 1973.

hörigkeit, während man in den Organisationstyp der „Kirche" hineingeboren werde[314]. E. Troeltsch hat das Paar Kirche-Sekte durch den Typ der „Mystik" erweitert[315]. Während die Art der Zugehörigkeit zu Kirchen und Sekten im Anschluß an M. Weber beibehalten wurde, wurde die Mystik durch nichtdefinierbare Zugehörigkeit beschrieben. In Arbeiten von H. Becker[316], H. W. Pfautz[317] und M. Yinger[318] wurde die Zahl der Organisationstypen noch weiter differenziert und bis auf sechs erweitert.

J. Wach[319] hat den historischen Aspekt in die Diskussion um die religiösen Organisationstypen eingeführt und darauf hingewiesen, daß sich die einzelnen Typen nicht nur aus verschiedenen sozialen Hintergründen entwickeln, sondern auch Entwicklungsphasen einer einzigen Religion darstellen können. Demnach habe sich zumeist um den Religionsstifter ein fester Jüngerkreis gebildet, der in der zweiten Generation zur Bruderschaft und dann erst zur Kirche weiterentwickelt werde. In dieser Entwicklung trete die Sekte als Protest- und Reformbewegung innerhalb (als Orden z. B.) oder außerhalb der Kirche auf. P. Harrison hat diese Entwicklung an der Freikirchlichen Sekte nachverfolgt[320]. Seit der Einführung des historischen Aspekts haben sich die Studien auf den Übergang von der Sekte zur Kirche konzentriert[321]. Zusätzlich hat jüngst B. Wilson eine Differenzierung unter den Sekten vorgenommen[322].

Obwohl noch viele Probleme in dieser Diskussion offen sind[323], lassen sich doch einige markante Ergebnisse festhalten, die für unsere pastoraltheologischen Überlegungen wichtig sind und auf die kürzlich auch J. H. Fichter ausdrücklich hingewiesen hat[324]:

---

[314] M. *Weber*, Der Geist des Protestantismus, in: Gesammelte Aufsätze zur Religionssoziologie I (Tübingen 1922), 17 ff.

[315] E. *Troeltsch*, Die Soziallehren der christlichen Kirchen und Gruppen, Tübingen 1912.

[316] L. v. *Wiese*, H. *Becker*, Systematic Sociology, NewYork 1932, 624—628.

[317] H. W. *Pfautz*, The Sociology of Secularization: Religious Groups, in: Am. Journal of Soc., Sept. 1955, 121—128.

[318] M. *Yinger*, Types of Religious Organizations, in: Religion, Society and the Individual, New York 1957, 142—155.

[319] J. *Wach*, Religionssoziologie, Tübingen 1951. — G. *Mensching*, Die Religion. Erscheinungsform, Strukturtypen und Lebensgesetz, München 1962, 643.

[320] P. *Harrison*, Authority and Power in the Free Church Tradition, Princeton 1959.

[321] L. *Pope*, Millhands and Preachers, New Haven 1942. — E. *Brewer*, Sect and Church in Methodism, in: Social Forces 30 (1952) 400—408. — B. *Johnson*, A Critical Appraisal of the Church-Sect-Typology, in: Am. Soc. Review 22 (1957), 88—92. — *Ders.*, On Church and Sect, a. a. O., 28 (1963), 539—549. — H. *Niebuhr*, The Social Sources of Denominationalism, New York 1919.

[322] B. *Wilson*, A Typology of Sects, in: Types, dimensiones et mesure de la religiosité, Actes de la X. Conf. Int., Roma 1969, CISR, 29—56.

[323] *Wilson*, Typology, a. a. O.

[324] J. H. *Fichter*, Typologies of Organized Religion, in: Types, dimensions et mesure, 15 ff.

(1.)Es gibt prinzipiell verschiedene Organisationsformen ein und derselben Religion, die unter anderem vom Inhalt der Lehren, der sozialen Herkunft der Mitglieder, dem Entwicklungsgrad der religiösen Institution sowie dem Verhältnis der Institution zur Gesellschaft abhängen. Die wichtigsten Grundtypen sind dabei — unbeschadet diverser Sub- und Zwischentypen — die sektoide und die denominationell-kirchliche Form. Im Wesentlichen unterscheiden sie sich durch ihre Einstellung zur gesellschaftlichen Umwelt: Während Sekten die Neigung haben, sich vor der Umwelt abzuschirmen, tendieren die Kirchen zur Auseinandersetzung, Angleichung und Veränderung der Umwelt. Daraus entstehen Rückwirkungen vom Organisationstyp auf die jeweilige Form der Zugehörigkeit.

(2.) Diese diversen Organisationsformen treten nicht nur als Entwicklungsphasen einer Religion nacheinander auf, sondern existieren auch nebeneinander in den heutigen Großkirchen.

(3.) Die verschiedenen Denominationen tendieren damit heute auf einen gemeinsamen organisatorischen Haupttyp, der folgende Merkmale aufweist: inklusive Mitgliedschaft (Kindertaufe), Freiwilligkeit in der Wahl zwischen den einzelnen Denominationen; innerer Pluralismus; Bürokratisierung; demokratische Züge; kulturelle Angleichung an die weltliche Gesellschaft.

(4.) Innerhalb dieses Haupttyps bilden sich „sektoide" Gruppierungen mit hohem Identifikationsgrad im Sinn der vorhin beschriebenen „gruppen- und gemeindespezifischen" Zugehörigkeit; neben diesen gibt es eine große Zahl von Mitgliedern mit „partieller Identifikation" im Sinn der „institutionsspezifischen" Zugehörigkeit[325]. Diese „sektoiden" Substrukturen können dabei im Sinn von Wilson sehr verschiedene Zielsetzungen und Strukturen haben. Wilson nennt sieben Subtypen von Sekten: Conversionist, Revolutionist, Introversionist, Manipulationist, Thaumaturgical, Reformist, Utopian, — wobei es sich jeweils um Abwandlungen des Erlösungsgedankens handelt und dessen Bezug zur Welt[326]. Dadurch entsteht naturgemäß eine Spannung zwischen diesen „Basisgruppen" und dem institutionellen Rahmen der Denomination, welche die Tendenz hat, sich kulturell der weltlichen Gesellschaft anzugleichen[327].

---

[325] *Mensching* spricht in diesem Zusammenhang von einer Vorhofreligion, die als Folge der Entwicklung einer Bruderschaft zur Universalkirche stets auftrete. *Mensching,* Soziologie der Religion, 132 ff. — Auch T. F. *O'Dea,* Five Dilemmas in the Institutionalization of Religion, in: Journal of the Scientific Study of Religion, I, 1.

[326] *Wilson,* Tipology, a. a. O., 47.

[327] J. K. *Hadden* registriert auf Grund von Untersuchungen eine Spannung zwi-

(5.) Das bedeutet schließlich, daß sich die einzelnen Typen der Zugehörigkeit nicht mehr bestimmten Konfessionen zuordnen lassen. Vielmehr durchziehen sowohl die Typologie der Organisation, damit der Zugehörigkeit, als auch die des religiös-kirchlichen Verhaltens der Mitglieder alle Konfessionen in gleicher Weise. Sieht man daher von der religiösen Elite und den Angehörigen der Intensivsegmente der einzelnen Institutionen ab, so kommt man zu dem Ergebnis, daß hinsichtlich der großen Zahl von Auswahlchristen die Religiosität der Mitglieder der meisten christlichen Kirchen und Gemeinschaften starke Ähnlichkeiten aufweist[328]. Das bedeutet aber, daß Auswahlchristen der verschiedenen Konfessionen und in mancher Hinsicht auch vollkirchliche Christen einander oft ähnlicher sind als Auswahl- und Vollchristen ein und derselben Kirche.

4.4.2.

Funktionen der Kerngemeinde

Diese Charakterisierung der gegenwärtigen kirchlichen Strukturform ist soziologischer, nicht theologischer Natur. Es wäre ja durchaus denkbar, daß aus einer Zukunftsvorsorge die Kirche sich strukturell heute schon aus eigener Initiative dem anzupassen versucht, was sie möglicherweise bei gleichmäßigem Fortgang der Entwicklung im geschichtlichen Morgen oder Übermorgen sein wird: nämlich eine noch viel ausschließlicher „demokratisierte" und „dezentralisierte" Basisgemeindestruktur mit nur sehr begrenztem Spielraum für Mitglieder mit bloß partieller Identifikation. Es würde dazu genügen, die Ansprüche der Kirche auf ein sehr hohes Niveau zu schrauben und damit zu einer elitären Kirche der religiösen Virtuosen[330] zu gelangen.

Doch gibt es gute Gründe dafür, daß einem solchen wohlgemeinten Anliegen, zu einer „Kirche der Hundertprozentigen" zu gelangen, auf Grund der gesellschaftlichen Situation von Religion und Kirche kaum Erfolg beschieden wäre. Zwar könnte zunächst das Formulieren hoher religiöser Ansprüche ohne „verkirchlichende" Nebenabsichten sich als anziehend erweisen[330]. Der im religionssoziologischen Teil ver-

---

schen einer auf soziale Stibilität bedachten Laienschaft und einem reformfreudigen Klerus: J. K. *Hadden,* The Gathering Storm in the Churches, New York 1970. — Ch. Y. *Glock,* B. B. *Ringer,* E. R. *Babbie,* To Comfort and to Challenge. A Dilemma of the Contemporary Church, Berkeley 1967.

[328] *Rahner,* Christen zwischen den Kirchen, a. a. O., 14—17.

[329] M. *Weber,* Gesammelte Aufsätze zur Religionssoziologie, 3 Bde., Tübingen [2]1922, I, 259—262.

[330] So wird vermutet, daß die Integrierte Gemeinde in München deshalb so anziehend sei, weil sie eine Gemeinde mit hohen, ja totalen Ansprüchen selbst auf die Freizeit ihrer Mitglieder, deren Geld und deren Privatsphäre sei. *Hampe,* Versuch, 25.

mutete Prozeß der Verdichtung von Kirchlichkeit würde so künstlich beschleunigt. Dabei bliebe allerdings offen, ob ein derartiges Anheben der Forderungen nicht bloß für eine sehr schmale soziale Gruppe attraktiv wäre. Doch ist es schon theologisch fragwürdig, eine „Kirche der Sündenlosen" und dies noch dazu in der Diaspora als Ideal hinzustellen. Bei der Diasporasituation kann es sich nur um etwas handeln, was sich eine einst blühende Großkirche nur unter Aufbietung aller Gegenkräfte abringen lassen kann[331]. Aber selbst eine solche Kirche der „kleinen Herde" in der Zerstreuung inmitten einer völlig säkularen Welt müßte mit einer heute bereits gegebenen gestuften Teilnahme rechnen. Zwar wären die Mitglieder einer sektoiden Diasporakirche auf Grund der kleinen Gemeinden mit mehr Möglichkeiten sozialer Kontrolle durch die Kirche konfrontiert, als dies in polizeistaatlichen Verhältnissen der Fall war; denn keine Form der Sozialkontrolle ist stärker als jene der Kleingruppen. Gerade aber die prinzipielle Freiwilligkeit der Kirchenzugehörigkeit müßte sich auch dann noch in sehr vielfältige Formen der Teilnahme umsetzen, es sei denn, dieses Prinzip der Freiwilligkeit würde in der Praxis nicht ernst genommen werden.

Viel wahrscheinlicher als dieses extreme Ausmaß von Konzentration an Kirchlichkeit erscheint demgegenüber die gestufte Zugehörigkeit auch innerhalb der Kirche. Dafür sprechen die soziale Einbettung der Kirchlichkeit, die Auswahlmöglichkeit oder die deklarierte Freiwilligkeit ebenso wie die faktische Unkontrollierbarkeit der Anteilnahme, die ja schon heute zu einer Kirche der offenen (Glaubens-)Grenzen geführt hat. Sobald aber einmal diese gestufte Zugehörigkeit feststeht, ist auch bereits sehr viel über die Struktur der Kirche und ihrer konkreten Gemeinden entschieden. Man kann nicht aus pastoralen Gründen den einzelnen das Recht auf eine Glaubensentscheidung zugestehen, damit auch das Recht auf eine partielle Anteilnahme, ohne dafür auch geeignete kirchliche Rollenmuster zur Verfügung zu stellen, weil oft nur der „volle Christ" mit lückenloser Anteilnahme (Totalidentifikation[332]) „zählt". Inmitten einer respektablen Anzahl von Sympathisanten in und außerhalb der Kirche wird es daher zu einer Auskristallisation von Kerngemeinden kommen, die von den unscharfen Rändern her getragen werden und nicht in „kleinhäuslerischer Sektenmentalität" abgeschlossen leben, sondern in ständiger missionarischer Offensive nach außen stehen[333].

Die Aufgaben dieser Kerngemeinden zeichnen sich damit bereits ab. Vor allem sind sie die Garantie dafür, daß Sinn und Ziel der Kirche

[331] *Klostermann*, Prinzip Gemeinde, 31.
[332] *Schlette*, Die sogenannte „partielle Identifikation", a. a. O., 400 ff.
[333] *Rahner*, Strukturwandel, 32—37.

verwirklicht werden. Die Kerngemeinden sind jenes „Sakrament der Einheit" vor der Welt, von dem die Kirchenkonstitution des Zweiten Vatikanischen Konzils spricht. In ihnen wenigstens muß sich in radikaler Christusnachfolge der Glaube darstellen und in der Liebe wirksam werden, in einer Liebe, die sich nicht bloß auf die Brüder erstreckt (denn das tun ja auch die Heiden), sondern über die keineswegs scharfen Grenzen der Kerngemeinde hinausreicht. Das führt zur zweiten Grundaufgabe dieser Kerngemeinden, die sehr vielfältige Formen haben können: Sie sind die Plausibilitätsgrundlage für die Verkündigung des Evangeliums Christi. Gibt es sie nicht, dann hat das Evangelium eine verminderte soziale Glaubwürdigkeit. Schließlich aber sind diese Kerngemeinden vermutlich auch in Zukunft das Reservoir für jene Menschen, die haupt- oder nebenamtlich die pastoralen und gesellschaftlichen Aufgaben der Kirche wahrnehmen.

4.4.3.

Personalfrage

Ohne diese dritte Aufgabe eingehend zu diskutieren, soll auf einige Gründe hingewiesen werden, warum ihre Bewältigung für die Kirche heute von sehr großer Bedeutung ist[334]. Durch den tiefgreifenden Strukturwandel in der Gesellschaft und den damit verbundenen Standortwechsel der Kirche in ihr sind für die religiöse Erziehung der Menschen sehr viele Sozialisationsträger verlorengegangen. Die Zeiten staatlicher Kontrolle über die Erfüllung der Christenpflichten sind unwiderruflich vorbei; vielmehr herrscht heute demgegenüber eher ein negativer Konformitätsdruck gegen volle Teilnahme am Glauben und Leben der Kirchengemeinde. Verstärkte religiöse Überzeugung und der Aufbau stabilisierender Gemeinden und ihrer Substrukturen sind daher für den (voll-)christlichen Glauben in der Kirche mehr als bisher notwendig. Dies bedeutet pastorale Mehrarbeit, die die Kirche, nun gesellschaftlicher und staatlicher Unterstützung bar, in Eigenregie erfüllen muß. Nicht mehr Staat und Gesellschaft garantieren somit Bestand und Wirken der Kirche, sondern der mögliche Erfolg hängt von dem ab, was die aktiven Teile der Kirche selbst erreichen.

Die drastische Abnahme des Priesternachwuchses hat zu einer Schmälerung der Erfolgsaussichten geführt. Andererseits sind schon längere Zeit aus einer neuen Sicht der Laienverantwortung für die kirchlichen Aufgaben Anstrengungen im Gange, aus den bislang weithin passiven

---

[334] P. M. *Zulehner,* Priesterausbildung: Ein Kardinalproblem der Kirche, in: Wiener Kirchenzeitung vom 23. 4. 1971.

Vollchristen („Passivchristen") neue Kräfte zu gewinnen, die selbst Grundfunktionen in priesterlosen Gemeinden übernehmen sollen: Männer wie Frauen, mit oder ohne abgeschlossene Hochschulbildung, können nach den Beschlüssen mancher Diözesan- und Nationalsynoden mit der Verkündigung, der Liturgie oder der Diakonie, sowie der Leitung und dem Aufbau von „Teilgemeinden" beauftragt werden[335]. Was hier durchwegs geschieht, ist der offenbare Versuch, die in der Frühzeit der Kirche im Presbyterat zu Rollensegmenten eingeschmolzene Einzelrollen[336] wiederum zu entflechten. Theologie und Ausbildung stehen freilich zu dieser Auffächerung des kirchlichen Berufes in einem beträchtlichen Rückstand, was manchen „heilsamen Unsinn" verursacht, indem etwa „Laien" mit zentralen presbyterialen Funktionen, etwa des Gemeindeaufbauens und ihrer Leitung, beauftragt werden, ohne dafür das entsprechende Sakrament zu erhalten. Ordo und missio geraten dadurch in eine merkwürdige Distanz[337]. Erst sobald diese Probleme einer Abstimmung der kirchlichen Praxis, der Theologie des Amtes und der Ausbildung zum kirchlichen Dienst gelöst sind, wird sich zeigen, ob die Aktivierung der bislang weithin passiven Gemeinden gelingt. Erst dann wird auch sicher sein, ob die gegenwärtige Krise des Priesteramtes eine Krise der ehelosen Lebensform oder des kirchlichen Berufs insgesamt ist.

4.4.4.

Kriterien der Zulassung zu kirchlichen Berufen[338]

Unabhängig davon ist es aber möglich, auf dem Hintergrund der vorliegenden religionssoziologischen Analysen einiges über die Eigenschaften zu sagen, die einer mitbringen und sich aneignen muß, will er in der gegenwärtigen Kirche einen Beruf ergreifen.

In der Tradition hat sich eine Trias von Zulassungskriterien zur Priesterweihe herausgebildet. Vom Kandidaten wurden die nötige Eignung, die von der rechten Absicht bestimmte Neigung sowie die Annahme durch die Kirche verlangt[339]. Als mehr oder minder umfassen-

---

[335] *Leben und Wirken,* passim.

[336] J. *Martin,* Zur Genese des Amtspriestertums in der frühen Kirche, Qu. D. 48, Freiburg 1972.

[337] P. M. *Zulehner,* Sind die Priesterseminare am Ende? in: Der Volksbote vom 26. 6. 1971.

[338] Bei diesem Abschnitt handelt es sich um bearbeitete Auszüge aus meinem Habilitationsvortrag sowie der folgenden öffentlichen Probevorlesung in Würzburg am 18. und 25. Oktober 1973. Kleinere Überschneidungen mit dem ersten Teil dieser Studie wurden absichtlich belassen, um diese Ausführungen auch in sich verständlich und lesbar zu erhalten.

[339] F. *Dander,* Berufung, in: LTHK² II, Freiburg 1958, 284 f. (dort weitere Literatur).

der Rahmen möglicher Kriterien sind diese drei Bereiche natürlich auch heute noch voll gültig. Doch bedürfen sie auch heute ebenso wie in früheren Zeiten einer Konkretisierung auf dem Hintergrund der jeweiligen Situation von Kirche und Welt. Diese Forderung gilt weniger vom Merkmal der Annahme durch die Kirche oder auch von der rechten Neigung, wobei heute zur Klärung der damit gemeinten Berufsmotivation durchaus wertvolle psychologische Hilfsmittel zur Verfügung stehen. Vor allem aber das Kriterium der Eignung bedurfte zu allen Zeiten einer an den Menschen und der Situation der Kirche orientierten Neuformulierung und bedarf ihrer heute in besonders dringlicher Weise. Die Konkretisierung, wie sie der Kodex[340] unternimmt, die ihrerseits in den kirchenrechtlichen und moraltheologischen Handbüchern[341] noch weitergeführt wurden, sind der Sache nach durch die Dekrete des II. Vatikanischen Konzils über die Priesterausbildung sowie über Dienst und Leben der Priester überholt worden. Doch reichen selbst die Konkretisierungen des Konzils heute nicht mehr aus, was allein an der Tatsache ersichtlich ist, daß sich in allerjüngster Zeit im deutschen Sprachraum Regentenkonferenzen ausdrücklich mit diesem Thema befaßt haben[342]. Dies ist schon deshalb nicht verwunderlich, weil kirchliche Berufe eben Berufe in der konkreten Kirche sind, seit den Priesterdekreten des Konzils in der Kirche aber Entwicklungen in Gang gekommen sind, die zwar vom Konzil ausgelöst wurden, deren Verlauf aber damals im Grunde niemand absehen konnte und die heute noch voll im Gang sind. Zudem wird man zu den Arbeiten der Konzilsväter bemerken müssen, daß sie die religiös-kirchliche Situation der Menschen, die bei der konkreten Bestimmung von Berufskriterien eine gewichtige Rolle spielt, nur in einer sehr allgemeinen Art und Weise bedenken konnten, weil die religiöse Lage je nach Weltregion doch erheblich verschieden ist. Für die Formulierung von konkreten Berufskriterien, wie wir sie für die Praxis in unseren Breiten brauchen, verlangen deshalb die Aussagen des Konzils von selbst eine Weiterführung.

Diese geschichtlichen Bemerkungen enthalten nun bereits entscheidende Hinweise auf die Methodik, mit der die Lösung des Problems

---

[340] CIC, cc. 974—982; 983—991: Neben positiven Voraussetzungen wie Taufe, männliches Geschlecht, ausdrückliche Intention, Gnade, Firmung, sittliche Lebensführung, kanonisches Alter, entsprechendes Wissen, Beobachtung der Interstitien und insbesondere auch des Weihetitels, durch den der standesgemäße Lebensunterhalt des Ordinanden sichergestellt werden soll, werden auch Irregularität und einfache Weihehindernisse genannt, zu denen körperliche und psychische Gebrechen, Mord, Selbstmord, Ehe und Bigamie sowie das Ausüben bestimmter Berufe zählen.

[341] H. *Jone,* Katholische Moraltheologie, Freiburg [3]1931, 516—527.

[342] So die Herbsttagung der österreichischen Seminarvorsteher im Jahre 1971 und die Jahrestagung der deutschsprachigen Regentenkonferenz 1972 in Luzern: *Jahrestagung 1972* der Regenten und Direktoren der deutschsprachigen Priesterseminare und Theologenkonvikte, Luzern 17.—21. 7. 1972, 38—42.

angezielt werden kann. Das Problem stellt sich ja so dar, daß die allgemeinen traditionellen Berufskriterien heute einer neuerlichen Konkretisierung bedürfen. Diese Konkretisierung kann jedoch nur auf dem Hintergrund der jeweils gegebenen Situation der Menschen und ihrer Gesellschaft sowie der Kirche geschehen. Die Lösung dieser Problematik kann insgesamt nur in einem interdisziplinären Dialog, nicht nur zwischen theologischen Fachrichtungen, sondern auch zwischen theologischen und humanwissenschaftlichen Disziplinen gefunden werden. Diese umfassende Arbeit kann hier begreiflicherweise nicht geleistet werden. Die folgenden Ausführungen stellen vielmehr den bewußt als begrenzt verstandenen Beitrag einer Pastoraltheologie dar, die sich der empirisch-kritischen Methode, insbesondere der Religionssoziologie bedienen.

So werden im folgenden *drei Basis- oder Grundkriterien* zur Sprache kommen. Das erste geht aus von der Situation der Menschen, denen der Dienst kirchlicher Berufe gilt und läßt sich formulieren als „Überzeugung von der Lebensnotwendigkeit der Botschaft Jesu und der Fähigkeit, diese auch sichtbar zu machen". Dieser Dienst an den Menschen kann aber jeweils nur in der konkreten Kirche erfüllt werden. So verlangt das zweite Grundkriterium die „Bereitschaft zum Dienst in der konkreten Kirche". Schließlich resultiert aus der eigenartigen Situation, in der sich der Verkündiger des Evangeliums heute angesichts der Situation der Menschen wie der Kirche befindet, das dritte Grundkriterium, das sich als Mut des Bewerbers beschreiben läßt, „sich selbst ins Spiel zu bringen".

(a) Überzeugung von der Lebensnotwendigkeit der Botschaft Jesu und die Fähigkeit, sie sichtbar zu machen

Um die volle Tragweite dieses ersten Grundkriteriums recht abschätzen zu können, bedarf es einer kurzen Skizze des Standorts von *Religion und Kirche in der modernen Gesellschaft.*

Das Verhältnis von Kirche, Staat und Gesellschaft hat sich im letzten Jahrhundert tiefgreifend verändert und ist immer noch in Veränderung begriffen. In den mittelalterlichen, vor allem nachreformatorischen Gesellschaften unseres Kontinents waren Kirche, Staat und Gesellschaft aus gegenseitigem Existenzinteresse engstens miteinander verflochten. Die christlichen oder besser christentümlichen Staaten waren darauf angewiesen, daß die Untertanen die dem Herrscherhaus entsprechende Religion hatten. Aus diesem Grund wurde jeweils eine einzige Kirche privilegiert und mit allen dem Staat verfügbaren gesellschaftlichen Einrichtungen (also Wirtschaft, Schule, Recht) in ihrem Bestand und Wirken geschützt. Der so privilegierten Kirche war weltanschaulich eine Art *Monopolsituation* eigen. Staatsbürger hatten dieser Kirche gegenüber lediglich die Wahl, der Kirche anzugehören und alles anzunehmen, was sie lehrte und verlangte. Die Alternative bestand einzig darin, als Ketzer gebrandmarkt und hingerichtet oder ins Ausland verwiesen zu werden. Auf Grund eines langsamen Entflechtungsprozesses von Kirche, Staat und Gesellschaft kam es nicht nur zu einer weitgehenden *Entkirchlichung* der Gesellschaft und ihrer Institutionen, sondern zugleich auch zu einer teilweisen Entkirchlichung der subjektiven Religiosität. Nach Wegfall der religiösen Zwangs- und Monopolsituation entstand in heftigen Auseinandersetzungen auf politischer und weltanschaulicher Ebene zwischen politisch organisierten Christen auf der einen und liberal-sozialdemokratischen Kräften auf der anderen Seite die heute weithin gegebene sogenannte *pluralistische Gesellschaft,* in der unterschiedliche und oft gegensätzliche Weltanschauungen nebeneinander bestehen und dem einzelnen ohne soziale Kontrolle und Sanktionen zugänglich sind. Um die Situation heutiger Menschen gegenüber der Religion zu beschreiben, bedient sich die Religionssoziologie gerne des ökonomischen *Marktmodells.* Der Mensch befindet sich in der Suche nach Lebensdeutung und Hilfen der Lebensbewältigung gleichsam auf einem weltanschaulichen Markt. Er kann heute dabei nicht nur ungestraft zwischen verschiedenen Konfessionen auswählen — wobei die Konfessionslosigkeit in unseren Breiten immer noch unter negativen Konformitätsdruck steht —, sondern kann das weltanschauliche Paket seiner Kirche beliebig und auch ohne Kontrolle und Sanktion durch seine eigene Kirche öffnen und Teile in seinen subjektiven Korb füllen; zugleich kann er aber auch bei anderen Anbietern einkaufen und die so ausgewählten Fragmente verschiedenster Deutungssysteme zu einem außerordentlich individuell gestalteten Weltbild zusammenfügen. Diese Möglichkeit haben nun die Menschen nicht nur theoretisch, sondern nehmen sie in steigendem Maß auch wahr. Wie die internationalen Untersuchungen zeigen, prägt der durch diesen Vorgang der Auswahl charakterisierte Typ des *„Auswahlchristen"* immer mehr die Form von Religion in der modernen Gesellschaft.

Man stellt natürlich die Frage nach dem *Maßstab* für dieses Auswahlverfahren. Die Antwort ist einfach und einsichtig zugleich: Ausgewählt wird, was den Menschen subjektiv für die Deutung und Bewältigung ihres Lebens notwendig erscheint und in diesem Sinn „Lebensnot" wendet, also *„Lebensnot-wendig"* ist. Was im Bewußtsein heutiger Menschen diese Qualität nicht erreicht, erfährt demnach kaum Nachfrage.

So zeigen die empirischen Untersuchungen einerseits, daß Auswahlchristen trotz weitgehender Distanz zur Kirche und damit Entkirchlichung ihrer subjektiven Religiosität kirchliche Einstellungen und

Verhaltensweisen dann übernehmen, wenn es um die Deutung und Bewältigung außeralltäglicher Krisen der individuellen wie familiären Existenz geht: also anläßlich von Geburt, Heirat, Tod, Ehekrisen, persönlichen Problemen und Notlagen. Andererseits zeigen empirische Studien unerbittlich auf, daß selbst wichtige Glaubenssätze wie bedeutende Verhaltensmuster einer christlichen Lebensführung nur begrenzte Nachfrage erfahren.

Mit solchen Überlegungen ist *weder* behauptet, daß die vorfindbare Nachfrage in jeder Hinsicht christlich ist, *noch* daß sich hinter der verweigerten Nachfrage nicht auch theologisch gesprochen Unglaube verbergen kann. *Unabhängig* von der theologischen Deutung der religiös-kirchlichen Situation steht aber jedenfalls das Eine und Entscheidende unverrückbar fest: *Auch christliche Verkündigung kann in der gegebenen weltanschaulichen Marktsituation nur dann zu Recht mit einer Nachfrage rechnen, wenn ihr Inhalt mit der Deutung und Bewältigung des ganz konkreten Lebens* der Menschen sowohl im Raum der Privatheit wie der gesellschaftlichen Öffentlichkeit etwas zu tun hat und wenn es den Verkündigern auch gelingt, die damit gemeinte Lebensnotwendigkeit den Menschen auch einsichtig zu machen.

Mit diesem Grundkriterium ist keineswegs behauptet, daß sich die Kirche in ihrer Verkündigung nun aus Gründen des Absatzes schlechterdings der Nachfrage der Menschen anzupassen habe. Im Dienst an einer sinnvollen Deutung und Bewältigung des Lebens steht durchaus auch der *prophetische* Aufruf zur Veränderung des Lebens sowie der Impuls zum Wandel von gesellschaftlichen Verhältnissen, die, bemessen am Modell christlicher Welt- und Lebensdeutung, zum Schaden des Menschen selbst aufrecht erhalten werden.

Es ist klar, daß von diesen Überlegungen her die Forderungen zunächst nicht direkt an den Bewerber für einen kirchlichen Beruf ergehen, sondern zuallererst an die Experten der *Theologie* und der *Ausbildung*. Die Lebensnotwendigkeit, also der Lebensbezug des Verkündigungsinhalts sind zentrale Kategorien theologischen Denkens. Nicht zuletzt wird im Glaubensbekenntnis das „propter nos homines et propter nostram salutem" ausdrücklich festgehalten. Diese im theologischen Denken manchmal zu kurz gekommene Dimension bestimmt jedoch heute neuerlich in hohem Ausmaß die theologische Forschung. Die Fragen, wie sich Kirche und Welt, Gott und Mensch, Transzendenz und Immanenz, Gnade Gottes und Freiheit des Menschen zueinander verhalten, sind aus der heutigen theologischen Diskussion nicht mehr wegzudenken, die Bandbreite vorgeschlagener Lösungen ist jedoch sehr ausgedehnt. Bei der Schwierigkeit der Probleme ist es auch nicht verwunderlich, daß gerade jene Theologen, die sich aus pastoralen Motiven intensiv mit diesen Fragen auseinandersetzen, den Boden des traditionellen theologischen Denkens verlassen und nach neuen Sprach- und Denkformen suchen, die der Wissenswelt der modernen Menschen näher sind und die Sprachbarrieren zwischen der Kirche und den einzelnen Denkwelten übersteigen helfen.

Solange diese Arbeit der Theologie noch voll im Gang ist, fällt es schwer, mit der erforderlichen Gewichtigkeit Konsequenzen auch für die Zulassung zu einem kirchlichen Beruf zu ziehen. Unbeschadet dieser Schwierigkeit muß die in eigener Erfahrung gewonnene und mit Hilfe von Humanwissenschaften reflektierte Kenntnis des heutigen Menschen und seiner Welt ebenso als unabdingbare Voraussetzung für einen kirchlichen Beruf bezeichnet werden wie das Zuhausesein in einer Verkündigungstheologie, die diesen Menschen *„an-geht"*. Sind diese Voraussetzungen nicht erfüllt, hat dies sowohl für die Kirche wie für den einzelnen fatale Konsequenzen.

Die *Kirche* gerät dann in manchen ihrer Repräsentanten in den Prozeß einer schwerwiegenden Umdeutung ihres Verkündigungsinhalts. Da ihr traditionelles christliches Modell einer Lebensdeutung und Lebensführung kaum gefragt ist, machen vereinzelte den Versuch einer radikalen Säkularisierung der Religion und versuchen auf diese Weise, innerweltliche Heilslehren in religiöser Verpackung zu verkaufen. Dabei übersehen sie, daß diese Heilslehren ohne religiöse Verpackung anderswo billiger und vor allem ohne die Unkosten einer persönlichen und finanziellen Bindung an eine religiöse Gruppe gekauft werden können. Vor allem aber bezieht sich die Nachfrage der heutigen Menschen an die christlichen Kirchen auf sinngebende und krisenbewältigende Inhalte. Sinngebung und Krisenbewältigung sind aber Eigenschaften, die wissenssoziologisch formuliert, mit der Transzendenzspannweite des Weltbildes zunehmen. Insofern daher Menschen eine Nachfrage an die christlichen Kirchen haben, erscheint ein transzendenzreicher Kosmos gefragt und damit nur ein solcher auf dem Markt der Weltanschauungen konkurrenzfähig zu sein.

Aber auch der *einzelne* gerät in schwierige Situationen, wenn er einen kirchlichen Beruf wählt, ohne von der Lebensnotwendigkeit seines Berufs überzeugt zu sein und die Fähigkeit zu besitzen, diese Lebensnotwendigkeit den Menschen auch einsichtig zu machen. Wer heute nicht verständlich machen kann, wozu ein Leben nach der Art Jesu (und dies nicht nur in einem moralisierenden Sinn) sinnvoll ist, verschuldet sich selbst das Erlebnis, von den Menschen und der Gesellschaft nicht gebraucht zu werden. Im schlechten Sinn des Wortes wird er so zum „Außenseiter" der Gesellschaft, der im Grunde genommen überflüssig ist. Auf die Dauer ist aber ein solcher Zustand unerträglich, vor allem dann, wenn nicht sichergestellt ist, daß der Betroffene daran nicht selbst schuld ist. Sich in einer solchen Lage vorschnell auf den Mißerfolg Jesu zu berufen, trüge Züge des Versuchs an sich, nicht vorhandene Bereitschaft zu Selbstkritik und Veränderung zu verdecken. Trifft aber diese Erfahrung des Nichtgebrauchtwerdens einen im kirchlichen Beruf, der die Ehelosigkeit gewählt hat, so führt dies vereinzelt dazu, die im Beruf unerreichbare Zufriedenheit in der Ehe zu suchen. Schon seit der Priesteruntersuchung von J. Fichter in Amerika[343] steht auch empirisch fest, daß Berufsunzufriedenheit und Heiratswunsch in einem engen statischen Zusammenhang stehen.

(b) Bereitschaft zum Dienst in der konkreten Kirche

Es klingt zunächst nahezu trivial, daß kirchlicher Beruf Dienst in der konkreten Kirche ist. Dennoch ist diese Feststellung derart wichtig, daß sie zu einem weiteren Basiskriterium erhoben werden muß. Zugleich ist es nötig, sie vor einem gravierenden Mißverständnis zu bewahren. Kirchliche Berufe, von denen wir hier reden, so sehr an die konkrete Institution zu binden, läßt nämlich leicht den Verdacht aufkommen, man betrachte ihre Träger als *bloße Funktionäre* der Institution. Ein derartiges Mißverständnis wäre aus dogmatischen, ebenso wie aber auch aus soziologischen Gründen unhaltbar. Karl Lehmann hat — was die dogmatische Seite betrifft — erst kürzlich darauf hingewiesen, daß das kirchliche Amt nicht nur eine apostolisch-kirchliche Gestalt, sondern einen christologischen Ursprung hat[344]. Dementsprechend zeigt die jüngst erschienene deutsche Priesteruntersuchung[345] unübersehbar, daß die deutschen Priester ihr Amt auf sehr unterschiedlichen Ebenen legitimieren: alle leiten ihre Autorität von Christus her, nehmen aber auf einer konkreteren *Legitimationsebene* durchaus Bezug auf institutionelle Wirklichkeiten, sei es die kirchliche Hierarchie, sei es die christliche Gemeinde mit ihren Menschen. Dies hat aber zur Folge, daß sowohl dogmatisch wie soziologisch besehen die Beziehung der Priester und analog der verwandten kirchlichen Berufe zu ihrer dienstgebenden Institution eine andere ist als jene der Funktionäre profaner Institutionen zu diesen: Die doppelte Legitimationsebene versetzt nämlich die Priester in die Lage, sich unter Berufung auf den „Willen Christi" der kirchlichen Institution kritisch gegenüberzustellen, eine Möglichkeit, die laut deutscher Umfrage von 32% der Priester aller Richtungen im übrigen auch ergriffen wird[346].

---

[343] J. H. *Fichter,* America's Forgotten Priests. What Are They Saying? New York 1968, 152.

[344] K. *Lehmann,* Zur Theologie des Amtes unter Hinblick auf die Kriterien der Weihezulassung. Vortrag vor den österreichischen Seminarvorstehern in Salzburg am 14. 1. 1971. Vgl. P. M. *Zulehner,* Beruf, Berufung oder Job, in: Der Volksbote vom 20. 2. 1971.

[345] G. *Schmidtchen,* Priester in Deutschland, Freiburg 1973, 48.

[346] A. a. O., 120.

So sehr aber nun die vorfindbaren unterschiedlichen Legitimationstheorien auf eine zumindest mögliche und von einem Teil auch ausgeübte kritische Distanz von Trägern kirchlicher Berufe der kirchlichen Institution gegenüber verweisen, lassen sich diese Berufe nichtsdestoweniger eben doch nur *in* der *konkreten* Kirche ausüben, nicht in einer „auch möglichen": also mit dem amtierenden Bischof, den vorhandenen Mitgliedern des Presbyteriums und jenen Laienchristen, die sich um das Wirken und den Bestand dieser Kirche mühen.

Dienst in der konkreten Kirche bedeutet heute aber Beruf in einer *„Kirche des Übergangs"*[347] und des tiefgreifenden sozialen *Wandels* mit all den damit verbundenen Chancen und Nöten. Auf dem II. Vatikanischen Konzil waren nahezu alle Bischöfe der Meinung, die Kirche bedürfe wegen ihres unveräußerlichen Auftrags zum Dienst an den Menschen und ihrer Gesellschaft einer tiefgehenden Erneuerung. Zu sehr hatten sich ihrer Meinung nach Kirche und Welt auseinandergelebt. Man suchte die Ursachen dafür nicht allein auf Seiten der Welt. Angesichts der Herausforderungen einer sich rasch verändernden Welt hat sich die Kirche auf dem Konzil als wanderndes Gottesvolk und als „Sakrament", also Zeichen und Werkzeug gottgestifteter Einheit der Menschen untereinander, neu definiert. Um aber vor der Welt diese „eschatologische Vision" vom Menschen und seiner Berufung glaubwürdig vortragen zu können, mußte sie versuchen, selbst Zeichen der Brüderlichkeit zu werden. So ist denn auch die Kirche darangegangen, ihre gesamte institutionelle Wirklichkeit kritisch zu sichten und *neu zu ordnen.* Verändert wurde die Definition des *Laien,* welcher nun wesentlich zur Konstitution des Zeichens „Kirche" vor der Welt beizutragen aufgerufen wurde. Verändert wurde damit auch das Verständnis des kirchlichen *Amtes,* das deutlicher als bisher seinen ursprünglichen Dienstcharakter zeigen sollte. Erneuert wurde die *Liturgie,* in der sich die Kirche nach ihrem Selbstverständnis am dichtesten realisiert und darstellt. Neu bedacht wurden nicht zuletzt auch *Form* und *Inhalt* dessen, was die Kirche den Menschen zu sagen hat.

Alle diese Prozesse wurden vom Konzil ausgelöst, sind aber inzwischen *keineswegs abgeschlossen.* Vielmehr haben sie die kirchliche Institution in eine Situation gebracht, die F. Houtart[348] in das Bild der „Explosion der Kirche" gekleidet hat und die von den deutschen Priestern als vielfältig verursachte Krise verstanden wird. Je nach theologischer Position und damit verflochtenen sozialen und psychischen Prädispositionen beurteilen die Priester die Lage gegensätzlich und ziehen

---

[347] *Kirche im Übergang.* Eine Situationsanalyse für die Kirche von Wien, hrg. v. J. *Schmauch,* Wien 1969.

[348] F. *Houtart,* Explosion der Kirche? Die Krise der Institution, Salzburg 1969.

unterschiedliche Handlungskonsequenzen[349]. So geht etwa jedem vierten Priester in Deutschland die Entwicklung zu rasch oder in eine falsche Richtung, während ein Drittel nach energischeren Reformen ver-

[349] Hinter diesem inhaltlich sehr dichten Satz stecken einerseits Ergebnisse der deutschen Priesteruntersuchung (*Schmidtchen*, Priester in Deutschland), andererseits Vorüberlegungen zu einem Anschlußprojekt. Auszugehen ist von der Tatsache, daß es unter den deutschen Priestern heute eine deutliche *Polarisierung* gibt. Die diesbezügliche Testfrage: „Finden Sie, daß man in der Kirche Reformen energischer vorantreiben sollte, oder finden sie das nicht?" haben die deutschen Priester folgendermaßen beantwortet:

(Bewahrer) „finde ich nicht"	25%
(Mittelfraktion) „teils, teils"	39%
(Reformer) „Kirche sollte energischer Reformen vorantreiben"	33%
keine Angabe	3%
alle Welt- und Ordenspriester in der BRD	100%

Nun zeigt sich (1.), daß diese Gruppierungen die Krise der Kirche jeweils unterschiedlich *diagnostizieren*. Die Reformer geben als Grund der Krise an, daß die Kirche veraltet und weltfremd ist, worauf sie ihren Wunsch nach Reformen begründen (vgl. Tabelle in der Anmerkung 350). Die Bewahrer hingegen führen die Krise darauf zurück, daß die Kirche zu modernisiert und verweltlicht ist; sie ziehen daraus den Imperativ traditionsbedachten Handelns.

Der jeweiligen Krisendiagnose entspricht (2.) ein bestimmtes *Amtsverständnis*. So findet man bei den traditionsbedachten Bewahrern eine klare Ausrichtung an der überkommenen priesterlichen Rollendefinition: Der Priester wird gegenüber den Laien klar abgegrenzt, kultische Vollmachten werden betont; traditionelle Formen der Spiritualität, wie Brevier, Exerzitien, wöchentliche Beichte, etc., finden ebenso hohe Einschätzung wie die ehelose Lebensform. Charakteristisch ist auch das Autoritätsverständnis: erfahren sie sich selbst in ihrem eigenen Handeln „weisungsgebunden", so üben sie anderen gegenüber einen autoritätsbetonten Führungsstil und verhalten sich ablehnend gegen das in mitbestimmenden Gremien „organisierte Bedürfnis der Laien".

Demgegenüber haben die reformfreudigen Priester ein verändertes Verhältnis zu den Laien und ihren Anliegen, treten deshalb mehr für die Mitbestimmung etwa in der Form kollegialer Pfarrgemeinderäte ein; sie relativieren ihre eigene Lebensform und auch die Kleidung, die hier als Ausdruck eines bestimmten Autoritätsverständnisses erscheinen; sie sind offen für neue Rollendefinitionen des kirchlichen Amtes, also für Priester auf Zeit, nebenberufliches Priesteramt, verheiratete Priester, etc.

Die deutsche Priesteruntersuchung zeigt (3.) weiter, daß hinter diesen beiden Typen des Amtsverständnisses auch unterschiedliche *Legitimationstheorien* stehen, die zur Rechtfertigung der im Amt verliehenen Autorität dienen. Beiden ist allerdings die Verankerung des Amtes und seiner Funktionen in Gott und Jesus Christus gemeinsam. Auf der Ebene der konkreten Legitimation jedoch bestehen deutliche Unterschiede.

So verweisen die Bewahrer auf den hierarchisch-institutionellen Aspekt, also auf den Bischof, die Weihe, deren Unwiderruflichkeit; sie betonen, daß die Unentschiedenheit der kirchlichen Autorität für die Amtsausübung hinderlich ist. Insgesamt enthält dieses Autoritätsverständnis deutliche Züge einer „verliehenen Autorität".

Demgegenüber verweisen die Reformer auf der konkreten Legitimationsebene auf den Mitmenschen und auf die christlichen Gemeinden. Dieses Autoritätsverständnis trägt somit deutliche Züge einer „erworbenen Autorität".

Von diesen Ergebnissen der deutschen Priesteruntersuchung ausgehend, ist es möglich, Hypothesen für eine Anschlußuntersuchung zu formulieren: 1. Hinter den jeweiligen Legitimationstheorien stehen verschiedene *„theologische Welten" und Gottesbilder*, die aber beide christlich zu sein behaupten.

langt[350]. Die in der deutschen Untersuchung als „Mittelfraktion" ausgewiesene dritte Gruppe (von nicht ganz 40%) neigt zu einem Drittel mehr den Reformern, zu zwei Dritteln hingegen den Bewahrern zu.

Dienst in der konkreten Kirche bedeutet somit nicht nur Beruf in einer Kirche des Wandels und des Übergangs, sondern in einer Kirche mit zunehmender *Polarisierung* der aktiven Kräfte. Beiden Extremgruppen scheint im übrigen ein gewisser Realitätssinn insofern zu fehlen, als sie unvermeidliche Eigengesetzlicheiten des sozialen Wandels nicht

---

So erscheint den Bewahrern das Amt als Teil eines umfassenden hierarchisch geordneten religiösen Kosmos: Die Stufenleiter der Hierarchie reicht von Gott über Christus, die Apostel und die Kirche bis zum Priester. Der Laie steht dieser heiligen Ordnung gegenüber. Typische Merkmale dieses religiösen Kosmos sind Stabilität, Unwandelbarkeit, Göttlichkeit, die diesen Kosmos dem menschlichen Zugriff entziehen. Dieser Kosmos dient im Sinn von P. L. Berger als heiliger Schild gegenüber jeglicher Form von Veränderung, welche der Kategorie des Verfalls zugeordnet ist. Dieselben Eigenschaften enthält auch das Gottesbild der Bewahrer: Der Akzent liegt auf Unwandelbarkeit, Ordnung, Sicherheit, Ewigkeit, Allmacht, Festigkeit. Der Bezug des Menschen zu diesem Gott wird vornehmlich durch widerspruchslosen Gehorsam charakterisiert.

Demgegenüber erscheint den reformfreudigen Personen der Priester weniger als „das den Gläubigen zugewandte Gesicht der (umfassenden) Hierarchie" (T. Steemann), sondern steht als „socioreligious leader" inmitten einer religiösen Gruppe (Gemeinde). Auch hier ist natürlich ein religiöser Kosmos vorhanden. Christus und sein Auftrag sind konstitutiv für die Legitimation des Amtes und begründen sogar kritische Distanz zur Gemeinde. Der Auftrag zum Dienst an den sich verändernden Menschen und ihrer Gesellschaft verlangt aber nach Veränderung, die nunmehr der Kategorie des Fortschritts zugeordnet ist. Beim Gottesbild liegt der Akzent mehr auf dem Geist Gottes, der dynamis (Dynamik), die Geschichte macht und Veränderung schafft, liegt also mehr auf Erneuerung und Umkehr im persönlichen wie gemeinschaftlichen Leben. Der Bezug des Menschen zu diesem Gott wird in der gottgestifteten menschlichen Freiheit ausgedrückt.

Natürlich stellt man sich die Frage, warum die einen ein eher stabiles theologisches Welt- und Gottesbild haben, die anderen jedoch ein auf Veränderung ausgerichtetes. Die Antwort wäre hypothetisch in folgender Richtung zu suchen: 2. Es gibt vermutlich soziale wie psychische Prädispositionen, die zur „Wahl" entweder eines stabilen oder dynamischen „christlichen Kosmos" führen. Damit ist die Frage nach der Legitimität der vorfindbaren unterschiedlichen, zum Teil konträren „theologischen Welten" („Theologien") noch unbeantwortet. Wissenssoziologisch können sie als Ausschnitte aus einem komplexen und umfassenden „christlichen Kosmos" gelten, als „theologische Sinnprovinzen", wobei — sollte unsere Hypothese zutreffen — die Auswahl nicht nach theologischen Kriterien erfolgt. Insofern geraten diese Theologien ihrer Funktion nach in die Nähe von Rechtfertigungssystemen für zuvor schon getroffene Entscheidungen. Die „Wahrheitsfrage" erhält so an zusätzlicher Dringlichkeit.

Stimmen diese beiden ersten Hypothesen, dann folgt daraus 3., daß die polaren Gruppen der Kirche zwar vordergründig mit theologischen Argumenten operieren, daß aber hintergründig nichttheologische Faktoren eine gewichtige Rolle spielen. Nicht so sehr die vermeintliche „Verwirrung durch die Theologen", also auch nicht so sehr theologische Argumente (so wichtig diese sind), sondern soziale und psychische Dispositionen bestimmen dann im hohen Maß die Stellungnahme der Priester zum vorfindbaren Wandel in der Kirche, bestimmen darüber hinaus aber auch die Haltung der Menschen zum Wandel der Gesellschaft im allgemeinen.

[350] Diese Aufteilung der Mittelfraktion läßt sich an Hand der Antworten auf die Frage „Man sagt, die Kirche ist heute in eine Krise geraten. Worauf führen sie diesen Zustand zurück?" vornehmen. (Die folgende Tabelle ist zusammengestellt nach *Schmidtchen,* Priester in Deutschland, 99):

kennen oder übersehen. So vergessen die ungeduldigen Reformer, daß sich eine Großinstitution nur behutsam und schrittweise verändern läßt, will man im Zuge der Veränderung nicht allzuviel riskieren. Das Wort vom „langen Marsch durch die Institution", das im politischen Raum von Reformgruppen nach vielen Fehlschlägen erkannt wurde, hat auch für kirchliche Reformen Gültigkeit. Umgekehrt verkennen die Bewahrer, daß jeder Wandel in einer Großinstitution oft unüberschaubar bleibt und unvorhergesehene Situationen mit sich bringen kann, und daß der Hinweis auf einen etwa noch nicht erkennbaren Erfolg der Reformen deshalb nicht stichhältig ist, weil ja auch im Wirtschaftsleben für die erste Zeit nach tiefgreifenden Umstellungen zunächst mit einem weiteren Produktionsabfall gerechnet wird, der erst allmählich zu einer neuerlichen Steigerung des Ertrags führt.

Mancher Bewerber zum kirchlichen Beruf mag eine solche Polarisierung in der Kirche als unerträgliche Last empfinden. Sie stellt aber

Bewahrer	A	Ab[2]	B	Reformer
Verwirrung in der Theologie (66%)[1]	86%	77%	40%	
Schwinden des Glaubensgeistes (65%)	82%	75%	42%	
Mangel an Gebet (55%)	73%	63%	34%	
	32%	48%	55%	. . . zu wenig lebendige Gemeinschaft in der Kirche (45%)
	17%	40%	74%	. . . allzu juristisches Kirchenbild (44%)
	11%	31%	74%	. . . veraltete kirchliche Strukturen (40%)
	15%	29%	60%	. . . kirchliche Ehe- und Sexualmoral (35%)
Unsicherheit durch Experimente (31%)	53%	35%	11%	
	8%	22%	61%	. . . Lehräußerungen des Papstes (31%)
Nachgeben gegenüber Modeströmungen (30%)	53%	33%	10%	
es gibt also eine Krise, weil die Kirche zu modernisiert und verweltlicht ist. Daher im Handeln: traditionsbedacht"				es gibt also eine Krise, weil die Kirche zu veraltet und weltfremd ist. Daher im Handeln: „reformfreudig"

[1] Dieser Prozentsatz gibt an, wie alle Befragten zusammen diesem Krisengrund zugestimmt haben.

[2] Die Mittelfraktion „Ab" tendiert offenbar mehr zum Typ „A" der Bewahrer, wie die Differenz der gemittelten Prozentwerte zwischen A-Ab (im Durchschnitt 15 Punkte) und Ab-B (im Durchschnitt 27% Punkte) zeigt:

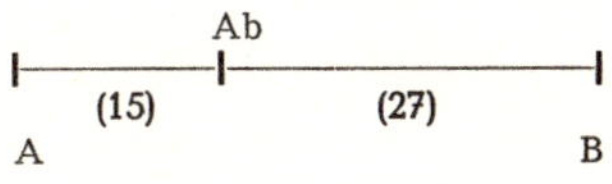

für die Entwicklung der Kirche insgesamt auch eine *Chance* dar. Das Vorhandensein unterschiedlicher pastoraler Konzeptionen wie dahinterstehende, weithin durchaus legitimer theologische Sinnprovinzen und religiöse Erfahrungswelten ist nicht nur in sich ein Reichtum, sondern auch die Voraussetzung dafür, daß die faktische Entwicklung der Kirche den Weg eines *geläuterten Fortschritts* geht. Insofern wird man die Tatsache mit sorgfältiger Aufmerksamkeit beobachten müssen, daß sich insbesondere in der Gruppe der Reformer heute eine innere Resignation und zum Teil auch Emigration aus dem Amt breitmacht. Der reformfreudige Flügel der Kirche hat sich in den letzten Jahren durch Heiraten selbst empfindlich geschwächt[351] (was sich etwa an jenen Untersuchungsergebnissen erhärten läßt, die einen engen Zusammenhang zwischen Reformwillen und ambivalenter Haltung zum Zölibat aufgedeckt haben[352]).

Das bislang im Klerus noch einigermaßen *ausgewogene* Verhältnis zwischen Reformern und Bewahrern scheint sich zur Zeit auch dadurch zu *verschieben*, daß unter den Kandidaten für die Priesterweihe zunehmend wieder traditionsbedachte Personen anzutreffen sind. So hat eine kleine Studie unter jenen Personen, die im Herbst 1973 in die österreichischen Priesterseminare eingetreten sind, ergeben, daß insgesamt *nur 24%* für energische Reformen plädieren. In den Diözesen Wien und Klagenfurt war überhaupt keiner davon unter den Anfängern, in Graz und Innsbruck nur 16, bzw. 17%. Wie gering der Anteil der Reformer (und wie groß dementsprechend jener traditionsbedachter) Personen unter den Anfängern ist, geht aus einem losen Vergleich mit der deutschen Priesterschaft hervor: Die österreichischen Studienanfänger wären demnach jenen Jahrgängen zuzuzählen, die vor 1945 geweiht, somit vor 1920 geboren wurden und somit heute *bereits über 50* Jahre alt sind. Im jüngeren, nach 1956 geweihten deutschen Klerus liegt hingegen der Anteil der entschiedenen Reformer zwischen 50 und 60%, also mehr als doppelt so hoch[353]. (Zudem vermuten die österreichischen Seminarvorsteher, daß die wenigen reformfreudigen Personen unter den Bewerbern fürs Priesteramt sich mit einer erheblich geringeren Wahrscheinlichkeit weihen lassen werden als die traditionsbedachten: eine Hypothese, die zur Zeit in einer Langzeitstudie überprüft wird. Nicht für ausgeschlossen halten sie es hingegen, daß vereinzelte ihre Einstellung zum kirchlichen Wandel im Lauf ihrer Ausbildung verändern.)

Sollten sich solche Anzeichen zu einer Entwicklung verdichten, käme es auf die Dauer gesehen zumindest zu einem *Dilemma* zwischen dem

---

351 Vgl. *Zulehner*, Säkularisierung, 218 ff.

352 P. M. *Zulehner*, S. R. *Graupe*, Wie Priester heute leben . . . Ergebnisse der Wiener Priesterbefragung, Wien 1970, 120.

353 *Schmidtchen*, Priester in Deutschland, 97.

konziliaren Beschluß zu tiefgreifender, pastoral motivierter Erneuerung der Kirche und der tatsächlichen Entwicklung. Das ursprüngliche Anliegen des Konzils, die Kirche an die Menschen und ihre Welt näher heranzubringen und damit für den Dienst an den Menschen besser zu bereiten, wäre so zu einem Gutteil in Frage gestellt. (Zwar könnte die Kirche darauf verweisen, daß sich ähnlich gelagerte Entwicklungen zur Zeit auch in der Gesellschaft ereignen und sich insofern eine Annäherung von Kirche und Teilen der Gesellschaft vollzieht). Ob die Kirche dadurch aber nicht noch mehr ins Ghetto gerät, als sie nach ihrem Selbstverständnis vor dem Konzil war und in Hinkunft noch mehr als bisher in die pastoral kaum zu rechtfertigende Lage gerät, daß sie (in einer Formulierung des Pastoraltheologen Swoboda aus dem Jahre 1909) „immer wieder nur jene bekehrt, die schon bekehrt sind", bleibt eine ernste Frage.

Sich um einen Beruf in der Kirche bewerben, heißt somit, zum Beruf in jener konkreten Kirche bereit zu sein, wie sie sich in den Texten des II. Vatikanischen Konzils selbst dargestellt hat und die dabei ist, ihre Wirklichkeit in einem mühsamen und krisenreichen Prozeß des Wandels diesem Selbstverständnis anzupassen, was wiederum zu einer deutlichen Polarisierung der Standpunkte in der Kirche geführt hat. Es liegt auf der Hand, daß aus dieser konkreten kirchlichen Situation Eigenschaften resultieren, die von einem Bewerber für einen kirchlichen Beruf entschieden zu fordern sind:

(1.) Will die Kirche ein glaubwürdiges und wirksames Zeichen gottgestifteter Einheit der Menschen untereinander sein, so setzt dies zumindest die Anstrengung voraus, diese Einheit auch in der Kirche selbst zu realisieren. Die *prinzipielle Brüderlichkeit,* die die Kirche selbst von sich fordert, muß sich auch bei den Trägern kirchlicher Berufe und in ihrer Arbeit abzeichnen. Ausdruck dafür sind die Bereitschaft und Fähigkeit zur *Zusammenarbeit* der kirchlich Berufstätigen untereinander sowie mit allen Gruppen von aktiven Kräften. Diese Forderung nach Kooperationsbereitschaft und -fähigkeit wäre im Gespräch mit den Experten der Sozialpsychologie näher zu präzisieren.

(2.) Wer sich auf die Grundabsichten des Konzils verpflichten läßt, und andererseits die Situation der Kirche daran mißt, wird kaum für die Aufrechterhaltung des Status quo eintreten können. Es bleibt dann je nach sozialen, psychischen und theologischen Dispositionen dem einzelnen belassen, sich für einen behutsamen oder energisch voranzutreibenden erneuernden *Wandel einzusetzen.*

(3.) Mit der Bejahung eines institutionellen Wandels im Sinn der Grundentscheidungen des Konzils müssen auch andere Tauglichkeiten vorausgesetzt werden. Es wäre hier so etwas zu entfalten wie eine *Ethik des sozialen Wandels,* damit der Konfliktbewältigung. Wer aus psychischen Gründen nicht mit Konflikten leben kann, ohne zum eigenen Schaden und dem der Kirche daran zu zerbrechen, taugt nicht für einen Beruf in der heutigen Kirche. Zu diesen Eigenschaften der Konfliktbewältigung gehören sicherlich Realitätssinn, Anerkennung andersgearteter Sinnprovinzen und religiöser Erfahrungswelten, Ausdauer, Bereitschaft, das Heilige nicht nur als die höchste Form einer Rückversicherung in Anspruch zu nehmen, sondern sich von der Eigendynamik des Heiligen auch aufschrecken zu lassen und im Blick auf die Menschen für die Kirche nach stets besseren Formen zu suchen.

(4.) Die Bejahung des Wandels erfordert zudem auch die Anerkennung der *Instrumente des Wandels,* also jener Gremien, in denen in organisierter Form die Fragen und Bedürfnisse der Menschen in die Kirche eingebracht werden können: konkret sind damit der Pfarrgemeinderat ebenso gemeint wie Priesterrat, Pastoralrat, Synoden und ähnliche Einrichtungen.

(c) Mut, sich selbst ins Spiel zu bringen

War das erste Basiskriterium mehr von der Situation des Menschen und seiner Gesellschaft bestimmt und war das zweite von der Lage der Kirche getragen, bedenkt das dritte und letzte die Situation des Trägers eines pastoralen Berufs. Es gilt aufzuzeigen, unter welchen Voraussetzungen der Dienst der Kirche glaubwürdig erfüllt werden kann. Zunächst wird man darauf hinweisen, daß die *Glaubwürdigkeit* der Verkündigung auch heute nicht vom einzelnen Verkündiger gewährleistet werden kann. Eine Analyse der Berichterstattung über Religion und Kirche in den österreichischen Massenmedien (also Tagespresse, Funk und Fernsehen) hat gezeigt, daß das Bild von der Kirche erheblich durch Personen mit gesamtkirchlichen Aufgaben (Papst, Bischöfe) mitbestimmt ist[354]. Andererseits läßt sich beobachten, daß die Menschen zur Kirche in *kritischer Distanz* stehen und von Soziologen betont wird, daß es im Lauf des letzten Jahrhunderts zu einer Verlagerung in der Bedeutung von Autoritätsinstanzen gekommen ist: sach- und leistungsgebundene, persönliche, damit erworbene Autorität wiegen heute mehr als die Berufung auf die Tradition und institutionelle Rechte. Der institutionelle Rahmen, in dem sich heute kirchlicher Beruf realisiert, ist somit viel weniger imstande, die Tätigkeit des Amtsträgers abzusichern, als dies früher der Fall war[355]. Für die konkrete Pastoral hat man daraus

---

[354] *Zulehner,* Säkularisierung, 107—112.
[355] R. *Zerfaß,* Die Verkündiger, in: Pastorale. Verkündigung, Mainz 1970, 39 ff.

insofern bereits Schlüsse gezogen, als in Ergänzung zu institutionell geregelten Kommunikationsvorgängen (wie Predigt, Katechese, Liturgie) neue Formen der Vermittlung eröffnet wurden: wie Gruppengespräche rund um Sakramente, Taufgespräche, oder pastorale Beratung in vielfältiger Art.

In allen diesen neuen Tätigkeiten kommt es aber nun entscheidend darauf an, ob sich der Verkündiger glaubwürdig ins Spiel bringt. Er wird, so könnte man sagen, zur religiösen Schlüsselperson, die den Gesprächspartnern nicht nur die Theorie des Glaubens amtlich vermittelt, sondern einen im Leben sich ausweisenden und bewährten Glauben. Der Träger eines kirchlichen Berufs wird so gleichsam zum von sich aus verständlichen und in diesem Sinn „selbst-verständlichen" Modell bewährter christlicher Lebensdeutung und Lebensbewältigung. Theologisch bedeutet dies die Forderung nach weitgehender Deckung von Evangeliumsverkündigung und persönlicher Existenz (K. Lehmann)[356]. Und dies gilt unabhängig vom innerkirchlichen Status: also gleichermaßen für Priester und Laien im kirchlichen Dienst. Vom Bewerber für kirchliche Berufe wird man daher eine nüchterne, weltoffene, dynamische, ausweisbare und theologisch fundierte Spiritualität fordern müssen. Vielleicht ist gerade in diesem Punkt eine empfindliche Lücke nicht nur in der Theologie, als wir bislang kaum noch über eine brauchbare spirituelle Theologie dieser Art verfügen, wie aber auch der Ausbildung jener Kandidaten für kirchliche Berufe, die sich nicht um die Zulassung zur Priesterweihe bewerben und somit spirituell in den Priesterseminaren nicht geformt werden.

So darf ich kurz *zusammenfassen:*
Auf dem Hintergrund der traditionellen Berufskriterien haben wir festgestellt, daß heute wie zu allen Zeiten eine Konkretisierung insbesondere der Eignung auf dem Hintergrund der jeweiligen Situation von Kirche und Welt zu leisten ist. Die konkrete religiös-kirchliche Situation heutiger Menschen hat uns als erstes Grundkriterium die Überzeugung von der Lebensnotwendigkeit der Botschaft Jesu und die Fähigkeit, diese auch einsichtig zu machen, formulieren lassen. Im zweiten Kriterium „der Bereitschaft zum Dienst in der konkreten Kirche" galt unser Hauptaugenmerk dem vom letzten Konzil ausgelösten Wandel der Kirche. Die Veränderungen in Kirche und Welt haben schließlich auch die Rolle dessen, der im Auftrag der Kirche arbeitet, aufgebrochen und „verflüssigt", sodaß wir als drittes Kriterium den Mut fordern, sich selbst ins Spiel zu bringen und — als Zeuge des Evangeliums — sich selbst aufs Spiel zu setzen.

---

[356] Vortrag in Salzburg, zit. nach *Zulehner,* Beruf, Berufung oder Job, in: Der Volksbote vom 20. 2. 1971.

Wir sind uns bewußt, mit der Aufstellung dieser drei Qualifikationen erst einen ersten Schritt praktisch-theologischer Reflexion getan zu haben. Sache der weiteren Diskussion wird es sein, zu klären, welcher Anteil bei der Vermittlung der zu fordernden Fähigkeiten den einzelnen theologischen Disziplinen zufällt, welche Lehrformen diese Qualifikationen stärker und welche sie weniger fördern und welcher Teil der außerakademischen Ausbildung überlassen bleiben muß. Es ist hoffnungsvoll zu sehen, daß diese Diskussion mit zunehmendem Ernst zwischen Professoren, Studenten und kirchlichen Ausbildungsstellen geführt wird.

4.5. ZUSAMMENFASSUNG

Dieses Schlußkapitel ist zwei Anliegen gewidmet. Zuerst sollen die Ergebnisse dieser pastoraltheologischen Studie zusammengefaßt werden, die der Grundlegung einer Auswahlchristenpastoral auf dem Hintergrund der religiös-kirchlichen Situation der modernen Gesellschaften des Westens gewidmet war. Es wird sich in dieser Zusammenfassung zeigen, daß die Erfolgsaussichten eine derartige Auswahlchristenpastoral vorsichtig optimistisch eingeschätzt werden können. Grund dafür ist, was die Religionssoziologen in Zusammenarbeit mit den Futurologen über die Zukunft der Religion überhaupt vermuten. Deshalb wird im Rahmen dieses Schlußkapitels auch die Frage nach der Zukunft der Religion aufgegriffen. Dies geschieht mit der Absicht, die im ersten Teil dieser Studie vorgelegten religionssoziologischen Gegenwartsanalysen mit aller Deutlichkeit auf die Zukunft hin offenzuhalten und damit zu relativieren.

4.5.1.

Vom Zöllner und vom Pharisäer

„Zwei Männer gingen hinauf zum Tempel, um anzubeten, der eine war ein Pharisäer, der andere ein Zöllner." So beginnt Jesus eine Beispielsrede vom rechten und falschen Verhalten des Menschen vor Gott. Der Pharisäer gilt als Idealbild des Frommen, als Typ des „Kirchenchristen": Er kennt und anerkennt die heiligen Schriften; bis ins kleinste Detail seines reflektierten Glaubens ist er orthodox; er nimmt ausnahmslos am religiösen Tun teil; sein sittliches Verhalten ist intakt und er weiß auch darum, daß er nicht ist wie die übrigen Menschen, die

Räuber, die Ungerechten, die Ehebrecher. Wie armselig erscheint demgegenüber der Zöllner. Ist er nicht vielen Auswahlchristen ähnlich? Unkundig in Glaubensfragen, nur selten und da ganz hinten in der Kirche, vor allem weit entfernt von den sittlichen Erwartungen seiner religiösen Gemeinschaft. Und dieser ging vor Gott gerechtfertigt nach Hause . . .

Diese Rede Jesu vermag uns die volle Breite des Problems auswahlchristlicher Religiosität und ihrer theologischen Qualifikation noch einmal vor Augen führen. Auswahlchristliche Religiosität, so sagt unser religionssoziologischer Befund, dominiert in der gegenwärtigen Gesellschaft nicht nur quantitativ, sie ist auch die Sozialform von Religion in dieser Gesellschaft, d. h. diese Gesellschaft übt auf ihr Zustandekommen einen geheimen Konformitätsdruck aus. Vollkirchliche Religiosität hingegen stellt eine soziale Abweichung dar. Diese starke Verflechtung beider Typen religiös-kirchlichen Verhaltens erschwert deren theologische Qualifizierung merklich. Ist es schon im Sinn der Rede Jesu keine überflüssige Frage, ob die konkret gegebene kirchliche Religiosität vieler vollkirchlicher Christen theologisch einwandfrei ist, so stellt die beträchtliche Distanz vieler Menschen zur Kirche ein ernsthaftes theologisches und pastorales Problem dar. Soweit Untersuchungen nun über die religiös-kirchliche Situation dieser Auswahlchristen Auskunft geben, muß man an Hand theologischer Kriterien doch feststellen, daß viele von ihnen zumindest auf dem Standpunkt des Nichtglaubens stehen. Jesu Beispielsrede warnt uns, dieses theologische Urteil mit einem Urteil über die Rechtfertigung dieser Menschen gleichzusetzen. Doch gibt es eben Indizien, die immerhin vermuten lassen, daß die verbreitete auswahlchristliche Religiosität mit der bewußten, engagierten und radikalen Nachfolge Jesu nicht identisch ist. Die religiöse Nachfrage vieler Auswahlchristen bezieht sich — wiederum: soweit man das auf Grund der Untersuchungsergebnisse sagen kann — auf die Sinngebung und die Bewältigung der außeralltäglichen Situationen der individuellen und privaten Existenz. Natürlich steht eine solche Nachfrage nicht unbedingt im Widerspruch zum authentischen Christsein, sie erschöpft sich aber auch nicht in ihr. Christsein ist eben nicht nur Stabilisierung der privaten Existenz des Menschen, sondern bedeutet auch Herausforderung durch das Evangelium, Aufruf zur Umkehr, zur Buße und zum Einsatz für die Brüder.

So ist es uns darum gegangen, einige Elemente des pastoralen Dienstes der Kirche an dieser großen Zahl von Auswahlchristen zu erarbeiten. Ausgang unserer Überlegungen waren die Menschen, wie wir sie im Spiegelbild vielfältiger Untersuchungen vorgefunden haben: Menschen, die in vielfältigen Lebensnöten kirchlicher Religion nachfragen. Auch die Zielsetzung der Pastoral wußte sich dem konkreten

Leben dieser Menschen verpflichtet. Durch den Dienst der Kirche sollten die maßgeblichen Wichtigkeitsstrukturen der Menschen verändert werden. Erstrebenswert wurde der „neue Mensch", der sich in der Gemeinde der Christen am Beispiel Jesu orientiert und so zum Leben aus dem Glauben kommt. Dieser Glaube aber entsteht heute ebenso wie zu allen Zeiten der Christenheit in glaubwürdigen christlichen Gemeinden, findet dort seine Absicherung gegenüber einer wertmäßig anders gelagerten Umwelt und wird in ihr zum anziehenden und einladenden Zeugnis für andere. In diesem Zusammenhang haben wir uns Gedanken über die Merkmale eines Verkündigungsinhalts gemacht und sprachen von seinem Lebensbezug, seinem ökumenischen Charakter, seiner spezifischen Christlichkeit und damit seiner Transzendenzspannweite sowie von seiner Einfachheit. Schließlich haben wir uns einigen wichtigen Fragen der Weitergabe religiös-kirchlicher Einstellungen und Verhaltensweisen gewidmet. Aspekte des pastoralen Gesprächs, die Funktionen der Gruppe in der Kirche, Probleme einer selbst-verständlichen Liturgie sowie der Verkündigung rund um die Sakramente kamen dabei zur Sprache.

Eine Pastoral für Auswahlchristen, die die genannten Elemente berücksichtigt, hat gewiß mehr Aussicht auf Erfolg als manche „erfahrene" Defaitisten meinen wollen. Doch dürfen diese Aussichten nicht überbewertet werden. Der Prozeß der Entkirchlichung und darin einer teilweisen Repaganisierung erfolgte bei vielen Auswahlchristen über viele Generationen hinweg. Es war ein Vorgang, der der Verdunstung ähnlich ist. Es wäre schon von da her ungewöhnlich und Gegenstand übertriebener Hoffnung, wollte jemand erwarten, daß die Eingliederung in die Kirche und damit die Wiedergewinnung der kirchlichen Gestalt des Glaubens rascher vor sich gehen könnte. Zu sehr erweist sich zwar nicht der Glaube, jedoch seine Kirchlichkeit sozialen Einflüssen ausgesetzt. Diese sprechen aber heute eher für eine noch weitere Entkirchlichung der Menschen. Eine Pastoral, die sich der Täuschung rascher und zudem dauerhafter Eingliederung einer großen Zahl von Auswahlchristen in die Kirche hingeben würde, wäre selbst an ihrer Ent-Täuschung durch den Verlauf der Dinge schuld. Doch stehen die Chancen für eine Pastoral an Auswahlchristen heute auch nicht schlecht. Diese Vermutung hat seinen Grund nicht zuletzt in einer vorsichtigen und doch fundierten Futurologie der Religion.

4.5.2.

Hat Religion Zukunft — und wozu[357]?

Vom 12. bis 19. Juni des Jahres 2074 n. Chr. besucht John Percy Brown Wien. Seine Aufzeichnungen sind uns „erhalten" in dem Roman von Hermann Gohde, alias Friedrich Heer, der den Titel „Der achte Tag" trägt. Dieser Roman ist beeinflußt von den utopischen Werken eines J. I. Samjatin („Wir", 1920), A. Huxley („Schöne neue Welt", 1932) und G. Orwell („Neunzehnhundertvierundachtzig", 1945)[358]. In diesen und ähnlichen Zukunftsromanen[359] wird die Welt der Menschen von Morgen geschildert. Das Bild ist düster und atmet Unfreiheit. Eine übermächtige zentrale Stelle beherrscht alle Menschen: Bei Samjatin der Wohltäter, bei Huxley ein Weltaufsichtsrat; Orwells Menschheit sieht ständig der „große Bruder" an. Die menschliche Gesellschaft Gohdes beherrscht das Büro. Ausdrücke wie „Wohltäter" und „Bruder" entbergen die zwiespältige Grundrichtung dieser mächtigen Apparate: Sie bringen den Menschen Bequemlichkeit, Glück und Wohlbefinden. Doch gibt es dieses Glück nur auf Kosten der Individualität, der Freiheit und der Phantasie des einzelnen. Künstler sind etwa in der Welt des John Percy Brown als eigenwillige Individualisten höchst unerwünscht und werden unter strenger Aufsicht gehalten. Der ideale Mensch hingegen ist eingegliedert in die Menschheitsmaschine. Er ist das „wichtigste und wertvollste Material für die Arbeit der politischen Führer. Er sollte unter keinen Umständen leichtsinnig und ohne daß genaueste Vorausberechnungen angestellt worden sind, eingesetzt und verbraucht werden". In dieser Welt des Büros kommt John Percy Brown mit einer Gegenströmung in Berührung. Es sind die im Untergrund wirkenden Christen. Nach offizieller Version hat sich die Kirche aufgelöst. Aber in Wirklichkeit lebt sie noch weiter, unsichtbar und doch wirksam, tröstend und beharrend.

(a) Die herausgeforderte Menschheit

Seit dem Jahre 1950, als Hermann Gohde seinen Roman geschrieben hatte, hat sich die Sorge um die Zukunft des Menschen und seiner Welt ungeheuer rasch ausgebreitet. Die inzwischen entstandene interdisziplinäre Futurologie hat die Prophezeiungen der Literaten zu versach-

---

[357] Bei diesem Kapitel handelt es sich um einen Vortrag. Um ihn in seiner eigenständigen Verständlichkeit ungeschmälert zu erhalten, wurden nur geringfügige Veränderungen vorgenommen und einige kleinere Überschneidungen mit dem ersten Teil dieses Buches in Kauf genommen.

[358] E. *Dolezal*, Die Zukunft im Spiegel utopischer Literatur, Wien 1969, Manus.

[359] Zum Beispiel A. *Spoerl*, Mathhäi am Letzten, oder M. *Roshwald*, Level 7 (dt.: Das Ultimatum), vgl. *Dolezal*, a. a. O.

lichen versucht. Was Samjatin, Huxley, Orwell oder Gohde mehr befürchteten als vorhersagten, ist in der futurologischen Forschung zu einer durchaus realen Zukunftschance, oder besser Zukunftsmalaise geworden: Denn, so faßt Ossip K. Flechtheim seine Überlegungen über die Zukunft der Menschheit zusammen, es gebe für die künftige Entwicklung der Menschen nur drei Alternativen oder Modelle: „Das erste und vielleicht nicht einmal unwahrscheinlichste Modell wäre in der Tat das Ende der Menschheit oder zumindest der Untergang der modernen Zivilisation als Folge verheerender Kriege. Das zweite Modell liefe dagegen auf eine relative Stabilisierung bürokratisch-technischer Regime der Rüstung und Raumfahrt hinaus, die mit dem Begriff des Neo-Cäsarismus umschrieben werden könnten. Die dritte und vielleicht sogar wenigst wahrscheinliche Variante der Entwicklung im 20. und 21. Jahrhundert wäre eine solide Weltföderation mit Planung der Zukunft der Menschheit im Dienste von Frieden, Wohlfahrt und Kreativität"[360].

Für Flechtheim sind diese drei Zukunftsmodelle die möglichen Antworten auf die „challenges", Herausforderungen, mit denen sich die Menschheit heute in zunehmender Schärfe konfrontiert sieht. Herausgefordert ist die Menschheit nach ihm durch die möglichen Selbstvernichtungskriege mit Hilfe von A-B-C-Waffen, durch Hunger und Überbevölkerung, durch Unterdrückung und Ausbeutung, die Zerstörung der Umwelt und schließlich die Bedrohung des Individuums. Dieser Katalog weltweiter Menschheitsprobleme wurde in der Zwischenzeit noch erweitert, differenziert und konkretisiert. Forrester[361] und der Club of Rome[362] haben Haupttrends der gegenwärtigen Entwicklung, wie beschleunigte Industrialisierung, rapides Bevölkerungswachstum, weltweite Unterernährung, Ausbeutung von Rohstoffreserven und Zerstörung des Lebensraumes zu einem Weltmodell zusammengefaßt, einen teuflischen Regelkreis aufgedeckt und auf die bedrohlichen Grenzen des Wachstums hingewiesen. Bei anhaltender Entwicklung sei nach ihren Vorausberechnungen in bereits absehbarer Zukunft mit katastrophalen Zusammenbrüchen zu rechnen.

Solche Vorhersagen sind nicht unwidersprochen geblieben. Sowohl hinsichtlich der Methodik wie auch der angenommenen Sachprämissen wurden Einwände erhoben. Dadurch wurde der hypothetische Charakter dieses Weltmodells sowie seine Modifizierbarkeit zwar deutlich, doch ist es bislang ebensowenig geglückt, einen überzeugenden Gegenbeweis zu erbingen. Zudem hat sich auch die Verhaltensforschung

---

360 O. K. *Flechtheim,* Futurologie. Der Kampf um die Zukunft, Köln ²1971.

361 J. W. *Forrester,* Der teuflische Regelkreis. Das Globalmodell der Menschheitskrise (in Vorbereitung).

362 D. *Meadows* u. a., Die Grenzen des Wachstums. Bericht des Club of Rome zur Lage der Menschheit, Stuttgart 1972.

in ähnlicher Weise zu Wort gemeldet. K. Lorenz hat in prophetischer Weise acht Todsünden der zivilisierten Menschheit herausgearbeitet. Manche von ihnen decken sich mit den bei Flechtheim formulierten „challenges", so die Überbevölkerung, die Bedrohung durch Kernwaffen, die Verwüstung des natürlichen Lebensraumes, doch kommen aus der Sicht des Verhaltensforschers hinzu: der Wettlauf des Menschen mit sich selbst, der Wärmetod des Gefühls, genetischer Verfall, das Abreißen der Tradition sowie die erschreckende Indoktrinierbarkeit des Menschen. Diese letztgenannten Todsünden hält Lorenz für schwerwiegender als etwa die Selbstbedrohung des Menschen durch die Kernwaffen[363].

(b) Menschheitskrise

Selbst wenn man kritische Stimmen auch gegen die Analysen von Lorenz in Rechnung stellt[364], so kommt man doch zu dem Ergebnis, daß verschiedenartige wissenschaftliche Disziplinen deutlich und mit großer Wahrscheinlichkeit auf Grund einer detaillierten Diagnose der gegenwärtigen Entwicklungen eine tiefgreifende Menschheitskrise prognostizieren. Der Fortschrittsglaube, der spätestens seit der Aufklärung Naturwissenschaft und Technik beherrscht hat, wird eben von diesen heute in zunehmender Schärfe in Frage gestellt[365]. Pessimistische Vorhersagen von Kreisen mit besonderer Vorliebe für Apokalyptik oder von Verfassern gesellschaftsutopischer Romane haben sich in kürzester Zeit zu durchaus möglichen Alternativen der unmittelbaren Zukunft umgewandelt. Der Unterschied zwischen den Apokalyptikern und den Forschern besteht darin, daß die einen sich mit dem Ende abgefunden haben, die anderen aber nach Wegen für eine durchaus noch für möglich gehaltene Bewältigung der Menschheitskrise Ausschau halten. Daher werden die Analysen von Lorenz zur „Bußpredigt"[366], verlangt Flechtheim den massiven Einsatz aller humanen Mittel zur Rettung des „homo humanus"[367], erheben die Meadows und ihre Mitarbeiter im Club of Rome den drastischen Imperativ, das Wachstum der Produktion möglichst rasch zu stoppen und dadurch mögliche Katastrophen zu verhindern[368]. Eine radikale Veränderung der ökonomischen und gesellschaftlichen Strukturen wird verlangt, in Verbindung damit ein drastischer Wandel in der Kultur, den Normen und Wertvorstellungen

---

[363] K. *Lorenz,* Die acht Todsünden der Menschheit, München 1973, 109,

[364] Haltestellen am Weg zum Frieden. Ein Gespräch mit J. *Galtung,* in: Ev. Kommentare 6 (1973), 351—354.

[365] O. *Flechtheim,* Problematik des technischen Fortschritts im Lichte der Geschichte, Wien 1971, Vortrag im ORF.

[366] *Lorenz,* Todsünden, 7.

[367] *Flechtheim,* Futurologie, 314.

[368] *Meadows* u. a., Grenzen, 17.

der Menschheit[369]. Der Psychoanalytiker H. Strotzka vertrat kürzlich sogar die Auffassung, daß die „Entscheidung über das Gelingen der großen Aufgabe auf dem psychologischen Gebiet der Motivationen und Prioritäten fallen wird"[370]. Nur ein „neuer Mensch", so ließe sich in einem bekannten Terminus sagen, kann eine lebenswerte Zukunft erhoffen, ein Mensch mit veränderten Wichtigkeiten, also erneuerte „Relevanzstrukturen" (A. Schütz)[371].

(c) Futurologie der Religion

Damit ist es möglich, in der religionssoziologisch einzig verantwortbaren Form die Frage nach der Zukunft der Religion zu stellen. Hat, so ist zu fragen, die Religion angesichts dieser Menschheitskrise Chancen und Aufgaben? Man hat gelegentlich versucht, die Frage nach der Zukunft der Religion mit Hilfe von kirchensoziologischen Daten über die Annahme von Glaubenswahrheiten, die Teilnahme an kirchlichen Riten, oder auch die Befolgung sittlicher Normen über einen größeren Zeitraum hin zu beantworten. Das Zahlenmaterial hat dabei gezeigt, daß (zumindest eine bestimmte Form von) Kirchlichkeit in der gegenwärtigen Gesellschaft verfällt und verdunstet. Gesellschaftliche Institutionen würden ebenso entkirchlicht wie die persönliche Religiosität. Daraus haben auch Soziologen den Schluß gezogen, daß ein unumkehrbarer Prozeß der Säkularisierung voll im Gange sei[372]. Säkularisierung wird aber der zunehmenden Bedeutungslosigkeit der Religion gleichgesetzt. Religion hat nach diesen Theorien keine Zukunft.

Nun hat insbesondere T. Luckmann darauf hingewiesen, daß man zwar von einer „Säkularisierung der Gesellschaft" zurecht reden könne; diese dürfe aber nicht mit einer „Säkularisierung des Bewußtseins" gleichgesetzt werden[373]. Was sich verändert habe, sei lediglich die Sozialform der Religion, welche in der modernen Gesellschaft einen hohen Grad an Subjektivität und Privatisierung besitze. Eine beobachtbare Säkularisierung der gesellschaftlichen Öffentlichkeit könne daher keineswegs mit dem Ende der Religion gleichgesetzt werden. Zudem wird von den Religionssoziologien, die eine Irreversibilität der Säkularisierung annehmen, vorausgesetzt, daß die gegenwärtige Gesellschaft kulturell und strukturell unverändert bleibt. Für den Fall kataklysmi-

---

369 F. *Polak*, Towards the Goal of Goals, in: *Mankind* 2000, hrg. v R. *Junkg* und J. *Galtung*, Oslo - London (2) 1970, 307—333.

370 H. *Strotzka*, Psychoanalytisch-psychiatrisches Coreferat zu „Fortschrittsideologie und Grenzen des Wachstums" von H. *Bruckmann*, Wien 1972, Manus.

371 A. *Schütz*, Das Problem der Relevanz, Frankfurt 1971.

372 *Zulehner*, Säkularisierung, 43.

373 T. *Luckmann*, The Invisible Religion, New York 1967; *Ders.*, Religion in der modernen Gesellschaft, in: Religion im Umbruch, hrg. v. J. *Wössner*, Stuttgart 1972, 3—31.

scher Ereignisse hat P. L. Berger immer schon mit der Möglichkeit einer Umkehr des Säkularisierungsprozesses gerechnet[374]. Im Vorwort zur eben erschienenen deutschen Übersetzung seines religionssoziologischen Hauptwerkes „Zur Dialektik von Religion und Gesellschaft" vermutet er sogar, daß er selbst unter den gegebenen Voraussetzungen einer funktionierenden Industriegesellschaft die Irreversibilität der Säkularisierung überschätzt habe, da es deutliche Anzeichen einer „Gegensäkularisierung" gebe[375].

Kündigt sich nun aber, so muß man auf Grund der Vermutungen von Berger fragen, in der eingangs beschriebenen Menschheitskrise nicht präzise eine postindustrielle Gesellschaft an, die nur aus einer tiefgreifenden Krise geboren werden kann? Ist dies der Fall, dann bedürfen die traditionellen religionssoziologischen Vorhersagen über die Zukunft der Religion einer gründlichen Revision. Es geht dann nicht mehr an, bloß auf Grund relativ junger Entwicklungen im Bereich der institutionalisierten Religion oder bestimmter struktureller Eigenheiten der modernen Industriegesellschaft Schlüsse für die Zukunft der Religion zu ziehen. Die Frage ist vielmehr von Grund auf anders zu stellen: Vorausgesetzt, daß die Bewältigung der Menschheitskrise nach einem tiefgreifenden Wandel sowohl in der Gesellschaft (ihrer Kultur und ihrer Struktur) als auch in den Personen verlangt, stellt sich erstens die Frage, welche Rolle der Religion bei einem derart tiefgreifenden Wandel der menschlichen Gesellschaft und ihrer Menschen zukommt. Zum anderen ist zu fragen, welche Funktion die Religion in einer gegebenenfalls geglückten und in Krisen geborenen postindustriellen Gesellschaft haben kann. Wir werden in diesen Überlegungen der ersten Frage unser Hauptaugenmerk schenken, zumal ihre Beantwortung auch schon ein Stück der Antwort auf die zweite Frage enthält: Sollte sich nämlich zeigen, daß die Religion schon bei der Geburt der postindustriellen Gesellschaft funktionslos ist (vielleicht ähnlich, wie beim Entstehen der industriellen Gesellschaften des 19. Jahrhunderts?), würde sich nur schwerlich eine gesicherte Zukunft für die Religion vorhersagen lassen. Unsere Frage nach der Zukunft der Religion konkretisiert sich somit nach der Funktion der Religion inmitten tiefgreifenden sozialen Wandels, weil nur ein solcher zu einer lebenswerten Zukunft des Menschen führen kann, falls die Vorhersagen der Futurologen stimmen.

---

374 P. L. *Berger*, Soziologische Betrachtungen über die Zukunft der Religion, in: Hat die Religion Zukunft? hrg. v. O. *Schatz*, Graz 1971, 65.

375 P. L. *Berger*, Zur Dialektik von Religion und Gesellschaft. Elemente einer soziologischen Theorie, Frankfurt 1973, I.

(d) Religion und sozialer Wandel

Das Problem des sozialen Wandels ist der Soziologie zwar vertraut, von einer befriedigenden Lösung aber noch weit entfernt[376]. Umso weniger ist zu erwarten, daß die Rolle und Chance der Religion und ihrer Institutionen im Prozeß tiefgreifenden sozialen Wandels hinreichend bekannt wäre. Die folgenden Überlegungen haben dennoch den Charakter sehr begründeter Vermutungen.

Als Ausgangspunkt dienen uns Analysen über die Funktion der Religion bei tiefgreifenden sozialen Veränderungen der jüngeren Vergangenheit. So haben amerikanische Soziologen die Stellung verschiedener protestantischer Kirchen zu aktuellen sozialen Problemen ihres Landes untersucht. J. K. Hadden hat der Einstellung von Klerus und Laien zum amerikanischen Bürgerrechtsstreit eine empirische Untersuchung gewidmet[377]. Ch. Y. Glock, B. B. Ringer und E. R. Babbie sind den Einstellungen und Verhaltensweisen von Angehörigen protestantischer Denominationen zu einer Reihe vorliegender nationaler und internationaler Probleme, wie Vereinte Nationen, Einwanderung, Wehrdienstverweigerung, Bürgerrecht, Arbeitsrecht, Kontrolle der Wirtschaft durch die Regierung, nachgegangen[378]. Nicht unbedeutend ist eine materialintensive Studie von F. Houtart und A. Rousseau über die Rolle der Kirchen in wichtigen gesellschaftlichen Veränderungsprozessen, angefangen von der französischen Revolution, dem Verhältnis der französischen Kirche zur Arbeiterfrage, über Auseinandersetzungen aus der dritten Welt (Kuba, Lateinamerika, Vietnam, Südafrika, usw.) bis herauf zu den französischen Maiunruhen des Jahres 1968[379].

Alle genannten Analysen stimmen in einigen Punkten überein, die für unser Thema wichtig sind und deshalb kurz referiert werden sollen:

(1.) Religion hat sich als grundsätzlich offen für sehr verschiedenartige gesellschaftliche Funktionen erwiesen. Die Einzelanalysen belegen überzeugend, daß Religion sowohl zur Legitimation bestehender Verhältnisse als auch zur Motivation für die Reform und den Protest gegen diese herangezogen wurde. Das bedeutet aber nicht weniger, als daß sich Religion bisher gegenüber sozialem Wandel als überaus *ambivalent* erwiesen hat.

---

[376] T. *Luckmann,* Theories of Religion and Social Change, in: Theories of Social Change, hrg. v. D. *Bell* (in Vorbereitung).

[377] J. K. *Hadden,* The Gathering Storm in the Churches, New York ²1970.

[378] Ch. Y. *Glock,* B. B. *Ringer,* E. R. *Babbie,* To Comfort and to Challenge. A Dilemma of the Contemporary Church, Berkeley - Los Angeles 1967.

[379] F. *Houtart,* A. *Rousseau,* Ist die Kirche eine anti-revolutionäre Kraft? München - Mainz 1973.

(2.) Von den beiden konträren Grundhaltungen, welche Religion im Lauf der Geschichte begünstigt hat, hat bislang zweifellos die *stabilisierende* Funktion dominiert. P. L. Berger hat sehr einleuchtend im Anschluß an eine gemeinsame Studie mit T. Luckmann über die gesellschaftliche Konstruktion der Wirklichkeit[380] dargestellt, daß die Religion sowohl bei der Konstruktion wie der Legitimation der einmal konstruierten Wirklichkeit maßgeblich beteiligt war[381]. Religion hat sich insofern als „heiliger Schild" gegenüber der Bedrohung des Menschen durch Chaos und Anomie bewährt und hat gleichsam als „heiliger Baldachin" gedient, unter dem die Gesellschaft der Menschen in Ruhe und Ordnung Bestand hatte. Diese gesamtgesellschaftliche Funktion der Religion als Instrument der Abwehr gegenüber Unordnung, Krisen, Veränderung und Anarchie ist im Zuge der Privatisierung der Religion selbst privatisiert worden. Trotz Säkularisierung vieler gesellschaftlicher Institutionen, die im übrigen diese viel stärker als bisher der Wandelbarkeit preisgegeben hat, dient auch in der modernen Gesellschaft Religion nach wie vor zur Deutung und Bewältigung außeralltäglicher Situationen der privaten und familiären Existenz. Das erklärt zum Gutteil die verbreitete Nachfrage selbst nach kirchlichen Sinngebungsmodellen (Sakramenten) anläßlich der Krisen wie der Wendepunkte des privaten und familiären Lebens[382].

(3.) Die Geschichte kennt statische Perioden, in denen das Bedürfnis nach Reform und Revolution relativ gering ist. In solchen Zeiten hat auch der religiöse Kosmos wenig gesellschaftsverändernde Potenz. Sobald aber ruhige Zeiten durch sozialen Wandel abgelöst werden, gewinnt auch die Religion *„challenge-orientierte"* Bedeutung. Am Rande sei vermerkt, daß es etwas ähnliches auch in der individuellen Biographie zu geben scheint: Zeiten der Veränderung und der Dynamik werden durch Phasen der Stabilisierung und Konsolidierung abgelöst. Es ist bekannt, daß dementsprechend auch der Bedarf nach Religion inhaltlich wie quantitativ anders gelagert ist. In Zeiten gesellschaftlichen Wandels entstehen nun in Kontrast zu einer großen Zahl von (immer noch) stabilitäts-freudigen Kirchengliedern Gruppen, die mit Hilfe der religiösen Idee soziale Veränderungen legitimieren und bestehende Verhältnisse in Frage stellen.

(4.) Es bedarf noch detaillierter geschichtssoziologischer Studien, um zu erhellen, *aus welchen Kreisen* sich die (im Sinn von M. Weber)

---

380 P. L. *Berger*, T. *Luckmann*, Die gesellschaftliche Konstruktion der Wirklichkeit, Frankfurt 1969.

381 P. L. *Berger*, The Sacred Canopy, New York 1967.

382 *Zulehner*, Säkularisierung, 174—180.

„prophetischen" gesellschaftsverändernden Kräfte in den Kirchen rekrutieren. Die amtlichen Vertreter der jeweiligen religiösen Institutionen gelten zwar gemeinhin als weniger reformwillig. Nicht zu Unrecht führt man als Begründung an, daß die religiösen Institutionen von manchen bestehenden Gesellschaftsverhältnissen privilegiert werden. Politische Systeme besäßen nämlich die Neigung, die einmal erlangte Macht auch durch die Religion zu legitimieren und damit der Kritik zu entziehen[383]. Die Entwicklung in einigen ehedem entschieden antiklerikalen wie auch antireligiösen sozialdemokratischen Parteien Mitteleuropas, selbst in östlichen kommunistischen Parteien müßten diesbezüglich noch näher untersucht werden[384]. Doch kann allein daraus noch nicht der allgemeine Schluß gezogen werden, die Funktionäre der Institutionen und damit die religiösen Institutionen selbst wären stets den jeweils Mächtigen hörig. Diese Tendenz mag zwar in jenen Gesellschaften anzutreffen sein, in denen die Kirchen als geschichtliches Erbe tatsächlich noch gegebene gesellschaftliche Privilegien verteidigen. Nicht von ungefähr findet man in solchen einst „christentümlichen Gesellschaften" die Mehrzahl der Christen (Kirchenglieder wie Funktionäre) im Lager der konservativen Parteien, wobei mit dem Quantum meßbarer Kirchlichkeit auch die Nähe zu einer traditionsbedachten Partei steigt[385]. Doch gibt es selbst in solchen gesellschaftlich (noch) privilegierten Kirchen Amtsträger wie Kirchenglieder, die eben die Reform oder sogar die Revolution jener Gesellschaften fordern, die sie privilegieren. Es wäre auch falsch, uneingeschränkt anzunehmen, die amtlichen Vertreter der Kirche seien grundsätzlich und stets beharrend und traditionsbedacht, während sich die durchschnittlichen Laien für gesellschaftliche Veränderung engagierten. Haddens Analyse zur amerikanischen Bürgerrechtsfrage hat eine zunehmende Entfremdung zwischen Klerus und Laien festgestellt, jedoch solcherart, daß die Laien am status quo interessiert seien, die Kleriker jedoch enormen sozialen Einsatz erwiesen[386]. Ähnliche Beispiele für religiös motiviertes soziales Engagement kirchlicher Amtsträger bieten die Analysen von Houtart-Rousseau: Erzbischof Hurley leistete seit 1961 heftigen Widerstand gegen die Apartheid-Politik Südafrikas[387]. Die Bischöfe Rhodesiens verurteilten 1969 die von der Regierung Smith vorgelegte neue Verfassung als „in vielen Teilen konträr zu christlichen Lehren"[388]; amerikanische Priester traten entschieden gegen das militärische Engagement

[383] O. *Schreuder,* Gestaltwandel der Kirche, Olten 1967, 121—144.
[384] P. M. *Zulehner,* Kirche und Austromarxismus, Wien 1967.
[385] *Zulehner,* Säkularisierung, 114 ff.
[386] *Hadden,* The Gathering Storm, 85—111.
[387] *Houtart, Rousseau,* Ist die Kirche eine antirevolutionäre Kraft? 191 ff.
[388] A. a. O., 197.

ihres Landes in Vietnam auf[389]; der Vatikan nimmt gegen die portugiesische Kolonialpolitik Stellung[390]. Solche Beispiele legen im übrigen bloß, daß die religiöse Idee ebensowenig mit der gesellschaftlich anerkannten religiösen Institution zusammenfällt, wie sich auch kirchliche Amtsträger nicht lediglich als Funktionäre ihrer Institution betrachten, sondern kritisch in einem gewissen Dissens zur konkreten Institution stehend, als Verfechter der religiösen Idee (der „Sache Jesu") verstehen können.

(5.) In den genannten Analysen von Hadden, Glock u. Co. sowie Houtart-Rousseau fällt auf, daß die gesellschaftliche Reformfreudigkeit von Christen mit deren Theologie korreliert. In den Forschungskategorien von Hadden erweisen sich „fundamentalistisch-konservative" Kleriker als politisch eher konservativ als „neoorthodoxe und liberale". Hypothetisch führt Hadden diesen Zusammenhang zwischen theologischer Orientierung und gesellschafts-politischer Präferenz beim Klerus auf eine zugrundeliegende Weltsicht zurück[391]. Ähnlich ist das Ergebnis religionssoziologischer Reflexionen bei Houtart-Rousseau: Sie verweisen darauf, daß schon seit dem 11. Jahrhundert gesellschaftliche Krisen ständig auch Krisen im religiösen Bereich waren. Die christlich legitimierte Gesellschaft hat sich vehement gegen soziale Proteste ebenso wie gegen damit zusammenhängende theologische Neuerungen gewehrt, wobei eben die sozialen Gegensätze auf der religiösen Symbolebene mitartikuliert wurden und so im eigentlichen Sinn des Wortes auch „Gegen-Sätze" und „Wider-Sprüche" wurden[392]. Die theologischen Reformbestrebungen rund um das II. Vatikanische Konzil entsprechen im Selbstverständnis der Kirche ebenso dem vorgefundenen rapiden sozialen Wandel der Gesellschaft[393], wie gegenwärtig offensichtlich vorhandene Restaurationsbemühungen in Kirche und Theologie ihr Gegenstück in gesellschaftlichen Stabilisierungsbestrebungen haben, die einem um sich greifenden Kulturpessimismus zu entspringen scheinen.

Dieser Zusammenhang ermöglicht freilich vielfältige wissenssoziologische Deutungen: Vor monokausalen Erklärungsversuchen dürfte aber dem Modell einer verflochtenen Wechselwirkung der Vorrang einzuräumen sein. Religion erscheint so weder als das bloße Produkt gesellschaftlicher Realitäten wie ebensowenig eine einseitige Ein-

---

389 A. a. O., 158 ff.

390 Ähnlich auch a. a. O., 205.

391 *Hadden*, The Gathering Storm, 85. Dieser Zusammenhang ist bei den Laien nicht so deutlich ausgeprägt. — Vgl. auch P. M. *Zulehner*, Verfällt die Kirchlichkeit in Österreich? Graz 1971, . . .

392 *Houtart, Rousseau*, 291.

393 F. *Houtart*, Explosion der Kirche? Die Krise der Institution, Salzburg 1969.

wirkung der Religion auf die gesellschaftliche Entwicklung anzunehmen ist. Vielmehr dürfte in dialektischer Weise die jeweilige Theologie von gesellschaftlichen Fragestellungen ebenso mitbestimmt sein, wie auch die religiöse Idee (schon nach M. Weber)[394] eine gewisse, gesellschaftlichen Vorgängen vorausliegende Autonomie zu haben scheint[395].

(e) Humanum und Inhumanum

Religion, so lautet somit die Grundhypothese, ist (zumindest heute) der gesellschaftlichen Wirklichkeit gegenüber grundsätzlich ambivalent. Da facto kann sie sowohl zur Legitimation für wie zum Protest gegen bestehende Verhältnisse dienen. Folgt daraus aber nicht die völlige Beliebigkeit, damit die Bedeutungslosigkeit der Religion für die Gesellschaft und ihre Zukunftsentwicklung? Könnte man nicht mit ihr wie mit einem Faktor verfahren, der in einer mathematischen Gleichung auf beiden Seiten steht und daher ebenso da sein wie gekürzt werden kann, ohne dadurch die Gleichung zu verändern? Oder noch drastischer: Sollte man nicht sogar bewußt auf die religiöse Dimension bei der Bewältigung der Zukunftskrise verzichten, weil durch religiöse Konflikte vorhandene soziale Probleme nur noch verschärft werden können, wie dies zur Zeit z. B. in Nord-Irland der Fall zu sein scheint? Sind nicht, auf die weltweite Menschheitskrise projiziert, die ins Haus stehenden Probleme derart gewaltig, daß jeglicher Einsatz religiöser Elemente das bedrohliche Unheil nur noch vermehren kann? Vermerkt nicht H. Strotzka deshalb zu Recht, daß eine Kooperation der verschiedenen Gruppierungen zur Bewältigung der Zukunft rational sein müsse, „da jede neue Religion oder Religionsersatz von einer apriorischen Wahrheit auf diesem Gebiet ausgehen müßte, die wir nicht besitzen, und vielmehr eine elastische Anpassung auf Grund permanenter Kontrolle der Daten bei den jeweiligen Schritten notwendig sei"[396]?

Solche mögliche Konsequenzen des Einsatzes der Religion zwingen den an der Religion Interessierten, kritisch die grundsätzlich möglichen Funktionen der Religion in ihrem Verhältnis zueinander näher zu bestimmen. Es gilt, zumindest an Hand des theologischen Selbstverständnisses zu zeigen, daß die gesellschaftsbewahrende und gesellschaftsverändernde Funktion der Religion einander ebensowenig ausschließen wie die rechtverstandenen Begriffe Tradition und Fortschritt. Vorauszusetzen ist hier lediglich der leicht einsichtige Sachverhalt, daß bestehende Verhältnisse einerseits immer etwas vom Humanum ver-

---

[394] G. *Dux*, Geschichte und sozialer Wandel in Max Webers Religionssoziologie, in: Int. Jahrbuch für Religionssoziologie 7 (1971).

[395] *Zulehner*, Säkularisierung, 213 ff.

[396] *Strotzka*, Coreferat, 3.

wirklichen, dieses aber andererseits bruchstückhaft und unfertig ist, als seinen Schatten daher zugleich Inhumanes mit sich führt. Idealtypisch gesprochen ist aber die Religion imstande, das einmal erreichte Humanum zu bestätigen und zu stabilisieren, zugleich das schattenhaft vorhandene Inhumanum zu kritisieren und zur Reform aufzurufen. Diese für unser Thema wichtige Grundthese wäre theologisch in etwa folgendermaßen zu begründen:

(1.) Auftrag der Kirche ist es, der Menschheit ihre eigene *endzeitliche Berufung* vor Augen zu führen: die „neue Erde" (apoc. 21), auf der alle Menschen durch Gottes Tat und Herrschaft miteinander vereint sind, das Reich der Wahrheit, der Gerechtigkeit, des Friedens und der Liebe, die ganzheitliche Befreiung und Erlösung der Menschheit zum vollendeten und erfüllten Leben. Dazu ist die Kirche als „endzeitliche Versammlung der Heiligen" (Dn. 7, 21), als Volk Gottes (1. Pt. 2, 10) aus der Menschenliebe des Vaters (Ti. 3, 4) gegründet. Deshalb ist sie Brudergemeinde (adelphotes, 1. Pt. 2, 17) und ist ihr Organisationsprinzip die Bruderliebe (philadelphia, 1. Kor. 12, 31)[397]. Das versetzt sie in die Lage, der Menschheit nahezubringen und vorzuleben, was sie durch Gottes Willen und Tat am Ende der Zeiten sein wird und woran sie bereits jetzt unter Seufzen mitarbeitet. Deshalb beschreibt das Konzil die Kirche „in Christus als das Sakrament, d. h. Zeichen und Werkzeug für die innigste Vereinigung mit Gott wie für die Einheit der Menschen untereinander"[398].

(2.) Indem die Kirche der Menschheit ihre endzeitliche Bestimmung nahebringt und vorzuleben versucht, verkündet sie eine *„christliche Utopie"*[399], eine „Vision der Beziehungen der Menschen untereinander"[400]: Es ist die Frohbotschaft, die die Berufung des Menschen enthält, sich von der Sünde zur Liebe des Vaters und der weltweiten Brüderlichkeit und somit zur Forderung der Gerechtigkeit in der Welt zu bekehren[401] und darin die Utopie der Befreiung der Menschheit aus jeglicher Art von Unterdrückung[402]. So ist die Kirche berufen, in der Tat eine wirkungsvolle Demonstration dafür zu sein, daß alle Men-

---

[397] H. *Schürmann,* Der gesellschaftliche und gesellschaftskritische Dienst der Kirche und der Christen in einer säkularisierten Welt, in: Diskussion zur „Politischen Theologie", hrg. v. H. *Peukert,* Mainz - München 1969, 145 ff.

[398] *Lumen Gentium,* Nr. 2; *Gaudium et Spes,* Nr. 42.

[399] K. *Rahner,* Die Frage nach der Zukunft. Zur theologischen Basis christlicher Gesellschaftskritik, in: Diskussion, 263 ff.

[400] W. *Pannenberg,* Geschichtstatsachen und christliche Ethik. Zur Relevanz geschichtlich politischer Sachfragen für die christliche Ethik, in: Diskussion, 241.

[401] Bischofssynode 1971: Die Gerechtigkeit der Welt, zit. nach *Wr. Diözesanblatt* 1972, Nr. 3, 56.

[402] A. a. O., 53.

schen zusammengehören und auch in Frieden, Gerechtigkeit und Liebe als Brüder des einen Vaters zusammenleben können. Sie muß für die Welt ein kraft- und geist-volles Modell und annehmbares Zeugnis für die Forderung der Liebe und der Gerechtigkeit sein, welche die Grundlagen der allgemeinen Brüderlichkeit sind[403]. Damit tut die Kirche aber aus ihrem Auftrag heraus nichts anderes und Wertvolleres, als entschieden für das Menschliche, das Humanum, in ihr und in der Welt einzutreten, für die Würde der menschlichen Person, ihre Freiheit, ihre Grundrechte ebenso wie für die damit verbundenen sozialen Pflichten. Aus der unverbrüchlichen Hoffnung, daß Gott sein Ziel erreicht und wir Menschen zur Mitarbeit an der neuen Erde berufen sind, vermag sie jeden Fatalismus, jegliche Resignation und Mutlosigkeit zu überwinden und so zum ungebrochenen und stets neuen Einsatz für eine fortschreitende Verwirklichung der Gerechtigkeit, des Friedens, der Liebe und der Brüderlichkeit beizutragen. Und indem die Kirche auf die Vollendung des Menschen am Ende der Weltzeit verweist, vermag sie zugleich auch zu bestätigen und zu bewahren, was die Menschen an befreiter (erlöster) Menschlichkeit schon erreicht haben[404].

(3.) Die christliche Vision von den Beziehungen der Menschen untereinander befähigt und ruft die Kirche auch zum *gesellschaftskritischen Dienst*. Zu ihren unaufgebbaren gesellschaftlichen Aufgaben gehörte es auch bisher schon, die aus der Sünde entsprungenen Ungerechtigkeiten aufzuzeigen, anzuklagen und sich in Zusammenarbeit mit allen Menschen guten Willens und in eigenen Initiativen für eine fortschreitend gerechte Gesellschaft einzusetzen. Oft steht nämlich die vorhandene Welt in schroffem Gegensatz zur endzeitlichen Vision vom Menschen und seinen Beziehungen. Von da her ist aber die Kirche berufen, leidenschaftlich gegen alles Protest zu erheben, was die gottgewollte Einheit der Menschen sündhaft bedroht und die Menschen entzweit. Sie hat prophetisch die Stimme zu erheben gegen jegliche Ungerechtigkeit, Unterdrückung und Unfreiheit, und zwar in allen Bereichen des menschlichen Lebens[405]. Und weil sie weiß, daß die volle Befreiung und umfassende Brüderlichkeit in dieser Weltzeit nicht gelingt, sondern ungeschuldete Tat Gottes am Ende der Zeiten bleibt, wird sie sich mit dem schon erreichten Zustand der Welt nie zufrieden geben. Sie kann daher in diesem Sinn nie nur „konservativ" sein, sondern

---

[403] *Octogesimo adveniens*, Nr. 16.

[404] A. a. O., 18; Bischofssynode, a. a. O., 53.

[405] So nennt Octogesimo adveniens u. a. die Probleme der Urbanisierung, der Jugend, der Frau, der Arbeiter, der neuen Armen, der Diskriminierung, der fremdsprachigen Arbeiter; Umweltprobleme, Unfreiheit durch Ideologien, Manipulation durch Geisteswissenschaften, Fragwürdigkeit des Fortschritts.

wird immer eintreten müssen für eine grundsätzliche Offenheit auf die Zukunft hin, für Bekehrung und Erneuerung, Veränderung und darin weitere gewaltlose Vermenschlichung der Gesellschaft[406].

(f) Die Zukunft des Menschen und seiner Religion

Es mag hier offen bleiben, ob die Religion im Lauf der Geschichte dieses ihr heutiges Selbstverständnis verwirklicht hat und stets zugleich im Dienste des Humanum sowie im Kampf gegen das Inhumanum gestanden hat und in diesem Sinn „Lebensnot-wendig" war. Vielfältige Gruppeninteressen, theologisch formuliert also eine „incurvatio des Herzens", haben ohne Zweifel die religiöse Idee auch des Christentums häufig zur Ideologie depraviert und so indirekt zur Aufrechterhaltung inhumaner Verhältnisse mißbraucht. Wer aber darüber urteilt, muß bedenken, daß die Ratsherren nach einer Sitzung meist weiser sind als vor oder während der Sitzung; vielleicht zieht er für sich daraus den Schluß, daß auch sein eigenes Handeln ebensowenig desinteressiert und damit gleichfalls ideologieverdächtig ist. Diese Bereitschaft zur Selbstkritik vorausgesetzt, kann sich unser Überlegen abschließenden Gedanken zur Rolle der Religion bei der Bewältigung der eingangs skizzierten Menschheitskrise zuwenden.

Ist es eine zu billige Vereinfachung, wenn man das Problem der anstehenden Zukunft als Ringen um das Humanum und als leidenschaftlichen Kampf gegen prognostiziertes Inhumanum versteht? Geht es nicht um die Erhaltung der nackten Existenz, und, sobald deren Sicherung gelingt, um eine humane Qualität des Lebens? Gilt der Kampf daher nicht der grundlegenden Bedrohung des Menschen durch unheimliche Kriege, Ausbeutung der Natur, Überbevölkerung, Hunger und tödliche Not? Soll denn nicht verhindert werden, daß die Menschen durch namenlose Apparate beherrscht, in einem neuartigen indoktrinierten und illusorischen Glück ohne Freiheit und Phantasie leben? Geht es nicht vor allem um die Rettung des befreiten Individuums, seiner Persönlichkeit und schöpferischen Originalität? Ein „Bill of Rights for 1984", von R. E. Farson auf der 1. internationalen Konferenz für Zukunftsforschung 1967 in Oslo formuliert, fordert zu den bestehenden Menschenrechten hinzu ein Recht auf Erholung, Schönheit, Gesundheit, Intimität, Wahrheit, Bildung, Reisen, sexuelle Erfüllung, Frieden und Originalität[407]: Verbirgt sich in solchen Rechten nicht ein bestaunenswertes Ringen um die Vermenschlichung der Welt, und dies angesichts der durchaus realen Möglichkeit einer noch nie dagewesenen Beherrschung der einzelnen durch mächtige Apparate oder gar totale Ver-

[406] *Octogesimo adveniens*, Nr. 28; *Gaudium et spes*, Nr. 23, — Vgl. *Rahner*, Die Frage der Zukunft, a. a. O., 263 ff.
[407] R. E. *Farson*, Bill of Rights for 1984, in: *Mankind 2000*, 186—193.

nichtung, wenn nicht der Menschheit, so doch der bisher erreichten Zivilisation?

A. Greeley, der sich als einer der wenigen bisher ausdrücklich mit einer Futurologie der Religion beschäftigt hat[408], beschließt seine Studie mit der Frage, ob nicht statt des wiederholt prognostizierten Untergangs der Religion eine bedeutende religiöse Entfaltung bevorstehe. Der Mensch von morgen werde, bedacht auf Lebensqualität, mit neuer Dringlichkeit die Frage nach dem Sinn des Lebens stellen und damit, wenn schon nicht kirchlich, so doch religiös sehr sensibel sein. Gewiß räumt Greeley ein, daß im Rahmen einer solchen religiösen Renaissance die traditionellen Kirchen nur dann Zukunft haben, wenn eine tiefschürfende Erneuerung der Theologie, der Liturgie, des Klerus, damit der gesamten institutionellen Wirklichkeit gelingt. Diese zuversichtliche Prognose Greeleys ist allerdings durch die Zukunftsalternativen der Profanfuturologen entscheidend zu relativieren. Geht man von den drei Modellen Flechtheims aus, so besitzt nur im dritten und nach Flechtheim vielleicht am wenigsten wahrscheinlichen Fall die Religion Zukunft: Selbstverständlich wird Religion untergehen, wenn es der Menschheit nicht gelingt, sich vor einer katastrophalen Selbstvernichtung zu bewahren. Ohne Menschen ist eben auch Religion undenkbar. Aber auch im günstigeren Fall, daß die tödlichen Kriege ausbleiben, eröffnet sich als Alternative keineswegs noch die menschenwürdige Gesellschaft. Flechtheim räumt dem Neo-Cäsarismus bürokratisch-technischer Regimes große Chancen ein. Die Repression des Menschen wäre dann aber ebenso hart wie die Unterdrückung der Kirchen und der von ihr vertretenen Religion. Neuerlich begegnen wir der Religion in enger Verflochtenheit mit dem Schicksal des Menschen. Die Zukunftschance des Menschen ist zugleich jene seiner Religion. In der „schönen neuen Welt" des A. Huxley ist Gott unvereinbar mit Maschinen, mit medizinischer Wissenschaft und allgemeinem Glücklichsein. Shakespeare ist vergessen, die Seele verkümmert. Es gibt nur mehr genormte Menschen, Individualität ist unerwünscht. Lediglich der „Wilde" aus dem Reservat der alten Welt schreit auf: „Ich brauche keine Bequemlichkeit, ich will Gott, ich will Poesie, ich will Gefahr, Freiheit und Sünde . . .".

---

[408] A. *Greeley,* Religion in the Year 2000, New York 1969.

5. BIBLIOGRAPHIE

Der erste Teil dieser Studie enthält eine knappe und komprimierte Analyse über die religiös-kirchliche Situation in westlichen Industrieländern. Um für den interessierten Leser den Zugang zu weiteren eigenen Studien zu eröffnen, werden hier ausführliche Literaturverweise geboten.

5.1. ZUR RELIGIONSSOZIOLOGISCHEN ANALYSE

S. *Acquaviva,* L'eclissi del sacro nella civiltà industriale, Padua 1961. — Deutsch: Der Untergang des Heiligen in der industriellen Gesellschaft, Essen 1964.

—, The Rupture between Theory and Verification in the Theses of Invisible Religion, in: Religion and Religiosity, Atheism and Nonbelief in Industrial and Urban Society, CISR, Lille 1971.

E. P. *Adam,* La vie paroissiale en France au XIVe siècle, Paris 1964.

R. *Altmann,* Abschied von den Kirchen, in: Der Spiegel 28 (1970).

E. *Andras,* J. *Morel,* Bilanz des ungarischen Katholizismus. Kirche und Gesellschaft in Dokumenten, Zahlen und Analysen, München 1969.

A. *Anfossi,* Parish Scope and Compliance of Lower Participants in Rural Villages in Sardinia, paper pres. at the 8th World Congress of Sociology, Esiau 1966.

K. R. *Allerbeck,* L. *Rosenmayr,* Aufstand der Jugend? Neue Aspekte der Jugendsoziologie, München 1971.

M. *Argyle,* Religious Behavior, London 1958.

F. *Behrendt,* Der Mensch im Licht der Soziologie, Stuttgart 1962.

R. *Bellah,* Religious Evolution, AM, SR 1964.

—, The Historical Background of Unbelief, in: The Culture of Unbelief, hrg. v. R. Caporale und A. Grumelli, Berkeley - Los Angeles - London 1971.

H. *Becker,* Säkularisierungsprozesse. Idealtypische Analyse mit besonderer Berücksichtigung der durch die Bevölkerungsbewegung hervorgerufenen Persönlichkeitsveränderung, in: Kölner Vierteljahrhefte 10 (1932).

K. *Berchtold,* Österreichische Parteiprogramme 1868—1966, München 1967.

P. L. *Berger,* Kirche ohne Auftrag, Stuttgart 1962.

—, The Sacred Canopy, New York 1967. — Deutsch: Zur Dialektik von Religion und Gesellschaft. Elemente einer soziologischen Theorie, Frankfurt 1973.

—, Soziologische Betrachtungen über die Zukunft der Religion. Zum gegenwärtigen Stand der Säkularisierungsdebatte, in: Hat die Religion Zukunft? hrg. v. O. Schatz, Graz - Wien - Köln 1970.

—, Das Marktmodell zur Analyse ökumenischer Prozesse, in: Int. Jb. f. Religionssoziologie 1 (1965).

—, T. *Luckmann,* Die gesellschaftliche Konstruktion der Wirklichkeit. Eine Theorie der Wissenssoziologie, Frankfurt 1969.

—, T. *Luckmann,* Secularization and Pluralism, in: Int. Jb. f. Religionssoziologie 2 (1966).

Bilanz des deutschen Katholizismus, Mainz 1966.

E. *Bodzenta,* Die Katholiken in Österreich. Ein religionssoziologischer Überblick, Wien 1962.

H. *Bogensberger,* Einstellung zu religiösen Wahrheiten und religiös-kirchlichen Normen, in: Kirche in der Stadt. Grundlegung und Analysen, hrg. v. Österreichischen Seelsorgeinstitut, I, Wien 1967.

S. *Bolasko,* La religione oggi, Roma 1971, Diss.

K. M. *Bolte,* Die gesellschaftliche Situation der Gegenwart, Opladen - Köln 1967.

U. *Boos-Nünning,* Dimensionen der Religiosität, München - Mainz 1972.

F. *Boulard,* An Introduction to Sociology, London 1960.

P. *Brewer,* Sect and Church in Methodism, in: Social Forces 30 (1952).

L. *Brügge,* Geschichte der österreichischen Sozialdemokratie, 5 Bände, Wien 1922—26.

S. *Burgalassi,* Il comportomento religioso degli italiani, Firenze 1968.
A. *Burger,* Religionszugehörigkeit und soziales Verhalten. Untersuchungen und Statistiken der neueren Zeit in Deutschland, Göttingen 1964.
F. J. *Busz,* Österreichs Umbau im Verhältnis des Reichs zur Kirche, Wien 1862.
G. *Caplan,* Principles of Preventive Psychiatry, New York 1964.
R. *Caporale,* Vatican II., Last of the Councils, Baltimore 1964.
H. *Carrier,* Psycho-Sociology de l'appartenance religieuse, Rom 1960.
H. *Carrier,* E. *Pin,* Essais de sociologie religieuse, Paris 1967.
Clergy in Church and Society, Cirs, Rom 1967.
The Culture of Unbelief, hrg. v. R. *Caporale* und A. *Grumelli,* Berkeley - Los Angeles - London 1971.
S. *Daecke,* Der Mythos vom Tode Gottes. Ein kritischer Überblick, Hamburg 1969.
N. J. *Demerath,* Social Class in American Protestantism, Chicago 1965.
E. *Deutsch,* Das soziale Elend der Großstadt. Mit besonderer Berücksichtigung von Wien und Berlin, Wien 1878.
83. Deutscher Katholikentag in Trier 1970, Paderborn 1970.
Differenzierte Kirchenbesuchszählung im Stadtdekanat Bochum, IKSE — 59/60, Essen 1970.
J. *Dhooghe,* Organizational Problems with Regard to Different Types of Membership in the Church, Social Compass 1968.
K. *Dobbelaere,* Sociologische Analyse van de Katholiciteit, Antwerpen - Löwen 1966.
K. *Dobbelaere,* J. *Lauwers,* Involvement in Church Religion. A Sociological Critique, in: Types, Dimensions and Measure of the Religiosity, Roma 1967.
K. *Dopler,* Die religiöse Praxis von Wiener Pflichtschulkindern, Wien 1970, päd. Hausarbeit.
M. *Douglas,* Natural Symbols, London 1970.
H. P. *Dreitzel,* Die gesellschaftlichen Leiden und das Leiden an der Gesellschaft, Stuttgart 1968.
M. *Ducos,* Seelsorge in der industriellen Gesellschaft, Olten 1971.
E. *Durkheim,* Education and Sociology, Glencoe 1956.
—, La division de travail, Paris 1967.
—, Les formes élémentaires de la vie religieuse, Paris ^{4}1960.
—, Le suicide, Paris ^{2}1967.
G. *Dux,* Religion, Geschichte und sozialer Wandel, in: Int. Jb. f. Religionssoziologie 7 (1971).
—, Die Kritik des Rechts als Kritik der Religion. Vorstudien zu einer Theorie des Normativen als Soziologie des Wissens, Konstanz 1971, Habilitationsschrift.
K. *Eder,* Liberalismus in Altösterreich, Wien - München 1955.
Education Economy and Society, hrg. v. A. H. Halsey, J. Floud, T. Arndt Andersen, New York 1961.
M. *Eliade,* Die Religion und das Heilige, Salzburg 1954.
—, Das Heilige und das Profane, Hamburg 1957.
—, Kosmos und Geschichte, Reinbeck 1966.
A. *Erhard,* Liberaler Katholizismus? Wien 1903.
—, Der Katholizismus und das 20. Jahrhundert, Wien 1901.
Die europäische Priesterfrage, hrg. v. F. Jachym und J. J. Delleport, Wien ^{2}1959.
Familiengruppen, IKS-92, Wien 1970.
R. E. *Farson,* Bill of Rights for 1984, in: Mankind 2000, hrg. von R. *Jungk* und J. *Galtung,* Oslo - London ^{2}1970.
L. *Festinger,* The Theory of Cognitive Dissonance, Evanston 1967.
—, Die Lehre von der ‚kognitiven Dissonanz', in: Grundlagen der Kommunikationsforschung, hrg. v. W. *Schramm,* München 1964.
J. H .*Fichter,* Grundbegriffe der Soziologie, hrg. v. E. Bodzenta, Wien 1968.
—, Dynamics of a City Church, Chicago 1951.
—, Social Relations in an Urban Parish, Chicago 1954.
—, Religion as an Occupation, Indiana 1961.
—, Priest and People, New York 1965.
—, America's Forgotten Priests. What they are saying? New York 1968.
—, Typologie of Organized Religion, in: Types, Dimensions and Measure of the Religiosity, CISR, Roma 1969.

O. K. *Flechtheim,* Futurologie. Der Kampf um die Zukunft, Köln ²1971.
J. *Freytag,* Die Kirchengemeinde in soziologischer Sicht. Ziel und Weg empirischer Forschungen, Freiburg 1959.
J. *Fried,* Die Wiener Seelsorgenot, Wien 1929.
R. *Friedrichs,* A Sociology of Sociology, New York 1970.
F. *Funder,* Vom Gestern ins Heute, Wien 1952.
F. *Fürstenberg,* Soziologische Strukturprobleme der Kirchengemeinde, in: Ztschr. f. ev. Ethik 7 (1973).
J. K. *Galbraith,* Die moderne Industriegesellschaft, München - Zürich 1968.
C. *Geertz,* Religion as a Cultural System, in: The Religious Situation, hrg. v. D. R. Cutler, Boston 1968.
A. *Gehlen,* Sozialpsychologische Probleme in der industriellen Gesellschaft, Hamburg 1957.
—, Anthropologie, Hamburg 1961.
—, Die Seele im technischen Zeitalter, Tübingen 1949.
—, Religion und Umweltstabilisierung, in: Hat die Religion Zukunft? hrg. v. O. Schatz, Wien - Graz - Köln 1970.
Genesis des Concordats zwischen dem Kaiserthum Österreich und dem päpstlichen Stuhle, Leipzig 1856.
Geschichte der Republik Österreich, hrg. v. H. Benedikt, Wien 1958.
Gespräche zwischen Kirche und Sozialisten vom 3. 11. 1967, hrg. v. sozialistischen Verlag, Wien 1967.
Glaube und Kirche in Kärnten, IKS-94/95, Wien 1970.
Ch. Y. *Glock,* B. B. *Ringer,* E. R. *Babbie,* To Comfort and to Challenge. A Dilemma of the Contemporary Church, Berkeley 1967.
Ch. Y. *Glock,* W. *Stark,* American Piety, Berkeley 1970.
Ch. Y. *Glock,* The Study of Unbelief: Perspectives of Research, in: The Culture of Unbelief, hrg. v. R. Caporale und A. Grumelli, Berkeley - Los Angeles - London 1971.
H. u. W. *Goddijn,* Kirche als Institution. Einführung in die Religionssoziologie, Mainz 1963.
—, Sichtbare Kirche, Ökumene und Pastoral. Einführung in die Religionssoziologie, Wien 1967.
W. *Goldinger,* Geschichte der Republik Österreich, Wien 1962.
E. *Goode,* Social Class and Church Participation, in: American Journal of Sociology, 1966.
A. M. *Greeley,* Religion in the Year 2000, New York 1969.
A. M. *Greeley,* P. H. *Rossi,* The Education of Catholic Americans, Chicago 1966.
Grundsatzprogramm der ÖVP zur Diskussion gestellt, in: Beiträge des politischen Arbeitskreises des Sozialreferates der Diözese Linz, 30 (1972).
J. K. *Hadden,* The Gathering Storm in the Churches, New York 1970.
B. *Häring,* Macht und Ohnmacht der Religion, Freiburg 1965.
P. *Harrison,* Authority and Power in the Free Church Tradition, Princeton 1959.
Hat die Religion Zukunft? hrg. v. O. Schatz, Graz - Wien - Köln 1970.
A. v. *Helfert,* Die konfessionelle Frage in Österreich, Wien 1949.
J. *Helfert,* Darstellung der Rechte, welche in Ansehung der heiligen Handlungen, dann der heiligen und religiösen Sachen sowohl nach kirchlichen, als nach Österreichisch-bürgerlichen Gesetzen stattfinden, Prag 1843.
W. *Herberg,* Protestant, Catholic, Jew, New York 1955.
A. *Holl,* G. H. *Fischer,* Kirche auf Distanz, Salzburg 1968.
F. *Houtart,* Explosion der Kirche? Die Krise der Institution, Salzburg 1969.
F. *Houtart,* A. *Rousseau,* Ist die Kirche eine antirevolutionäre Kraft? München - Mainz 1973.
A. *Hudal,* Der Katholizismus in Österreich, Wien 1931.
M. *Hussarek,* Die Verhandlungen des Konkordats vom 18. August 1855, Wien 1922.
E. *Husserl,* Zur Phänomenologie des inneren Zeitbewußtseins, Haag 1966.
E. *Jacques,* Social Systems as Defence against Persecutory an Depressive Anxiety, in: New Directions in Psychoanalysis, hrg. v. M. Klein u. a., London 1955.
C. *Jantke,* Der vierte Stand, Wien 1955.
B. Johnson, A Critical Appraisal of the Church-Sect Typology, in: American Sociological Review 22 (1957).

—, On Church and Sect, a. a. O., 28 (1963).
B. *Kalusche,* Kirche wohin? Ein religions-demoskopischer Beitrag zur Situationsanalyse der Institution Kirche, Bergen - Engheim 1969.
A. *Karlinger,* Glaubensentscheidung und Glaubenskrise der Jugend heute, Innsbruck 1965, Diss.
E. *Katz,* P. T. *Lazersfeld,* Persönlicher Einfluß und Meinungsbildung, Wien 1962.
F. X. *Kaufmann,* Zur Rezeption soziologischer Einsichten in die Theologie, in: Kirchliche Lehre — Skepsis der Gläubigen, Freiburg 1970.
G. *Kehrer,* Das religiöse Bewußtsein des Industriearbeiters, München 1967.
Kirchenaustritt in Österreich, IKS-83, Wien 1965.
Die Kirchengemeinde in der entkirchlichten Gesellschaft, hrg. v. D. Goldschmidt u. a., Stuttgart 1960.
Kirche in neuer Zeit, Innsbruck 1952.
Kirche in Österreich 1918—1965, hrg. v. F. Klostermann u. a., Wien 1966.
Kirche im Übergang. Eine Situationsanalyse für die Kirche von Wien, hrg. v. J. Schmauch, Wien 1969.
Kirche in der Stadt, hrg. v. Österreichischen Seelsorgeinstitut, 2 Bde., Wien 1967/68.
Kirche und Sozialismus, Innsbruck - Wien - München 1959.
Kirchliches Handbuch, hrg. v. F. Groner, Köln 1969.
F. *Klostermann,* Priester für morgen, Innsbruck - Wien - München 1970.
K. M. *Knoll,* Katholische Kirche und scholastisches Naturrecht, Wien 1962.
—, Katholische Gesellschaftslehre, Wien 1966.
F. *König,* Worte zur Zeit, Wien 1968.
R. *Köster,* Die Kirchentreuen, Stuttgart 1959.
W. *Kolarz,* Die Religionen in der Sowjetunion, Freiburg 1963.
H. *Kreutz* unter Mitarbeit von M. Fischer u. a., Arbeiterjugend in kirchlichen Organisationen? Bericht über eine empirische Untersuchung an KAJ-Mädchen in Österreich, Wien 1968, Manus.
S. *Laloux,* Soziologie und Seelsorge, Luzern 1969.
La Pastorale in Italia. Annuario 1970, Irades, Roma 1970.
J. *Lauwers,* Secularization. A Sociological Theory or an Ideology, Varna 1970, Manus.
—, De parochie in sociologic perspectief, Coll. Mechl. 1967.
G. *Le Bras,* Etudes de la sociologie religieuse, 2 Bde., Paris 1955.
G. *Lenski,* The Religious Factor, New York 1961. — Deutsch: Religion und Realität, Köln 1967.
Löscht den Geist nicht aus, Innsbruck 1963.
K. *Lorenz,* Die acht Todsünden der Menschheit, München 1973.
T. *Luckmann,* Vier protestantische Kirchengemeinden. Bericht über eine vergleichende Untersuchung, in: Soziologie der Kirchengemeinde, Stuttgart 1960.
—, The Invisible Religion, New York 1967.
—, Theories of Religion and Social Change, in: Theories of Social Change, hrg. v. D. Bell (in Vorbereitung).
—, Secolarizazzione: un mito contemporaneo, in: Cultura e Politica 14 (1969).
—, Verfall, Fortbestand oder Umwandlung des Religiösen in der modernen Gesellschaft, in: Hat die Religion Zukunft? hrg. v. O. Schatz, Wien - Graz - Köln 1970.
—, Religion in der modernen Gesellschaft, in: Religion im Umbruch, hrg. v. J. Wössner, Stuttgart 1972.
—, Belief, Unbelief, and Religion, in: The Culture of Unbelief, hrg. v. R. Caporale und A. Grumelli, Berkeley - Los Angeles - London 1971.
—, Unbelief: Can it be scientifically studied, in: The Culture of Unbelief, hrg. v. R. Caporale und A. Grumelli, Berkeley - Los Angeles - London 1971.
H. *Lübbe,* Säkularisierung. Geschichte eines ideenpolitischen Begriffs, München 1965.
F. *Maaß,* Josephinismus, 5 Bände, Wien 1952—60.
B. *Malinowski,* Magic, Science and Religion. And other Essays, New York 1954.
Mankind 2000, hrg. v. R. Jungk und J. Galtung, Oslo - London ²1970.
K. *Mannheim,* Mensch und Gesellschaft im Zeitalter des Umbaus, Darmstadt 1958.
C. *Marcilhacy,* Le diocèse d'Orlèans au milieu du XIVe siècle, Paris 1964.
—, Le diocèse d'Orleans sous l'épiscopat du Msgr. Dupanloup 1849—1878, Paris 1963.
D. *Martin,* The Religious and the Secular, London 1969.
—, Sociology on English Religion, London 1967.

J. *Matthes*, Die Emigration der Kirche aus der Gesellschaft, Hamburg 1964.
—, Religion und Gesellschaft. Einführung in die Religionssoziologie I., Hamburg [2]1969.
—, Kirche und Gesellschaft. Einführung in die Religionssoziologie II., Hamburg 1969.
Menschen im Entscheidungsprozeß, hrg. v. A. Klose und R. Weiler, Wien 1971.
D. *Meadows* u. a., Die Grenzen des Wachstums. Bericht des Club of Rome zur Lage der Menschheit, Stuttgart 1972.
G. *Mensching*, Soziologie der Religion, Bonn 1947.
—, Die Religion. Erscheinungsform, Strukturtypen und Lebensgesetz, München 1962.
J. *Messner*, Christliche Sozialethik in der Zwischenkriegszeit, in: Die Kirche im Wandel, hrg. v. F. Groner, Köln 1971.
E. *Michel*, Sozialgeschichte der industriellen Arbeitswelt, Frankfurt 1954.
J. *Molnar*, Führungsstil und Führungseffizienz in katholischen Jugendgruppen, IKS-90, Wien 1971.
J. *Morel*, Religion und Kirche in der kommunistischen Presse, Innsbruck 1968.
H. *Niebuhr*, The Social Sources of Denomination, New York 1919, Hamden 1954.
W. *Nigg*, Geschichte des religiösen Liberalismus, Zürich 1937.
T. *O'Dea*, Die fünf Dilemmas der Institutionalisierung der Religion, in: Probleme der Religionssoziologie, hrg. v. F. Fürstenberg, Neuwied a. R. 1964.
—, Alienation, Atheism and the Religious Crisis, New York 1969.
Österreichische Priesterbefragung. Linearergebnisse, IKS-100, Wien 1971.
R. *Otto*, Das Heilige, München 1963.
F. *Overbeck*, Über die Christlichkeit unserer heutigen Theologie, Leipzig [2]1903.
T. *Parsons*, Christianity in Modern Society, in: Sociological Theories, Values and Sociocultural Change, hrg. v. E. A. Tyriakin, New York 1963.
—, Belief, Unbelief, and Disbelief, in: The Culture of Unbelief, Berkeley - Los Angeles - London 1971.
H. W. *Pfautz*, The Sociology of Secularization: Religious Groups, in: American Journal of Sociology, Sept. 1955.
E. *Pin*, Artigiani ed operai di fronte a Dio, CISR, Roma 1969.
—, Religionszugehörigkeit und Strukturen, in: Zugehörigkeit zur Kirche, hrg. v. W. Menges, Mainz 1964.
E. *Pin*, *C. Cavalin*, La religiosità dei Romani, CISR, Roma 1970.
F. *Pollak*, Towards the Goal of Goals, in: Mankind 2000, hrg. von R. Jungk und J. Galtung, Oslo - London [2]1970.
L. *Pope*, Millhands and Preachers, New Haven 1942.
E. *Poulat*, Intégrisme, et catholicisme intégral, Paris - Toulouse - Marseille 1969.
Praktische Anwendung der k. k. Verordnung in geistlichen Sachen Publico-Ecclesiasticis vom Antritte der Regierung Weiland Marien Theresien bis ersten May 1788, hrg. v. J. Schwertling, Wien 1788.
L. *Presouas*, Le diocèse de la Rochelle de 1648 à 1742, Paris 1964.
Priester in Österreich. Ergebnisse der Hauptauswertung einer Untersuchung zum Amtsverständnis und Amtsvollzug von Welt- und Ordenspriestern, 5 Bände, IKS-116—120, Wien 1973.
Probleme der Religionssoziologie, hrg. v. F. Fürstenberg, Neuwied a. R. 1964.
The Protestant Ethic and Modernization. A Comparative View, hrg. v. S. M. Eisenstadt, New York 1968.
Raccolta di Tavole Statistiche, hrg. v. Segretaria di stao. Ufficio centrale di statistica della chiesa, Vatikan 1971.
M. *Reding*, Der politische Atheismus, Graz - Wien - Köln 1957.
The Religious Situation, hrg. v. D. R. Cutler, Boston 1968 ff.
Zur religiösen Situation der Diözese Innsbruck, IKS-96/97, Wien 1970.
Religion and Religiosity, Atheism and Nonbelief in Industrial and Urban Society, CISR, Lille 1971.
Die Religion im Leben der Oberösterreicher, IKS-90/91, Wien 1970.
Religion und Familie, IKS-78/79, Wien 1966—68.
Religiosität und Kirchlichkeit der Katholiken Bochums, IKSE-70, Essen 1971.
Religiosität der Katholiken Mitteldeutschlands und ihre Bindung an den Raum und die Pfarrgemeinde, IKSE-75, Essen 1970.
T. *Rendtorff*, Christentum außerhalb der Kirche, Hamburg 1969.

—, Die Kerngemeinde im Verständnis des Gemeindepfarrers, in: Soziologie der Kirchengemeinde, hrg. v. D. Goldschmidt u. a., Stuttgart 1960.
P. J. *Riegger*, Corpus Iuris Ecclesiastici Bohemici et Austriaci, Wien 1770.
R. *Robertson*, The Sociological Interpretation of Religion, Oxford 1970.
L. *Rosenmayr*, Familienbeziehungen und Freizeitgewohnheiten jugendlicher Arbeiter, Wien 1963.
—, Kulturelle Interessen von Jugendlichen, Wien - München 1966.
Rote Markierungen. Beiträge zur Ideologie und Praxis der österreichischen Sozialdemokratie, Wien - München - Zürich 1972.
J. *Schasching*, Kirche und industrielle Gesellschaft, Wien 1960.
—, Die Soziale Botschaft der Kirche, Innsbruck [2]1963.
J. *Scheicher*, Der Klerus und die Soziale Frage, Innsbruck 1884.
H. *Schelsky*, Auf der Suche nach der Wirklichkeit. Gesammelte Aufsätze, Düsseldorf 1965.
J. *Schiefer*, Christusbild und Christusglaube unserer Jugendlichen an berufsbildenden Schulen, Graz 1966, Diss.
G. *Schmidtchen*, Zwischen Kirche und Gesellschaft. Forschungsbericht über die Umfragen zur Gemeinsamen Synode der Bistümer in der BRD, Freiburg 1972.
—, Priester in Deutschland, Freiburg 1972.
L. *Schneider*, S. M. *Dornbusch*, Popular Religion, Chicago 1958.
O. *Schreuder*, Kirche im Vorort. Soziologische Erkundung einer Pfarrei, Freiburg - Basel - Wien 1962.
—, Gestaltwandel der Kirche, Olten 1967,
—, Van volkskeerk naar vrijwilligheidkeerk, in: Theologie en zielzorg 1966.
O. *Schroeder*, Aufbruch und Mißverständnis. Zur Geschichte der reformkatholischen Bewegung, Graz - Wien - Köln 1969.
A. *Schrott*, Seelsorge im Wandel der Zeiten, Graz 1949.
A. *Schütz*, Collected Papers, 3 Bde., Haag 1961—68.
—, Das Problem der Relevanz, Frankfurt 1971.
—, T. *Luckmann*, The Structures of the Life-World, Evanston 1973.
Y. *Spiegel*, Gesellschaftliche Bedürfnisse und theologische Normen. Versuch einer Theorie der Amtshandlungen, in: Theologia practica 6 (1971).
—, Der Prozeß des Trauerns. Analyse und Beratung, Mainz 1973.
P. *Sorokin*, Die Krise unserer Zeit. Ihre Entstehung und Überwindung, Frankfurt 1958.
T. *Steeman*, The Priest as a Socioreligious Leader, in: Clergy in Church and Society, CISR, Rom 1967.
H. *Strotzka*, Psychoanalytisch-psychiatrisches Coreferat zu „Fortschrittsideologie und und Grenzen des Wachstums" von H. Bruckmann, Wien 1972, Manus.
G. E. *Swanson*, The Birth of Gods, Ann Arbour 1964.
H. *Swoboda*, Großstadtseelsorge, Regensburg 1909, [2]1911.
F. *Tenbruck*, Die Kirchengemeinde in der entkirchlichten Gesellschaft, in: Soziologie der Kirchengemeinde, hrg. v. D. Goldschmidt u. a., Stuttgart 1960.
N. *Theodorowitsch*, Religion und Atheism in den UdSSR, München 1970.
T. G. P. *Tilanus*, Zum Begriff und den sozialwissenschaftlichen Meßmethoden der Religiosität, IKSE-42, Essen 1966.
F. *Tönnies*, Einführung in die Soziologie, Kiel 1931.
—, Gemeinschaft und Gesellschaft. Grundbegriffe der reinen Soziologie, Berlin 1887.
E. *Tomek*, Kirchengeschichte Österreichs, 3 Bde, Innsbruck - Wien - München 1959.
E. *Troeltsch*, Die Soziallehren der Christlichen Kirchen und Gruppen, Tübingen 1912.
E. B. *Tylor*, Primitive Culture: Researches into the Development of Mythology, Philosophy, Religion, Language, Art and Customs, London [3]1891.
Types, Dimensiones et Mesure de la Religiosité, CISR, Roma 1969.
Untersuchung in Südtirol, CISR, Rom 1968.
F. *Valjavec*, Josephinismus, Brünn - München - Wien 1944.
L. A. *Vaskovics*, Familie und religiöse Sozialisation, Wien 1970.
Verhaltensmuster und Bindungsmuster der Familiengruppen, IKSE-48, Essen 1968.
A. *Vogrinec*, Nostra maxima culpa, Wien - Leipzig 1904.
L. *Vranckx*, Soziologie und Seelsorge, Limburg 1965.
J. *Wach*, Religionssoziologie, Tübingen 1951.
Was glauben die Deutschen, hrg. v. W. Harenberg, Mainz 1958.

M. *Weber*, Gesammelte Aufsätze zur Religionssoziologie, 3 Bde, Tübingen 1920.
—, Wirtschaft und Gesellschaft, Tübingen 1922.
—, Gesammelte Aufsätze zur Wissenschaftslehre, Tübingen [3]1968.
E. *Weinzierl - Fischer*, Die österreichischen Konkordate von 1855 und 1933, Wien 1960.
H. *Werhan*, Das Vorschreiten der Säkularisierung, Bonn 1969, Diss.
L. v. *Wiese*, H. *Becker*, Systematic Sociology, New York 1932.
B. *Wilson*, Religion in Secular Society, London 1966.
—, A Typologie of Sects, in: Types, dimensiones et mesure de la religiosité, CISR, Roma 1969.
J. *Wodka*, Kirche in Österreich, Wien 1959.
H. O. *Wölber*, Religion ohne Entscheidung. Volkskirche am Beispiel der jungen Generation, Göttingen [2]1960.
J. M. *Yinger*, Sociology looks at Religion, New York 1961.
—, Religion, Society and the Individual, New York 1957.
—, The Scientific Study of Religion, London 1970.
K. *Zabel*, Verweltlichung/Säkularisierung. Zur Geschichte einer Interpretationskategorie, Münster 1968, Diss.
E. V. *Zenker*, Kirche und Staat unter besonderer Berücksichtigung der Verhältnisse in Österreich, Wien - Leipzig 1909.
F. *Zimmermann*, Die Abendmesse in Geschichte und Gegenwart, Wien 1914.
Zugehörigkeit zur Kirche, hrg. v. W. Menges, Mainz 1964.
P. M. *Zulehner*, Religion und industrielle Gesellschaft, Innsbruck 1961, Diss.
—, Zur religiösen Situation in der Stadt, in: Kirche in der Stadt, I, Wien 1967.
—, Kirche und Austromarxismus. Eine Studie zur Problematik Kirche - Staat - Gesellschaft, Wien 1967.
—, Kirchliche Schichten in Österreich, in: Kirche im Übergang, Wien 1969.
—, Religion ohne Kirche? Das religiöse Verhalten von Industriearbeitern, Wien 1969. — Il problema religioso e la classe operaia, Rom 1970.
—, Gottesdienst in Wien — 14. Juni 1970, hrg. v. Pastoralamt, Wien 1970.
—, Religionssoziologie und Kindertaufe, in: Christsein ohne Entscheidung, hrg. v. W. Kasper, Mainz 1970.
—, Wiener Priesterseminar 1945—1969, in: Handreichung des IKS, Wien 1971.
—, Verfällt die Kirchlichkeit in Österreich. Fakten und Imperative, Graz - Wien - Köln 1971.
—, Leid und Schmerz im Alter, in: Die dritte Lebensphase, hrg. v. T. Blieweis, Wien 1971.
—, Säkularisierung von Gesellschaft, Person und Religion. Religion und Kirche in Österreich, Wien 1973.
P. M. *Zulehner*, R. *Erhard*, R. *Kruspel*, H. *Schmidtmayr*, Jugendklubs. Ein Weg in die Zukunft, Wien 1972.
P. M. *Zulehner*, S. R. *Graupe*, Wie Priester heute leben . . . Ergebnisse der Wiener Priesterbefragung, Wien 1971.

5.2. ZUR PASTORALTHEOLOGISCHEN REFLEXION

B. *Altaner*, Patrologie, Freiburg [6]1963.
L. *Alting von Geusau*, Kommunen und Basisgruppen, ein Weltphänomen, in: Orientierung 1972.
Aktion: Gemeinde Heute. Analysen, Berichte, Modelle, hrg. von W. Schneider, Wuppertal 1970.
Aktion: Politisches Nachtgebet, mit Beiträgen von D. Sölle, M. v. d. Grün, J. Tillmann, Wuppertal 1971.
H. *Axmann*, Werbung und Öffentlichkeitsarbeit in der Kirche, in: Kirche in der Stadt, II, Wien 1968.
D. *Barbe*, Demain les communautés de base, Paris 1970.
W. *Bartholomäus*, Evangelium als Information. Elemente einer Informationstheorie am Beispiel der Osterbotschaft, Einsiedeln 1972.
J. *Beumer*, Extra Ecclesiam nulla salus, in: LThK III, Freiburg [2]1959.

R. *Bleistein,* Kurzformel des Glaubens, Würzburg ²1971.
A. *Blöchlinger,* Die heutige Pfarrei als Gemeinschaft, Einsiedeln 1962.
Colloquium pro mundi Vita über „Les nouvelles formes de communauté humaine", Löwen 9—13 Sept. 1971, in: PMV-Bulletin Nr. 41 (1972).
Le Communautè de Base, in: Vers la vie nouvelle, no.spec., Paris 1972.
Y. *Congar,* Außerhalb der Kirche kein Heil, Essen 1961.
—, Kirche. II. Dogmengeschichtlich, in: Handbuch theologischer Grundbegriffe, I, München 1962.
—, Ecclesia ab Abel, in: Abhandlungen über Theologie und Kirche, hrg. v. M. Reding, Düsseldorf 1952.
W. *Croce,* Die Geschichte der Pfarre, in: Die Pfarre, hrg. v. K. Rahner, Freiburg 1956.
S. *Daecke,* Der Mythos vom Tode Gottes, Hamburg 1969.
K. E. *Dahm,* Hören und Verstehen. Kommunikationssoziologische Überlegungen zur gegenwärtigen Predigtnot, in: Predigtstudien IV/2, hrg. v. E. Lange, Stuttgart - Berlin 1970.
F. *Dander,* Christus alles in allen, Innsbruck 1939.
—, Berufung, in: LThK II, Freiburg ²1958.
J. *Daniélou,* Défense du pratiquant, in: Etudes 296 (1958).
Diakonie der Gemeinde. Arbeitshilfen für Mitarbeiter, hrg. v. d. Inneren Mission und dem Hilfswerk der ev. Landeskirche in Baden, Loseblättersammlung ab 1966.
W. *Dietzfelbinger,* Die Grenzen der Kirche nach der dogmatischen Konstitution „De Ecclesia", in: KuD 11 (1965).
Diskussion zur ‚Politischen Theologie', hrg. v. H. Peukert, Mainz - München 1969.
B. *Dreher,* Seelsorge an den Fernstehenden, in: Kirche in der Stadt, II, Wien 1968,
—, Pastoration und Fernstehende, in: Lebendige Seelsorge 15 (1964).
—, Neue Modelle seelsorgerlicher Kontaktnahme, in: Lebendige Seelsorge 19 (1968).
—, Gesprächsbestimmte Sakramentenseelsorge, in: Lebendige Seelsorge, 20 (1969).
A. *Exeler,* D. *Emeis,* Reflektierter Glaube. Perspektiven, Methoden und Modelle der theologischen Erwachsenenbildung, Freiburg 1970.
Experiment Isolotto, hrg. v. H. D. Bastian, München - Mainz 1970.
E. *Faber,* E. *van der Schoot,* Praktikum des seelsorgerlichen Gesprächs, Göttingen 1968.
E. *Feifel,* Erwachsenenbildung, Einsiedeln 1972.
W. *Filthaut,* Das seelsorgerliche Gespräch, in: Handbuch der Pastoraltheologie, III, Freiburg 1968.
E. *Fischer,* Kirche und Kirchen nach dem Vatikanum II., München 1967.
P. *Gerbé* u. a., Zulassung zur Taufe, Wien 1969.
Gemeinde heute. Analysen, Berichte, Modelle, hrg. v. W. Schneider, Wuppertal 1970.
A. *Gommenginger,* Bedeutet die Exkommunikation Verlust der Kirchengliedschaft? Eine dogmatisch-kanonistische Untersuchung, in: ZkTh 73 (1951).
P. *Görges* u. a., Wer mitmacht, erlebt Gemeinde. Modell Dortmund - Scharnhorst, Limburg 1972.
Neue Gemeindemodelle, hrg. v. N. Hepp, Wien 1971..
F. *Grass,* Pfarrei und Gemeinde, Innsbruck 1950.
A. *Grillmeier,* Kommentar zum II. Kapitel der dogmatischen Konstitution über die Kirche, in: Das II. Vatikanische Konzil, I, Freiburg 1966, 196 ff.
F. *Haarsma,* Die Lehre der Kirche und der Glaube ihrer Glieder, in: Kirchliche Lehre — Skepsis der Gläubigen, Freiburg 1970.
J. *Hainz,* Ekklesia, Regensburg 1972.
J. C. *Hampe,* Versuch, das Heil miteinander zu leben, in: Zeitwende 1 (1973).
T. *Hauser,* Das Gespräch in der Gemeinde. Methodik und Modelle, Limburg 1970.
B. *Heck,* Gesellschaftliche Aufgaben der Gemeinde am Ort, in: Gemeinde des Herrn, Paderborn 1970.
M. *Holoway,* Heaven on Earth, London 1966.
R. *Hytha,* Öffentlichkeitsarbeit der Pfarre Brigitta Wien XX., Wien 1969, hekt.
E. *Isele,* Pfarrei, II. Geschichte, in: LThK VIII, ²Freiburg 1963.
Jahrestagung 1972 der Regenten und Direktoren der Deutschsprachigen Priesterseminare und Theologenkonvikte, Luzern 1972.
J. A. *Jungmann,* Missarum sollemnia, Wien 1952.
—, Katechetik, Wien ²1955.
W. *Kasper,* Die Heilssendung der Kirche in der Gegenwart, Mainz 1970.

—, Zum Problem der Rechtgläubigkeit in der Kirche von morgen: Kirchliche Lehre — Skepsis der Gläubigen, Freiburg 1970.
—, Der ekklesiologische Charakter der nichtkatholischen Kirchen, in: TQu 145 (1965).
F. X. *Kaufmann,* Theologie in soziologischer Sicht, Freiburg 1973.
—, Zur Rezeption soziologischer Einsichten in die Theologie, in: Kirchliche Lehre — Skepsis der Gläubigen, Freiburg 1970.
—, Zur Bestimmung und Messung von Kirchlichkeit in der Bundesrepublik Deutschland, in: Intern. Jb. f. Religionssoziologie 4 (1968).
K. *Kertelge,* Gemeinde und Amt im Neuen Testament, München 1972.
F. *Klostermann,* Prinzip Gemeinde, Wien 1956.
—, Die Gemeinde Christi. Prinzipien, Formen, Dienste, Augsburg 1972.
—, Allgemeine Pastoraltheologie, in: Handbuch der Pastoraltheologie, III, Freiburg 1968.
H. *Küng,* Die Kirche, Freiburg 1967.
K. *Lang,* Politisches Engagement der Gemeinde, in: Gemeinde des Herrn, Paderborn 1970.
Leben und Wirken der Kirche von Wien. Handbuch der Synode 1969—1972, Wien 1972.
F. *Lakner,* Das Zentralobjekt der Theologie, in: ZkTh 62 (1938).
K. *Lehmann,* Kurzformeln des christlichen Glaubens, in: Handbuch der Verkündigung, I, Freiburg 1970.
—, Bedarf das Glaubensbekenntnis einer Neufassung? in: P. Brunner, G. Friedrich, K. Lehmann, J. Ratzinger, Veraltetes Glaubensbekenntnis, Regensburg 1968.
J. *Loew,* Journal d'une mission ouvrière, Paris 1959.
J. B. *Lotz,* Wissenschaft und Verkündigung, in: ZkTH 62 (1938).
W. *Massa,* Predigttypologie, in: Handbuch der Verkündigung, II, Freiburg 1970.
J. E. *Mayer,* J. *Zeininger,* Hausbesuch, in: Kirche in der Stadt, II, Wien 1968,
—, Systematische Hausbesuche in der Großstadt, in: Der Seelsorger 37 (1967).
J. B. *Metz,* Reform und Gegenreformation heute, Mainz 1969.
—, Zur Theologie der Welt, Mainz ²1969.
O. *Müller,* Inwieweit gibt es nach der Kirchenkonstitution des II. Vatikanischen Konzils außerhalb der Kirche Christentum — inwieweit Heil? in: Wahrheit und Verkündigung, II, Paderborn 1967.
K. *Mörsdorf,* K. *Rahner,* Kirchengliedschaft, in: LThK VI, ²Freiburg 1961.
P. *Neuheuser,* Gesamtkirche und Einzelkirche, in: De Ecclesia. Beiträge zur Konstitution ‚Über die Kirche' des II. Vatikanischen Konzils, hrg. v. G. Barauna, I, Köln 1966.
R. *Oerter,* Entwicklungspsychologie, Donauwörth ⁶1970.
W. *Pannenberg,* Geschichtstatsachen und christliche Ethik. Zur Relevanz geschichtlich-politischer Sachfragen für die christliche Ethik, in: Diskussion zur ‚Politischen Theologie', hrg. v. H. Peukert, Mainz - München 1969.
Pastorale. Handreichung für den pastoralen Dienst: Verkündigung, Mainz ²1972. — Eingliederung in die Kirche, Mainz 1972.
W. *Peters,* Die ‚kleine Gruppe' im Bereich der Ehe- und Familienpastoral. Modellanalysen und Funktionsklärung, Innsbruck 1972, theol. Diss.
R. *Picker,* Sakramentenspendung in der Großstadt, in: Kirche in der Stadt, II, Wien 1968.
F. *Pöggeler,* Erwachsenenbildung, in: Handbuch der Pastoraltheologie, III, Freiburg 1968.
—, Weiterbildung, in: Handbuch der Pastoraltheologie, V, Freiburg 1972.
C. *Pohlmann,* Formen heutiger Verkündigung, in: Handbuch der Verkündigung, II, Freiburg 1970.
Priesterteam Machstraße, Wie die Erstkommunion in der Pfarre vorbereiten, Graz 1970.
H. *Rahner,* Die Symbole der Kirche. Ekklesiologie der Väter, Salzburg 1964.
K. *Rahner,* Das Verhältnis der Kirche zur Gegenwartssituation im allgemeinen, in: Handbuch der Pastoraltheologie II/2, Freieburg 1966.
—, Neue Ansprüche der Pastoraltheologie an die Theologie als ganze, in: Schriften zur Theologie IX, Einsiedeln 1970.
—, N. *Greinacher,* Die Gegenwart der Kirche. Theologische Analyse der Gegenwart als Situation des Selbstvollzugs der Kirche, in: Handbuch der Pastoraltheologie, II/1, Freiburg 1966.
—, Kirche und Sakramente, Freiburg 1961.
—, Kirchengliedschaft, in: Sacramentum Mundi, II, Freiburg 1968.

—, Schisma in der katholischen Kirche, in: Schriften zur Theologie IX, Einsiedeln 1970.
—, Häresien in der Kirche heute? in: Schriften zur Theologie IX, Einsiedeln 1970.
—, Ist Kircheneinigung dogmatisch möglich? in: Tübinger Theologische Quartalschrift 153 (1973).
—, Christen zwischen den Kirchen, in: Ev. Kommentare 6 (1973).
—, Glaubensvollzug und Glaubenshilfe heute, in: Handbuch der Pastoraltheologie, III, Freiburg 196.
—, Kirchliche und außerkirchliche Religiosität, in: Stimmen der Zeit 98 (1971).
—, Die Frage nach der Zukunft. Zur theologischen Basis christlicher Gesellschaftskritik, in: Diskussion zur ‚Politischen Theologie', hrg. v. H. Peukert, Mainz - München 1969.
J. *Ratzinger,* Kommentar zu „Dei Verbum", in: Das II. Vatikanische Konzil, II, Freiburg 1967.
—, Wesen und Grenzen der Kirche, in: Das II. Vatikanische Konzil, Würzburg 1963.
D. W. *Reck,* A Study of Selected Catholic Theologies of Secularization; John Henry Newman to Vatican II, Münster 1972, theol. Diss.
H. *Remplein,* Die seelische Entwicklung in der Kindheit und Reifezeit, München [5] 1950.
A. *Rensch,* Das seelsorgerliche Gespräch, Göttingen 1963.
J. *Schasching,* Die Soziologie der Pfarre, in: Die Pfarrei, hrg. v. H. Rahner, Freiburg 1956.
—, Die Funktion der Gruppe in der Kirche, in: Unsere Herrin, 6, 8 (1967).
—, Wandel der Gemeinde im Wandel der Gesellschaft, in: Gemeinde des Herrn, Paderborn 1970.
J. *Scherer,* Contemporary Community. Sociological Illusion or Reality, London 1973.
G. *Schille,* Anfänge der Kirche. Erwägungen zur apostolischen Frühgeschichte, München 1966.
E. *Schillebeeckx,* Christus — Sakrament der Gottbegegnung, Mainz 1960.
—, Gott - Kirche - Welt, Mainz 1970.
—, Gott, die Zukunft des Menschen, Mainz 1969.
—, Kirche und Menschheit, in: Concilium 1 (1965).
H. *Schlette,* Die sogenannte „partielle Identifikation" mit der Kirche, in: Concilium 7 (1971).
J. *Schmid,* Kirche. I. Biblisch, in: Handbuch theologischer Grundbegriffe, I, München 1962.
P. F. *Schmid,* Das beratende Gespräch, Wien 1973.
R. *Schnackenburg,* Gottes Herrschaft und Reich, Freiburg 1959.
—, Die Kirche im Neuen Testament. Ihre Wirklichkeit und theologische Bedeutung, ihr Wesen und Geheimnis, Qu. d. 14, Freiburg 1961.
H. D. *Schneider,* Unter welchen Voraussetzungen kann Verkündigung Einstellungen verändern? Sozialpsychologische Überlegungen über die Wirkung der Predigt, in: Pastoraltheologie 58 (1969).
P. *Schoonenberg,* Historiciteit en interpretatie van het dogma, in: Tijdschrift voor Theologie 8 (1968).
H. *Schürmann,* Der gesellschaftliche und gesellschaftskritische Dienst der Kirche und der Christen in einer säkularisierten Welt, in: Diskussion zur ‚Politischen Theologie', hrg. v. H. Peukert, Mainz - München 1969.
A. *Schrott,* Seelsorge im Wandel der Zeiten, Graz 1949.
H. *Schuster,* Schwerpunkte heutiger Verkündigung, in: Handbuch der Verkündigung, II, Freiburg 1970.
O. *Semmelroth,* Die Kirche als Ursakrament, Freiburg 1953.
M. *Skoda,* H. *Innerlohinger,* Hausbesuche und Haussegnung in einer Industriestadt, in: Der Seelsorger 35 (1965).
A. *Stadelmann,* G. *Mainberger,* Auszug aus dem Getto. Impulse einer Pfarrei für die Siebzigerjahre, Luzern 1972.
H. *Swoboda,* Großstadtseelsorge, Regensburg 1909.
U. *Valeske,* Votum Ecclesiae, München 1962.
A. *Vögtle,* Urgemeinde, in: LThK X, [2]Freiburg 1965.
T. *Wallbrecher,* L. *Leimer,* Die Integrierte Gemeinde in München, in: Neue Gemeindemodelle, hrg. v. N. Hepp, Freiburg 1971.
E. *Webber,* Escape to Utopia. The Communal Movement in America, New York 1969.

G. W. *Webber*, Gemeinde in East Harlem, München 1963.
P. *Wess*, Wie von Gott sprechen? Graz 1970.
—, Bleibt der Glaube derselbe? Graz 1971.
—, Befreit von Angst und Einsamkeit, Graz 1973.
H. *Wulf*, Die immer neue Erweckung, in: Handbuch der Pastoraltheologie, III, Freiburg 1968.
R. *Zerfaß*, Die ‚distanzierte Kirchlichkeit' als Herausforderung an die Seelsorge, in: Lebendige Seelsorge 22 (1971).
—, Predigt und Gemeinde, in: Gemeinde des Herrn, Paderborn 1970.
—, Die Verkündiger, in: Pastorale: Verkündigung, Mainz 1970.
S. *Zorell*, Die Entwicklung des Parochialsystems bis zum Ende der Karolingerzeit, in: Archiv für Kirchenrecht 82 (1902).